Uni-Taschenbücher 499

Eine Arbeitsgemeinschaft der Verlage

Wilhelm Fink Verlag München
Gustav Fischer Verlag Jena und Stuttgart
Francke Verlag Tübingen und Basel
Paul Haupt Verlag Bern · Stuttgart · Wien
Hüthig Verlagsgemeinschaft
Decker & Müller GmbH Heidelberg
Leske Verlag + Budrich GmbH Opladen
J. C. B. Mohr (Paul Siebeck) Tübingen
Quelle & Meyer Heidelberg · Wiesbaden
Ernst Reinhardt Verlag München und Basel
Schäffer-Poeschel Verlag · Stuttgart
Ferdinand Schöningh Verlag Paderborn · München · Wien · Zürich
Eugen Ulmer Verlag Stuttgart
Vandenhoeck & Ruprecht in Göttingen und Zürich

Manfred Popp

Einführung in die Grundbegriffe der Allgemeinen Psychologie

Fünfte Auflage
Mit 34 Abbildungen

Ernst Reinhardt Verlag München Basel

MANFRED POPP,
Jahrgang 1933, studierte Psychologie an den Universitäten Erlangen/Nürnberg und Heidelberg. Er erwarb die akademischen Grade eines Dipl.-Psych. und Dr. phil. Er war an verschiedenen Schulsystemen als Lehrer tätig. Seit 1971 lehrte er Psychologie an der Pädagogischen Hochschule Rheinland, Abteilung Neuss. Seit 1980 setzt sich diese psychologische Lehr- und Forschungstätigkeit an der Universität und Gesamthochschule Wuppertal fort. Er veröffentlichte mehrere wissenschaftliche Zeitschriftenaufsätze und das Buch »Analyse elterlichen Erziehungsverhaltens« im E. Reinhardt Verlag (1974).

Die Deutsche Bibliothek – CIP-Einheitsaufnahme

Popp, Manfred:
Einführung in die Grundbegriffe der allgemeinen Psychologie /
Manfred Popp. – 5. Aufl. – München ; Basel : E. Reinhardt, 1995
  (UTB für Wissenschaft : Uni-Taschenbücher ; 499)
  ISBN 3-8252-0499-5 (UTB)
  ISBN 3-497-1365-X (Reinhardt)
NE: UTB für Wissenschaft / Uni-Taschenbücher

© 1995 by Ernst Reinhardt Verlag, GmbH & Co, Verlag, München
Dieses Werk, einschließlich aller seiner Teile, ist urheberrechtlich geschützt. Jede Verwertung außerhalb der engen Grenzen des Urheberrechtsgesetzes ist ohne schriftliche Zustimmung der Ernst Reinhardt, GmbH & Co, München, unzulässig und strafbar. Das gilt insbesondere für Vervielfältigungen, Übersetzungen in andere Sprachen, Mikroverfilmungen und für die Einspeicherung und Verarbeitung in elektronischen Systemen.

Printed in Germany

Einbandgestaltung: Alfred Krugmann, Freiberg/Neckar
Druck: Presse-Druck- und Verlags-GmbH Augsburg

ISBN 3-8252-0499-5 (UTB-Bestellnummer)

Inhaltsverzeichnis

A. Einführung in die Allgemeine Psychologie

I. Gegenstand der Allgemeinen Psychologie 15

1. Bedeutsame historische Aspekte 15
   - a) Altertum 15
   - b) Mittelalter 15
   - c) Neuzeit 16
2. Problematik des Gegenstandes der Psychologie 17
3. Bedeutung des Gegenstandes der Psychologie 18
   - a) Begriff 18
   - b) Modelle zum Gegenstand der Psychologie 19
4. Der Gegenstand der Allgemeinen Psychologie und seine Bedeutung für andere Teildisziplinen der Psychologie 23
   - a) Bedeutung der Allgemeinen Psychologie 23
   - b) Entwicklungspsychologie 23
   - c) Differentielle Psychologie 24
   - d) Psychophysiologie 24
   - e) Sozialpsychologie 24
   - f) Konfliktpsychologie 25
   - g) Diagnostische Psychologie 25
   - h) Pädagogische Psychologie 25
   - i) Klinische Psychologie 26
   - k) Betriebspsychologie 26
   - l) Konsumpsychologie 26
   - m) Forensische und Kriminalpsychologie 27
5. Zusammenfassung 27
6. Weiterführende Literatur 28

II. Methoden der Allgemeinen Psychologie 28

1. Beobachtung 29
   - a) Begriff 29
   - b) Beobachtungsmöglichkeiten formaler Art 29
   - c) Bedeutsame Arten der Beobachtung 30

2. Kasuistik. 31
3. Experiment 32
   a) Begriff. 32
   b) Die Rolle der Versuchsperson im Experiment 32
   c) Die Zielsetzung im Experiment 33
   d) Wesentliche Schritte im psychologischen Experiment . . 33
4. Psychometrie 34
   a) Bestimmung von Schwellen 34
   b) Herstellung psychologischer Skalen 34
5. Test 35
   a) Begriff. 35
   b) WesentlicheTestkriterien 35
   c) Wesentliche Arten von Tests 35
   d) Wesentliche Phasen des Testablaufes 36
6. Statistik 37
7. Zusammenfassung 37
8. Weiterführende Literatur 38

B. Einführung in die Grundbegriffe der Allgemeinen Psychologie

I. Wahrnehmung 39

1. Begriff 39
2. Bedeutung der verschiedenen Sinnesgebiete. 40
   a) Einteilung der Sinnesgebiete. 40
   b) Visueller Sinn 40
   c) Akustischer Sinn. 42
   d) Geruchs- und Geschmackssinn 42
   e) Temperatursinn 43
   f) Tastsinn, Lage- und Gleichgewichtssinn 43
   g) Muskelsinn 44
3. Bedeutung der Gestaltpsychologie für die Wahrnehmung . . 44
   a) Der gestaltpsychologische Forschungsansatz. 44
   b) Gestaltgesetze und ihre Bedeutung für die Wahrnehmung. 45
   c) Bedeutung des Prägnanzbegriffes 47
   d) Bedeutung der Form- und Gestaltwahrnehmung 48
4. Bedeutung persönlichkeits- und sozialspezifischer Faktoren 49
   a) Persönlichkeitsspezifische Faktoren 49
   b) Sozialspezifische Faktoren. 51

5. Spezielle Arten der Wahrnehmung 52
   a) Wahrnehmung von Entfernung und Tiefe 52
   b) Wahrnehmung von Bewegung 52
   c) Wahrnehmung der Zeit 54
6. Spezielle Probleme der Wahrnehmung 55
   a) Geometrisch-optische Täuschungen 55
   b) Umspring- oder Kippfiguren 58
7. Zusammenfassung 60
8. Weiterführende Literatur 61

II. Aufmerksamkeit 61

1. Begriff 61
   a) Beziehungen zur Wahrnehmung 61
   b) Abgrenzung zur Wahrnehmung 62
   c) Definitionen 62
2. Wesentliche Funktionsweisen der Aufmerksamkeit 63
   a) Umfang 63
   b) Aufmerksamkeitsschwankungen 63
   c) Aufmerksamkeitswanderung 63
   d) Steuerung der Aufmerksamkeit 64
3. Aufmerksamkeitstheorien 65
   a) Theorie der Sensibilisierung nach Henning 65
   b) Theorie der Aktivation nach Rohracher 65
   c) Filtertheorie der Aufmerksamkeit 65
   d) Kapazitäts- und Anstrengungstheorie 66
4. Aufmerksamkeit und Bewußtsein 66
5. Zusammenfassung 66
6. Weiterführende Literatur 67

III. Gedächtnis 67

1. Begriff 67
2. Methodische Möglichkeiten zur Gedächtnisforschung . . . 68
   a) Lernmethoden 68
   b) Behaltensmethoden 69
3. Wesentliche Ergebnisse der Gedächtnisforschung 70
   a) Faktorenanalytische Befunde 70
   b) Verschiedene Möglichkeiten der Speicherung 72
   c) Das Behalten und das Vergessen 72
4. Gedächtnistheorien 74

8 Inhaltsverzeichnis

5. Spezielle Probleme 75
   a) Gedächtnis-Hemmungen 75
   b) Reminiszenz 76
   c) Der Zeigarnik-Effekt 76
6. Zusammenfassung 77
7. Weiterführende Literatur 77

IV. Lernen 78

1. Lernen unter dem Gesichtspunkt der Begriffsbildung 78
2. Klassisches Konditionieren oder Signallernen 80
   a) Prinzip des Klassischen Konditionierens 80
   b) Die Versuche von I. P. Pawlow mit Hunden 81
   c) Das Prinzip der Kontiguität 82
   d) Signallernen bei anderen Tieren 82
   e) Signallernen beim Menschen 83
   f) Konditionierung höherer Art 84
   g) Bedeutung des Signallernens oder Klassischen
      Konditionierens für die Allgemeine Psychologie 85
3. Lernen am Erfolg 86
   a) Wesentliche Aspekte bei dem Instrumentellen
      Konditionieren 86
   b) Die Versuche von Thorndike 86
   c) Der Versuch von Kellogg 87
   d) Gesetzmäßigkeiten des Lernens nach Thorndike ... 87
   e) Wesentliche Aspekte des Lernens am Erfolg nach Hull . 88
   f) Prinzip des Operanten Konditionierens nach Skinner .. 88
   g) Die Versuche Skinners 89
   h) Die Bedeutung Operanten Konditionierens für
      menschliches Lernen 89
   i) Die Bedeutung des Lernens am Erfolg für die
      Allgemeine Psychologie 90
4. Reiz-Reaktionsketten 91
   a) Begriff der Kettenbildung 91
   b) Vorgang der Kettenbildung bei dem sprachlichen
      Lernen 91
   c) Bedeutung der Kettenbildung bei dem sprachlichen
      Lernen 92
5. Lernen durch Einsicht (Köhler – Wertheimer – Katona) ... 93
   a) Die Versuche von Köhler 93
   b) Wesentliche Aspekte zum Lernen durch Einsicht ... 94
   c) Einsichtiges Lernen beim Menschen 95

    d) Bedeutung einsichtigen Lernens für die Allgemeine
       Psychologie 96
6. Modellernen 97
    a) Begriff und Forschungsbefunde 97
    b) Beziehungen zu anderen Lernarten 98
7. Zusammenfassung 98
8. Weiterführende Literatur 99

V. Denken und Sprache 100

1. Begriff 100
    a) Denken 100
    b) Sprache 101
    c) Denken und Sprache 101
2. Wesentliche Beziehungen zwischen Denken und Sprache . . 102
    a) Begriffsbildung 102
    b) Verschiedene Standpunkte zu den Beziehungen zwischen
       Denken und Sprache 102
    c) Bedeutung der Sprache für die Vollzugsformen des
       Denkens 103
3. Das Modell des Denkens (Struktur des Intellekts) nach
   Guilford 104
    a) Wesentliche Ansatzpunkte des Modells 104
    b) Das Modell des Denkens nach Guilford 105
4. Bedeutung der Synthese der Lerntheorien für das Denken . 108
    a) Begründung des Zusammenhanges zwischen Lernen und
       Denken 108
    b) Die Analyse des Denkaktes nach J. Dewey 109
    c) Die Synthese der Lerntheorien und ihre Bedeutung
       für das Denken 109
5. Denken – Sprache – Intelligenz – Lernen 110
6. Zusammenfassung 111
7. Weiterführende Literatur 112

VI. Anlage und Umwelt 112

1. Begriff 112
    a) Anlage 112
    b) Umwelt 112
    c) Anlage und Umwelt 113
2. Begründung des Zusammenhanges von Anlage und Umwelt 114
    a) Entwicklungspsychologischer Aspekt 114

b) Aspekte der Reife 114
   c) Aspekt des Schicksals 114
3. Empirische Befunde zum Zusammenhang von Anlage und
   Umwelt 115
   a) Zwillingsforschung. 115
   b) Bedeutung angeborener Auslösemechanismen (AAM) 116
4. Bedeutung und Problematik der Betrachtungsweise
   von Anlage und Umwelt 118
   a) Bedeutung von Anlage und Umwelt 118
   b) Problematik von Anlage und Umwelt 119
5. Zusammenfassung 120
6. Weiterführende Literatur 121

VII. Prägung 122

1. Begriff 122
2. Bedeutung der Prägung für das Verhalten von Tieren 122
   a) Vorgang der Objektprägung 122
   b) Versuche zur Objektprägung mit Attrappen 123
   c) Motorische Prägung 124
   d) Prägung im ökologischen und im sozialen Bereich . . . 125
3. Prägung und menschliches Verhalten 126
   a) Experimentelle Arbeiten zur frühkindlichen Prägung . . 126
   b) Bedeutung der frühkindlichen Prägung 127
   c) Prägung in der Familie 127
4. Zusammenfassung 128
5. Weiterführende Literatur 129

VIII. Kommunikation 129

1. Begriff 129
2. Modelle zur Kommunikation 131
   a) Kommunikationsmodell nach Shannon und Weaver . . . 131
   b) Modell der Kommunikationseinheit nach Osgood 131
   c) Das A-B-X-Modell nach Newcomb 132
3. Informationstheorie – Kommunikationstheorie 133
   a) Begriff 133
   b) Wesentliche Inhalte der Kommunikationstheorie 133
4. Wesentliche Aspekte der Kommunikation 135
   a) Sprache und Kommunikation 135
   b) Kommunikation im nichtsprachlichen Bereich 136
   c) Kommunikation im sozialen Bereich 136

5. Zusammenfassung 138
6. Weiterführende Literatur 139

IX. Gefühle 140

1. Begriff 140
2. Dimensionen der Gefühle 141
3. Gefühlstheorien 142
4. Die Aktivierung von Gefühlen 143
   a) Bedeutung natürlicher emotionaler Reize ... 143
   b) Die emotionale Konditionierung 145
   c) Gefühle und Einstellungen 146
5. Bedeutung der Gefühle für das Verhalten 147
   a) Empirische Studien 147
   b) Gefühle – Verhalten 147
6. Gefühle und kognitive Prozesse 148
   a) Empirische Studien 148
   b) Gefühle – kognitive Prozesse 148
7. Zusammenfassung 148
8. Weiterführende Literatur 149

X. Motivation 150

1. Begriffe 150
   a) Motiv 150
   b) Motivation 151
   c) Trieb 152
   d) Bedürfnis 152
   e) Schlüsselreiz 153
2. Theorien zur Motivation 153
   a) Triebtheorien 153
   b) Theorie von der Motivation als Erwartung . 155
   c) Theorie der inhärenten (intrinsischen) Motivation 155
   d) Neugierverhalten und Motivationstheorien . 157
3. Methoden zur Motivationsforschung 158
4. Die Bedeutung des Motivationsgewebes 160
   a) Begriff 160
   b) Bedeutung des Motivationsgewebes für menschliches Verhalten 160
5. Motivwandel und Motivkette 161
   a) Bedeutung des Motivwandels 161
   b) Bedeutung der Motivkette 162

6. Die Bedeutung der Leistungsmotivation 162
   a) Begriff 162
   b) Erstes Auftreten der Leistungsmotivation 163
   c) Leistungsmotivation und Streben nach
      Selbständigkeit 164
   d) Leistungsmotivation und Risikoverhalten 164
   e) Die Bedeutung des Wetteifers 165
   f) Erziehungsverhalten und Leistungsmotivation 166
7. Hunger und Durst 166
   a) Spontanes Verhalten 166
   b) Instrumentelles Verhalten 167
   c) Konsumatorisches Verhalten 167
   d) Bedeutung des Hungers für kognitive Prozesse 167
8. Angst und Furcht 168
   a) Begriff 168
   b) Primäre Angst 168
   c) Angst und Lernen 168
   d) Angst und Leistungsmotivation 169
9. Zusammenfassung 169
10. Weiterführende Literatur 170

XI. Aggression 171

1. Begriffe 171
   a) Aggression 171
   b) Hauptformen der Aggression 172
   c) Frustration 174
   d) Frustrationstoleranz 174
2. Theorien 174
   a) Aggression als Trieb 175
   b) Aggression als Reaktion 175
3. Die Bedeutung der Aggressionsrichtung 176
   a) Wesentliche Richtungen der Aggression 176
   b) Empirische Studien 176
   c) Bedeutung der Aggressionsrichtung 177
4. Aggression und Lernen 177
   a) Modellernen 177
   b) Bekräftigungslernen 179
5. Aggression und Frustration 180
   a) Begründung für den Zusammenhang 180
   b) Beispiele für diesen Zusammenhang 180

6. Die Hemmung der Aggression 181
7. Die Bedeutung der psychologischen Aggressionsforschung . 182
   a) Aggression im Ausdrucksverhalten 182
   b) Aggression als Reaktion 182
   c) Weiterführende Probleme 183
8. Zusammenfassung 183
9. Weiterführende Literatur 184

XII. Konflikt 184

1. Begriff 184
2. Wesentliche Arten von Konflikten 185
   a) Appetenz-Appetenz-Konflikt 186
   b) Aversions-Aversions-Konflikt 186
   c) Appetenz-Aversions-Konflikt 187
   d) Doppel-Appetenz-Aversions-Konflikt 187
3. Experimentelle Begründung des Doppel-Appetenz-
   Aversions-Konfliktes 188
4. Bedeutung der Analyse von Konfliktsituationen für die
   experimentelle Konfliktforschung 189
   a) Analyse von Konfliktsituationen im Bereich
      der Schule 189
   b) Analyse von Konfliktsituationen im Bereich
      der Familie 193
   c) Konfliktanalyse in der Freizeit 194
   d) Analyse der Entscheidungsprozesse in Konflikt-
      situationen 195
5. Bedeutung der Konfliktforschung 196
6. Der Mensch, das konfliktträchtige Wesen 196
   a) Der Mensch als weltoffenes Wesen 196
   b) Der Mensch als wandlungsfähiges Wesen 197
   c) Der Mensch als widersprüchliches Wesen 197
   d) Der Mensch als das sich selbst entfremdende
      Wesen 198
   e) Der Mensch als das nach Transzendenz
      strebende Wesen 198
7. Der Mensch, das konfliktüberwindende Wesen 198
   a) Notwendigkeit der Konfliktüberwindung 198
   b) Möglichkeiten der Konfliktüberwindung 199
8. Zusammenfassung 199
9. Weiterführende Literatur 200

C. Perspektiven der Allgemeinen Psychologie für die Angewandte Psychologie

I. Perspektiven des Gegenstandes der Allgemeinen Psychologie 201

1. Allgemeine Psychologie – Angewandte Psychologie 201
2. Allgemeine Analyse des Verhaltens und Perspektiven für die Modifikation 201

II. Perspektiven der Methoden der Allgemeinen Psychologie 202

1. Beobachtung und Perspektiven für die Schülerbeobachtung 202
2. Psychometrie und Perspektiven für die Verwendung von Ratingskalen. 202

III. Perspektiven der Grundbegriffe der Allgemeinen Psychologie 203

1. Perspektiven der speziellen Betrachtungsweise 203
2. Perspektiven der übergreifenden Betrachtungsweise 204

Literaturverzeichnis 206
Namenverzeichnis 212
Sachverzeichnis. 214

A. Einführung in die Allgemeine Psychologie

I. Gegenstand der Allgemeinen Psychologie

1. Bedeutsame historische Aspekte

a) Altertum

Aus dem umfassenden Überblick über die Geschichte der Psychologie (nach *Morf* 1970, 131 ff.) werden für das Verständnis des Gegenstandes der Psychologie wichtige Aspekte herausgegriffen und durch moderne Arbeiten ergänzt.

Platon (400–350) sieht in der Seele das Lebensprinzip. Demnach hat der Mensch eine höhere Seele, die Vernunft. Er besitzt aber auch eine niedrige Seele, worunter Leidenschaften, die Strebungen und die Triebe verstanden werden.

Aristoteles (384–322) gibt in seiner Schrift »Über die Seele« (»de anima«) folgende Dreiteilung an:

1. Die Pflanzenseele (anima vegetativa): Sie ist bedeutsam für Vorgänge wie Ernährung u. ä.
2. Die Tierseele (anima sensitiva) ermöglicht Bewegung und Empfindung.
3. Die Menschenseele (anima rationalis) befähigt zum Denken und zum Vorhersehen der Folgen der eigenen Handlungen.

Dem Menschen kommen alle drei Seelenstufen zu. Der Vergleich der Ausführungen von Platon und Aristoteles erbringt für die Menschenseele wichtige Aspekte wie Vernunft, Denken oder die wichtige Fähigkeit des Vorhersehens der Folgen der eigenen Handlungen.

b) Mittelalter

Nach *Hugo von St. Victor* (1096–1141) hat die Seele ein äußeres Auge, das auf die Welt gerichtet ist (z.B. die Wahrnehmung). Sie hat aber auch ein inneres Auge, mit dem sie sich selbst erblickt (die meditatio). Sie besitzt schließlich ein drittes Auge (die contemplatio), durch welches sie Gott schauen kann.

c) Neuzeit

W. Wundt begründet die moderne Psychologie, indem er vom Studium der Seele her auf die Erforschung der seelischen Erscheinungen hinweist. Im Jahre 1879 begründet er das erste psychologische Laboratorium. Erfahrung und Beobachtung werden zu wichtigen Aspekten psychologischer Forschung.

Im Jahre 1885 erscheinen die Ergebnissse der Experimente von *Ebbinghaus*, die zur wesentlichen Begründung der modernen Gedächtnisforschung beitragen.

S. Freud begründet um 1900 die Psychoanalyse, die für die Tiefenpsychologie wie auch für die Konfliktanalyse sowohl im Bereich der Allgemeinen Psychologie wie auch in den Bereichen der angewandten Psychologie sehr wichtig ist.

Um 1900 führte *I.P. Pawlow* seine bekannten Versuche mit Hunden durch, die die Entdeckung des bedingten Reflexes zum Ergebnis hatten. Das nach *Pawlow* benannte Klassische Konditionieren oder Signallernen wird für die moderne Lernpsychologie sehr bedeutsam.

E.L. Thorndike führte um 1900 Versuche mit Katzen durch. Sie hatten das Lernen am Erfolg zum Ergebnis.

1907 weist *K. Bühler* auf die Problematik der bisherigen Theorie der Wahrnehmung hin. Die Addition einzelner Elemente und auch die Assoziation genügen allein zur Erklärung von Wahrnehmungen nicht mehr. Es erfolgen erste Hinweise auf die Berücksichtigung der Ganzheit oder der Gestalt.

1918 veröffentlicht *W. Köhler* seine ersten Ergebnisse einsichtigen Lernens, die seine Versuche mit Menschenaffen erbrachten.

1922 berichtet *W. Köhler* über die umfassenden Ergebnisse seiner Wiederholungsuntersuchungen und schließt sich unter der Berücksichtigung des Lernens durch Einsicht der Gestaltpsychologie an. Der Satz, daß das Ganze mehr ist als die Summe seiner Teile, hat die weitere Entwicklung der modernen Psychologie sehr beeinflußt.

1925 veröffentlicht *M. Wertheimer* drei Abhandlungen über die Gestalttheorie. Damit wird die Gestaltpsychologie endgültig begründet.

1946 führt *H. Rohracher* wesentliche Untersuchungsergebnisse über elektrische Vorgänge im menschlichen Zentralnervensystem in Veröffentlichungen an. Damit wird die naturwissenschaftliche Betrachtungsweise im Bereich der allgemeinen Psychologie wesentlich beeinflußt.

1953 gibt *B.F. Skinner* durch seine Unterscheidung zwischen reaktivem und operativem Verhalten wesentliche und empirisch belegte

Aspekte für die Lernpsychologie an. Operatives Verhalten ist typisch menschliches Verhalten, während das reaktive Verhalten mehr den Tieren zukommt. Durch den bedeutsamen Begriff der multiplen Kausation wird im Rahmen der Verhaltenspsychologie eine Erklärungsmöglichkeit für die Entstehung von Konflikten gegeben.

1957 gibt *H.-R. Lückert* eine umfassende Konfliktanalyse, die sowohl für die Allgemeine Psychologie als auch für die Erziehungspsychologie bedeutsam wird.

Ab 1963 geben *A. Tausch* und *R. Tausch* wesentliche Befunde zur Analyse des Lehrer-Erzieherverhaltens in Konfliktsituationen an. Bedeutsam an diesem Modell sind vor allem die Möglichkeiten der Verwirklichung effektiven Lehrer-Erzieherverhaltens in Konfliktsituationen.

Die Forschungen von *H.-R. Lückert, A. Tausch, R. Tausch u. a.* sind deshalb so bedeutsam, da in der Familie und in der Schule menschliches Verhalten in wesentlicher Weise beeinflußt wird. Ferner haben diese Forschungen das wesentliche Ziel, menschliches Verhalten in Konflikten von Gewaltanwendung zu befreien. Damit wird ein partnerschaftliches und demokratisches Verhalten angestrebt und ermöglicht.

2. Problematik des Gegenstandes der Psychologie

Die Berücksichtigung der historischen Aspekte erbrachte zunächst (im Altertum und im Mittelalter) für den Gegenstand der Psychologie die Lehre von der Seele. Dabei wurden beispielsweise bei Aristoteles der Menschenseele das Denken und das Vorhersehen der Folgen der eigenenen Handlungen zugeschrieben.

Bei *Hugo von St. Victor* wird das äußere auf die Welt gerichtete Auge der Seele mit dem wichtigen Begriff der Wahrnehmung belegt.

Gegen Ende des 19. Jahrhunderts weist nun *W. Wundt* der modernen Psychologie einen neuen Weg, indem er nun vom Studium der Seele auf die Erforschung der seelischen Erscheinungen hinweist.

Es werden nun beispielsweise von *I.P. Pawlow, E.L. Thorndike, W. Köhler, B.F. Skinner* u.a. Lernexperimente durchgeführt, die die Erforschung des Lernenden und damit seines Verhaltens zum Ziele haben.

Nach *K. Bühler* (1927) und *P.R. Hofstätter* (1977) konzentriert sich die moderne Psychologie bei ihren Forschungen auf folgende drei wesentliche Aspekte:

18 Gegenstand der Allgemeinen Psychologie

1. Das menschliche Verhalten
2. Das menschliche Erleben
3. Die Gebilde der menschlichen Kultur und ihre Bedeutung für menschliches Erleben und menschliches Verhalten.

Daneben wird das Verhalten anderer Lebewesen weiter erforscht. Durch diese verschiedenen Forschungsansätze wird die Problematik der Bestimmung des Gegenstandes der Psychologie deutlich. Es wird auf jeden Fall sowohl die geisteswissenschaftliche wie auch die naturwissenschaftliche Betrachtungsweise erforderlich werden, um diese Problematik der Bestimmung des Gegenstandes der Psychologie lösen zu können.

3. Bedeutung des Gegenstandes der Psychologie

a) Begriff

Bei der begrifflichen Erfassung des Gegenstandes der modernen Psychologie steht nun das Verhalten und Erleben im Mittelpunkt. Nach *Lückert* (1961, 560f.) ist die Psychologie die Wissenschaft vom Erleben und Verhalten und von diesen (»Äußerungsweisen der Seelischen«) zugrunde liegenden Bestimmungskräften. Lückert bezeichnet das Erleben als eine Urerfahrung menschlichen Existierens. Als verschiedene thematische Stufen des Erlebens sind Vital-, Gefühls-, Strebungs-, Denk- und Willenserleben beispielsweise zu nennen.

Das Verhalten ist nach *Lückert* in dem Dialog Mensch – Mitwelt zu sehen. Dabei kann es sich beispielsweise um das Sozialverhalten, das Spielverhalten, das Leistungsverhalten und das Ausdrucksverhalten handeln.

Nun sind die zwei wesentlichen Aspekte des Gegenstandes der Psychologie, das Erleben und das Verhalten, nach *Lückert* in zweifacher Hinsicht determiniert. Dabei handelt es sich um die psychische Motivation (Motive wie Antriebe, Bedürfnisse, Gefühle, Strebungen) und um die transpsychische Normation (Normen der Gesellschaft, des Brauchtums, der Sitte, der Religion, der Weltanschauung).

Nach *Rohracher* (1971, 9f.) ist die Psychologie die Wissenschaft vom bewußten Erleben. Sie untersucht bewußte Vorgänge und Zustände sowie ihre Ursachen und Wirkungen. Dabei wird nach *Rohracher* das Unbewußte nicht ausgeschlossen. Nach *Rohracher* ist das Unbewußte entweder eine Ursache oder eine Wirkung des bewußten Erlebens.

Vergleichen wir diese zwei sehr wichtigen Definitionen zum Gegenstand der Psychologie, so stehen das Erleben – das Verhalten – seine

Begründung (durch Bestimmungskräfte nach *Lückert*, bzw. Ursachen und Wirkungen nach *Rohracher*) im Mittelpunkt.

Wenn nun die Psychologie als überwiegend empirische Wissenschaft gesehen wird, steht das menschliche Verhalten im Mittelpunkt. Nach *Bergler* und nach *Thomae* (1965) ist die Psychologie die Wissenschaft vom menschlichen Verhalten und seiner inneren Begründung. Dabei schließt bei dieser Betrachtungsweise (nach *Seiß* 1974, 15) die innere Begründung den Innenaspekt des Erlebens nicht aus.

Dabei ist das Verhalten nach *Hebb* (1975, 17 f.) beispielsweise die beobachtbare Aktivität von Muskeln und Drüsen mit äußerer Sekretion, das Sprechen, das Lächeln, Weinen, Zittern, Erröten, die Änderung der Haltung und die Augenbewegungen beim Lesen. Dabei ist nach *Hebb* die Organisation des Verhaltens wichtig. Ein Beispiel für ein räumliches und zeitliches Verhaltensmuster ist das Aufheben eines Gegenstandes mit der Hand während die Augen darauf gerichtet sind. Ein Beispiel für ein sprachliches Verhaltensmuster ist eben das Gespräch zwischen zwei oder mehreren Personen. Dabei können wir feststellen, wie die Beteiligten sich sprachlich äußern, wie oft sie in Kommunikation treten, wie wertschätzend oder weniger wertschätzend ihre Äußerungen sind, wie verständnisvoll ihr Verhalten ist und wie andere Teilnehmer am Gespräch dieses Verständnis erleben.

Solche Verhaltensmuster sind im alltäglichen Leben besonders bei Konflikten wichtig. Wenn ein Zusammenstoß zwischen den Eltern und ihrem Kind, zwischen dem Lehrer und den Schülern, zwischen Verkehrsteilnehmern u.a. stattfindet, haben wir es mit dem Verhalten in schwierigen Situationen zu tun. Dieses Verhalten der Beteiligten richtig zu erkennen und zu begründen ist eine wesentliche Aufgabe der Psychologie. Dabei ist natürlich die Regelung von Konflikten mit dem Ziel eines angemessenen Verhaltens sehr wichtig.

b) Modelle zum Gegenstand der Psychologie

Modelle dienen dazu, die begrifflichen und beispielhaften Ausführungen zum Gegenstand der Psychologie weiter zu verdeutlichen. Dabei beziehen sich diese Modelle wie alle Ausführungen zum Gegenstand der Psychologie auf eine umfassende, d.h. allgemeine Betrachtungsweise. Dieses Vorgehen ist verständlich, da ja bei den vorliegenden Ausführungen immer die Allgemeine Psychologie im Mittelpunkt stehen wird.

(1) Modifiziertes Modell für eine allgemeine Gegenstandsbetrachtung der Psychologie (nach *Hofstätter* 1977, 11), siehe Abb. 1.

20 Gegenstand der Allgemeinen Psychologie

Es werden die für die Erfassung der drei wesentlichen Aspekte zum Gegenstand der Psychologie wichtigen Teile des Modells in modifizierter Weise dargestellt. Das Verhalten der Menschen, das Erleben der Menschen und die Gebilde (der Kultur) der Menschen stehen dabei in Wechselwirkung.

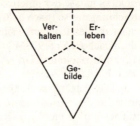

Abb.1: Modell der Allgemeinen Psychologie

Beispiel 1: Wenn ein Mitglied einer Gruppe verbal äußert, daß es ihm in der Gruppe sehr gut gefallen hat und daß es gerne wiederkommt, so erleben die Menschen dieser Gruppe sein wertschätzendes Verhalten als angenehm. Diese Menschen werden sich an das angenehm erlebte Verhalten gerne zurückerinnern. Dabei bediente sich das sich wertschätzend äußernde Gruppenmitglied der Sprache als menschliches Gebilde.

Beispiel 2: Das Verhalten von Menschen kann von dem Erleben eines Gebildes (z.B. eines Bildes) wesentlich beeinflußt werden.

Beispiel 3: Schließlich können Menschen in schwierigen Situationen erleben, daß ihnen andere Menschen in vorbildlicher Weise helfen. Nun kann dadurch sowohl das Verhalten als auch die Darstellung unter Verwendung der Sprache, von Bildern u.a. (also von Gebilden) wesentlich beeinflußt werden.

Die Wechselwirkung oder Dynamik dieser drei wesentlichen Aspekte (Verhalten – Erleben – Gebilde) zur allgemeinen Gegenstandserfassung der Psychologie wurde im Modell deshalb durch gestrichelte Innenlinien angezeigt.

(2) Modell für eine allgemeine Gegenstandsbetrachtung der Psychologie unter dem Schwerpunkt menschlichen Verhaltens (nach *Wormser* 1974, 10 ff.).

Das von *Wormser* vorgelegte Modell wird ebenfalls modifiziert. Dabei wird das menschliche Verhalten als Schwerpunkt gesehen, es werden aber die ebenfalls wesentlichen Aspekte des Erlebens und der Gebilde der Menschen berücksichtigt. Gleichzeitig werden die Umwelteinflüsse als sehr wichtig gesehen. Es werden aber die Anlagen ebenso berücksichtigt.

Gegenstand der Allgemeinen Psychologie

Nach *Wormser* (1974) können wir bei der allgemeinen Gegenstandsbetrachtung der Psychologie das Verhalten nicht als ein Ganzes untersuchen. Wir müssen es in einzelne beobachtbare Merkmale unterteilen. Wenn solche Merkmale in mindestens zwei Ausprägungsgrade differenziert werden können, sprechen wir von Variablen. Wertschätzendes Verhalten kann feststellbar oder nicht feststellbar sein. Die Sterblichkeit des Menschen ist dagegen eine Konstante.

Nach *Wormser* (1974) wird menschliches Verhalten nach dem Black-Box-(=»Schwarzer Kasten«) Modell erklärbar. Dabei wird in Abb. 2 folgendes modifizierte Modell vorgestellt:

Abb. 2: Modell der Allgemeinen Psychologie

Dabei ist die Umwelt vorgegeben, also die unabhängige Variable (UV). Die Seele ist nun nach *Wormser* (1974) für die komplexen Phänomene des Verhaltens verantwortlich.

Das Verhalten ist nun die abhängige Variable (AV). Dabei sind nun die Erbanlagen unseres Erachtens im Mittelpunkt unseres Modells, eben der Seele, zu sehen.

Die unabhängige Variable Umwelt kann durch die Wahrnehmung von verbalisierten oder bildlich dargestellten Aggressionen charakterisiert werden. Hier gehen also Gebilde in die Gegenstandsbetrachtung der Psychologie mit ein. Ferner kann die Einwirkung der Umwelt auf die Seele nicht nur menschliches Verhalten, sondern auch menschliches Erleben bewirken.

Es sind also die etwas modifizierten Modelle von *Wormser* (1974) und von *Hofstätter* (1977) vergleichbar.

Mit *Wormser* (1974) hat sich nun die Psychologie das Ziel gesetzt, regelhafte Beziehungen zwischen unabhängigen und abhängigen Variablen zu erkennen und zu begründen. Hierfür wird (nach *Wormser* 1974, 11) das Beispiel der Bedeutung der Wahrnehmung von Aggressionen durch Kinder gegeben:

Wir interessieren uns beispielsweise, ob die Wahrnehmung von Aggressionen Auswirkungen auf das Verhalten von Kindern hat. Wir verwenden zur Überprüfung dieser Fragestellung beispielsweise fünf Filme. Jeder dieser Filme dauert zehn Minuten. Uns stehen fünf Gruppen von Kindern zur Verfügung. In einem Vorversuch haben wir die Aggressionsbereitschaft und die Aggressionsrichtung des Verhaltens dieser Kinder beispielsweise durch Vorgabe geringer Frustrationen im Rahmen des Rosenzweigtests geprüft. Wir stellen nun unsere Versuchsgruppen gleichwertig zusammen; das heißt die Kinder in jeder Gruppe reagieren auf Frustrationen etwa in ähnlicher Weise aggressiv.

Nun geben wir jeder Gruppe den entsprechenden Film vor. Bei der Gruppe 1 schlägt das Kind im Film die Puppe nicht, bei der zweiten Gruppe schlägt das Kind die Puppe zweimal, bei der dritten Gruppe viermal, bei der vierten Gruppe sechsmal und bei der fünften Gruppe achtmal.

Die Aggressionen in der Umwelt sind durch die Anzahl der Schläge definiert, die ein Kind an einem anderen Kind im Film wahrnimmt. Die Aggression in der Umwelt ist demnach die unabhängige Variable. Die abhängige Variable ist das aggressive Verhalten des entsprechenden Kindes auf Grund der wahrgenommenen Aggressionen. An Hand der Tabelle 1 lesen wir nun das interessante Ergebnis ab: (nach *Wormser* 1974, 23)

Tabelle 1: Zusammenhang »wahrgenommener« und »ausgeteilter« Aggression

Anzahl der beobachteten Schläge im Film	Durchschnittliche Anzahl der ausgeteilten Schläge an einer Puppe nach dem Film
0	2
2	6
4	8
6	9
8	13

Jedes Kind durfte nun 30 Minuten mit der Puppe frei spielen und wurde dabei hinsichtlich seines Aggressionsverhaltens beobachtet. Die Tabelle 1 zeigt nun einen deutlichen Zusammenhang zwischen den beobachteten Aggressionen und dem eigenen Aggressionsverhalten. Je mehr Schläge ein Kind wahrgenommen hat, desto mehr Schläge ist es bereit auszuteilen. Wir sprechen mit *Tausch* und *Tausch* (1973) und *Wormser* (1974) von einem Lernen am Modell.

Dabei ist das Lernen am Modell eine dazwischen tretende oder intervenierende Variable (Intervenierende Variable = IV). Wir stellen unseren Zusammenhang in dem eben angeführten Beispiel an Hand der Abbildung 3 (nach *Wormser* 1974, 16) dar:

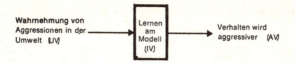

Abb. 3: Erklärung einer UV – AV – Beziehung mit Hilfe einer intervenierenden Variable (UV = Unabhängige Variable; IV = Intervenierende Variable; AV = Abhängige Variable)

4. Der Gegenstand der Allgemeinen Psychologie und seine Bedeutung für andere Teildisziplinen der Psychologie

a) Bedeutung der Allgemeinen Psychologie

An dem angegebenen Beispiel wurde ein Zusammenhang zwischen wahrgenommenen Aggressionen und eigenem aggressiven Verhalten deutlich. Es wird also ein allgemeiner Zusammenhang oder sogar eine Gesetzmäßigkeit untersucht. Die Bedeutung der Allgemeinen Psychologie liegt nun einmal darin, daß sie menschliches Verhalten unter allgemeinen Gesichtspunkten untersucht. Dabei befaßt sie sich mit wesentlichen Grundbegriffen der Psychologie wie Aggression, Wahrnehmung, Lernen, Denken, Motivation, u.a.; dabei versucht sie allgemeine Zusammenhänge zu erforschen, die für die anderen Teildisziplinen der Psychologie, die in einem kurzen Überblick erwähnt werden, sehr bedeutsam sind.

b) Entwicklungspsychologie

Die Entwicklungspsychologie befaßt sich nun mit der Entwicklung der Wahrnehmung, des Lernens, des Denkens, der Sprache, der Motivation, des Spieles und der Arbeit, des Verhaltens in der sozialen Wirklichkeit u.a.

Dabei entwickelt sie Modelle zur Erklärung der entsprechenden Entwicklungsverläufe. Nach *Thomae* (1972) handelt es sich um die Entwicklung als Stufenfolge, als Differenzierung, als Prägung, als aktive Gestaltung, als Schichtung, als soziales Lernen u.a. (siehe Handbuch der Psychologie Band 3, 13ff.). Dabei wird das menschliche Verhalten eben unter dem speziellen Aspekt der Entwicklung als Veränderungsreihe (von der Geburt bis zum Lebensende) zu sehen sein.

Gegenstand der Allgemeinen Psychologie

c) Differentielle Psychologie

Nach *Quack* (1977, 176) befaßt sich die differentielle Psychologie mit den individuellen Differenzen im Verhalten und Erleben. Dabei sind interindividuelle Differenzen Unterschiede zwischen verschiedenen Individuen. Von intraindividuellen Differenzen sprechen wir bei Unterschiedlichkeiten bei einem einzelnen Individuum zu verschiedenen Zeitpunkten. In diesem Zusammenhang sind beispielsweise Intelligenztests zu nennen. Interindividuelle Differenzen wären dann verschiedene Intelligenzquotienten verschiedener Menschen.

d) Psychophysiologie

Nach *Rogge* (1977) ist ein Lebensvorgang psychologisch unter den Aspekten des Verhaltens und Erlebens betrachtbar. Die Physiologie befaßt sich mit den Funktionen des Organismus. Der Zusammenhang von Psychologie und Physiologie wird deutlich, wenn von komplexen Vorgängen (nach *Rogge* 1977, 122 ff.) ausgegangen wird und die physiologische Grundlage in der Funktion der Zellen gesehen wird. Als Beispiel dafür gibt *Rogge* eine Untersuchung von *Fahrenberg* (1967) an. Hier werden die Selbsterfahrungen von Studenten mit einem alltäglichen Affekterlebnis herausgegriffen und dargestellt. Psychologisch gesehen erleben Menschen immer wieder Freude bzw. Ergriffenheit. Physiologisch gesehen erlebten die Studenten Erröten oder aufsteigende Hitze, aufsteigende Tränen, beschleunigte Atmung, bei weiblichen Pbn. außerdem Schwachwerden der Knie, bei männlichen Pbn. feuchte Hände (nach *Rogge* 1977, 133). Im Rahmen solcher interessanter Fragestellungen werden sicher weitere Untersuchungen von Interesse sein, die interindividuelle Differenzen zwischen verschiedenen Individuen zum Ergebnis haben können.

e) Sozialpsychologie

Die Sozialpsychologie befaßt sich mit dem Verhalten und Erleben von Individuen in verschiedenen Gruppen bzw. verschiedenen sozialen Partnern gegenüber. Das Verhalten in der Familie kann anders sein als das gegenüber Berufsgruppen, Freizeitgruppen, u.a. Das soziale Verhalten gegenüber übergeordneten, gleichgeordneten und untergeordneten Personen kann ebenfalls differieren. Dabei werden die Erwartungen an einzelne Rollen, wie Führer, Gruppenmitglied u. a. einer genauen und umfassenden Analyse unterzogen.

Nach *Hofstätter* (1971, 24) kann aus einer Menge eine Gruppe entstehen. Daneben ist natürlich auch die Masse (bei einer Panik) möglich.

f) Konfliktpsychologie

Nach *Lückert* (1964) ist der Konflikt Quelle und Kernstück der Psychologie. Die Bedeutung des Konfliktes in der Psychologie ist in der Tatsache begründet, daß der Mensch eben ein konfliktträchtiges Wesen ist. Dabei ist die Bedeutung der Tiefenpsychologie für die Konfliktpsychologie hervorzuheben. Der Konflikt ist in der Tiefenpsychologie ebenfalls von zentraler Bedeutung. Nach *Lückert* (1964) ist die Urspannung, die Freud als Antagonismus zwischen Todes- und Lebenstrieb deutet, eben die wesentliche Begründung für die Konfliktpsychologie.

Die Konfliktträchtigkeit des Menschen wird nach *Lückert* durch die Tatsache begründet, daß der Mensch das weltoffene, wandlungsfähige, widersprüchliche, und sich selbst entfremdende Wesen ist. Nach *Lückert* will die Konfliktpsychologie die Faktoren (Ursachen, Bedingungen) ergründen, die den Menschen vorübergehend Gleichgewicht, Harmonie, Sicherheit und Spannungslosigkeit erleben lassen. Damit wird das Verhalten der Menschen ebenfalls wesentlich beeinflußt. Hier wird die fundamentale Bedeutung der Allgemeinen Psychologie für die Konfliktpsychologie besonders deutlich.

g) Diagnostische Psychologie

Sie versucht menschliches Verhalten und Erleben durch diagnostische Methoden objektiv zu erfassen und zu begründen. Dabei ist nach *Sommer* (1977, 192) ein psychologischer Test definiert als objektive und standardisierte Stichprobe aus dem Verhalten und Erleben eines Menschen. Daneben sind das psychodiagnostische Gespräch, die Verhaltensbeobachtung, die explorative Datenerhebung und die Graphologie wichtig.

h) Pädagogische Psychologie

Sie befaßt sich im Bereich der Erziehung nach *Tausch* und *Tausch* (1973, 40 ff.) mit der Änderung psychischer Prozesse von Jugendlichen durch das Erzieherverhalten. Dabei sind die Auswirkungen des sozialen, emotionalen, intellektuellen und sonstigen Erzieherverhaltens auf das Verhalten und Erleben von Kindern und Jugendlichen besonders wichtig.

Die Pädagogische Psychologie befaßt sich nach *Bredenkamp* (1977, 207 ff.) ferner mit den wesentlichen Bedingungen schulischen Lernens. Dabei interessieren Zusammenhänge zwischen den Lernbedingungen, dem Lernprozeß und den Lernergebnissen. Dabei werden die Lerntheorien über ihre Synthese im Denkprozeß auf das schulische Lernen anwendbar.

Ferner wird sich die Pädagogische Psychologie mit Strategien des Lehrens befassen. Hier sind immer die Zusammenhänge zum Lernverhalten der Schüler zu sehen.

i) Klinische Psychologie

Nach *Wens* und *Wirtz* (1977, 218 ff.) gehört der klinische Psychologe zu dem Team Mediziner, Krankenpflegepersonal, Sozialarbeiter und verschiedene Spezialtherapeuten (Sprachtherapeut, Psychagoge, Sozialpädagoge u.a.). Dabei werden beispielsweise Verhaltensstörungen durch diagnostische Verfahren erhoben. Durch Beratung und Therapie wird versucht, die Verhaltensstörungen zu beseitigen.

k) Betriebspsychologie

Sie versucht das Verhalten und Erleben der im Betrieb arbeitenden Menschen zu verstehen und bei Konflikten helfend und beratend zur Seite zu stehen. Dabei befaßt sie sich nach *Ort* (1977, 244 ff.) mit der Auffindung von Bedingungen, die ein optimales Arbeitsverhalten und damit eine gute Produktivität garantieren. Sie wird nach der Human-Relations-Bewegung für ein günstiges soziales Klima im Betrieb Sorge tragen.

l) Konsumpsychologie

Sie befaßt sich nach *Bergler* (1965) mit dem Einfluß der Werbung auf das Konsumverhalten der Menschen. Dabei ist der Einfluß der Reklame auf das Kaufverhalten der Menschen unbestritten. Dabei wird sich die Konsumpsychologie an den Ergebnissen einer Marktanalyse orientieren.

m) Forensische und Kriminalpsychologie

Nach *Leisner* (1977, 232) ist der Gegenstand der Forensischen und Kriminalpsychologie vorgegeben. Als kriminell werden alle die Verhaltensweisen definiert, die gegen gesetzlich festgelegte Regeln verstoßen. Das wesentliche Problem ist nun die Erforschung der Ursachen für das straffällige Verhalten. Dabei werden sowohl die Allgemeine Psychologie als auch die Konfliktpsychologie wesentlich dazu beitragen können, das unerwünschte Verhalten zu erklären und Möglichkeiten seiner zukünftigen Vermeidung zu finden.

5. Zusammenfassung

(1) Die moderne Psychologie befaßt sich vor allem mit dem menschlichen Verhalten und Erleben. Dabei will sie Verhalten und Erleben begründen. Nach *Lückert* ist das Verhalten und Erleben determiniert durch die psychische Motivation und durch die transpsychische Normation (Normen der Gesellschaft u. a.).

(2) Dabei ist das Verhalten von Menschen in schwierigen Situationen von besonderem Interesse. Die moderne Psychologie will für die Regelung von Konflikten Verhaltensmuster entwickeln. Das Ziel ist eben ein angemessenes Verhalten.

(3) Wir erinnern uns an wichtige Modelle zur allgemeinen Gegenstandsbetrachtung der Psychologie. Bei dem Modell von *Hofstätter* standen drei wesentliche Aspekte zum Gegenstand der Psychologie im Mittelpunkt (siehe A, I, 3, b, Abb. 1). Es kam also die Bedeutung menschlicher Gebilde (Sprache u.a.) für menschliches Verhalten und Erleben zum Ausdruck.

(4) Bei dem Modell nach *Wormser* war das menschliche Verhalten eine Variable.
a) Wovon hing sie ab?
b) Welche Beziehung hatte sie? (siehe A, I, 3, b, Abb. 2)

(5) Der Zusammenhang zwischen wahrgenommenen Aggressionen und aggressivem Verhalten wurde durch das Lernen am Modell erklärt. Um welche Variable handelt es sich hierbei? (siehe A, I, 3, b, Abb.3)

(6) Wir erinnern uns an wenigstens drei wesentliche Grundbegriffe der Psychologie, mit denen sich die Allgemeine Psychologie befaßt (siehe A, I, 4, a)

(7) Die Allgemeine Psychologie versucht allgemeine Zusammenhänge und Gesetzmäßigkeiten zu erkennen. Für die Teildisziplinen der Psychologie ist dies sehr wichtig. Wir erinnern uns an wenigstens vier Teildisziplinen der Psychologie und an ihre wesentlichen Inhalte (siehe A, I, 4).

6. Weiterführende Literatur

Bergler, R.: Psychologische Marktanalyse. Huber, Bern–Stuttgart 1965.
Hebb, D.-O.: Einführung in die moderne Psychologie. Beltz, Weinheim–Basel, 1975[8].
Hofstätter, P.-R.: Psychologie. Fischer Lexikon Nr.6. Fischer, Frankfurt a. M., 607.–621. Tsd., 1977.
Lückert, H.-R.: Der Mensch, das konfliktträchtige Wesen. E. Reinhardt, München–Basel, 1964
– Psychologie. Staatslexikon (Bd.6), Herder, Freiburg, 1961[6], 560–569.
Morf, G.: Einführung in die Psychologie. E. Reinhardt, München–Basel, 1970[5].
Rohracher, H.: Einführung in die Psychologie. Urban & Schwarzenberg, Wien–München–Berlin, 1971[10].
Seiß, R.: Allgemeine Psychologie. Klinkhardt, Bad Heilbronn, 1974.
Tausch, R., Tausch, A.: Erziehungspsychologie. Hogrefe, Göttingen, 1973[7].
Thomae, H.: Entwicklungsbegriff und Entwicklungstheorie. In: Hdbch. d. Psychol. Bd. 3. Hogrefe, Göttingen, 1972, 3–20.
Wormser, R.: Experimentelle Psychologie. UTB 396. E. Reinhardt, München–Basel, 1974.

II. Methoden der Allgemeinen Psychologie

Vom Gegenstand der Psychologie her ist nach *Lückert* (1961, 566f.) *Seelisches* unmittelbar in zweierlei Weise gegeben, im *Innenaspekt des Erlebens* und dem *Außenaspekt des Verhaltens*.

In der *Beobachtung* erfassen wir einerseits das Erleben (Selbstbeobachtung) und andererseits das Verhalten (Fremdbeobachtung).

Die *Kasuistik* (engl. case study) dient nach *Hehlmann* (1962, 251) der Erfassung und Sammlung von Einzelfällen menschlichen Erlebens und Verhaltens. Dabei kommt der *Exploration* (Einzelbefragung) eine besondere Bedeutung zu.

Dem *Experiment* kommt mit dem Beginn der wissenschaftlichen Psychologie im 19. Jahrhundert eine besondere Bedeutung zu.

Die Bedeutung der *Psychometrie* ist beispielsweise in der Erfassung und Prüfung von Unterschiedsschwellen (z.B. Gewichtsvergleiche) und in der Herstellung von Skalen (z. B. Rating-Skalen) begründet.

Ferner gewinnt der *Test* als eine Form des psychologischen Experiments immer mehr an Bedeutung.

Die *Statistik* stellt schließlich eine Methode zur Quantifizierung von Ergebnissen dar.

1. Beobachtung

a) *Begriff*

Beobachtung ist (nach *Hehlmann* 1962, 51) die aufmerksame, planmäßige Wahrnehmung oder Anschauung mit dem Ziele exakter Feststellung eines Sachverhaltes (oder einer Tatsachenfolge) gegebenenfalls mit geeigneten Hilfsmitteln.

Die exakte Feststellung eines Sachverhaltes kann durch die Beobachtung des Verhaltens von Erziehern gegeben sein. Mit dem geeigneten Hilfsmittel einer siebenstufigen Ratingskala (siehe Psychometrie, A, II, 4, b) kann beispielsweise (nach *Tausch* und *Tausch* 1973 und *Popp* 1974 u. a.) der Grad des erkennbaren Verständnisses im Erzieherverhalten beobachtet und gemessen werden.

Da der Beobachtung eine aufmerksame Wahrnehmung zugrunde liegt, sind hier die Grundbegriffe der Wahrnehmung (siehe B, I, 2) und der Aufmerksamkeit (siehe B, II, 2) sehr wichtig.

b) *Beobachtungsmöglichkeiten formaler Art*

Folgendes Beispiel gestattet es, Beobachtungsmöglichkeiten formaler Art abzuleiten: Nach *Traxel* (1974, 139) unterliegen die Helligkeitswerte der Farben in der Dämmerung einer Veränderung. Es handelt sich dabei um das sogenannte Purkinjesche Phänomen.

(1) Gelegentliche/Systematische Beobachtung

Nach *Traxel* (1974, 139 ff.) beobachten wir *gelegentlich*, daß ein bestimmtes Rot bei Tag heller erscheint als ein bestimmtes Blau. In der Dämmerung wird nun das gleiche Rot als nahezu schwarz wahrgenommen, während das Blau als mittleres Grau gesehen wird. In diesem Fall ist Rot am Tage heller als Blau, während in der Dämmerung Blau heller als Rot wahrgenommen wird. Es handelt sich hier zunächst um eine gelegentliche Beobachtung. Diese gelegentliche Beobachtung kann nun Anlaß für eine *systematische* Beobachtung werden. Dabei kann nun sowohl ein einzelner Beobachter als auch mehrere Beobachter tätig werden. Die systematische Beobachtung wird sich über einen längeren Zeitraum erstrecken.

(2) Freie/Gebundene Beobachtung

Wenn wir Menschen beobachten und frei niederschreiben, was wir beobachteten, dann sprechen wir von *freier* Beobachtung. Wir halten uns also nicht an vorher festgelegte verbale oder sonstige Kriterien. Wenn wir das Verhalten von Menschen unter Benutzung bestimmter Kriterien (wie verständnisvoll, ausgeglichen, reizbar, u.a.) beobachten, sprechen wir von *gebundener* Beobachtung.

(3) Wissentliche/Unwissentliche Beobachtung

Wenn wir einen Lehrer bitten, sein Erziehungsverhalten im Unterricht beobachten zu dürfen, sprechen wir von *wissentlicher* Beobachtung. Hören wir einer Unterrichtsstunde zu und beobachten das Verhalten eines Schülers ohne vorherige Information des Schülers, so sprechen wir von *unwissentlicher* Beobachtung. Nimmt ein Beobachter an den Interaktionen und Zielsetzungen einer Gruppe teil und beobachtet dabei die Gruppenmitglieder unwissentlich, so sprechen wir auch von teilnehmender Beobachtung.

(4) Selbst-/Fremdbeobachtung

Wenn wir einer Person die Aufgabe 9×19 stellen und nach wenigen Sekunden das richtige Ergebnis 171 erhalten, so stellen wir durch *Fremdbeobachtung* fest, daß sich die rechnende Person richtig und angemessen verhalten hat. Nun sind aber beispielsweise folgende Rechenwege möglich: $9 \times 20 - 9$; $9 \times 10 + 9 \times 9$; das Einmaleins mit 19 wird auswendig beherrscht. Wollen wir nun wissen, welchen Rechenweg die rechnende Person wählte, so bitten wir sie um die *Selbstbeobachtung*. Als Ergebnis bekommen wir den Rechenweg, den die rechnende Person nach ihrer eigenen Beobachtung wählte.

c) *Bedeutsame Arten der Beobachtung*

Da sich die Psychologie vorwiegend mit dem Erleben und dem Verhalten beschäftigt, handelt es sich demnach um die Erlebnisbeobachtung und um die Verhaltensbeobachtung.

(1) Erlebnisbeobachtung

Nach *Traxel* (1974) ist die Erlebnisbeobachtung eine Selbstbeobachtung. Es ist der Versuch, ein Erlebnis zu erfassen und zu beschreiben.

Bei der eben genannten Rechenaufgabe wurde der Rechnende mit einer Schwierigkeit konfrontiert. Was er beim Rechnen erlebte, kann er erfassen und beschreiben. Da es sich dabei um einen Beobachter handelt, wird man nach *Traxel* (1974, 155 ff.) gut beraten sein, Daten der Erlebnisbeobachtung gegenüber eine kritische Haltung einzunehmen.

(2) Verhaltensbeobachtung

Hier kann das zu Beobachtende von mehreren Beobachtern beobachtet werden. Es kann beispielsweise das soziale Verhalten eines Kindes in der Familie oder in einer Spielgruppe beobachtet werden. Dabei ist beispielsweise von Interesse, ob das Kind spontan, also von sich aus, soziale Kontakte herstellt. Es können verschiedene Beobachter feststellen, wie oft das Kind andere Kinder in der Spielgruppe anspricht oder an welchen Interaktionen es überhaupt beteiligt ist. Dabei kann auch die Beobachtungszeit beispielsweise mit je einer Stunde festgesetzt werden. Daneben ist nach *Traxel* (1974, 155 ff.) noch das Ausdrucksverhalten beobachtbar. Es kann sich um Ausdrucksformen der Mimik, der Körperbewegungen, der Körperhaltung u.a. handeln. Es wird bei kritischer Betrachtung der Verhaltensbeobachtung immer günstig sein, mehrere Beobachter beobachten zu lassen, da das Verhalten der Beobachteten vom Beobachter abhängt.

2. Kasuistik

Hier wird menschliches Erleben und Verhalten an Hand von Einzelfällen zu erfassen versucht. Eine wesentliche Methode ist dabei die Exploration. Sie vermittelt uns in Form eines freien Gespräches wesentliche Einblicke in die Lebenssituation und in das Lebensschicksal des einzelnen Menschen. Im Verlauf einer Befragung berichtet Herr M., daß er 1912 geboren sei. Seine Eltern wollten ihn zu einem Musterknaben erziehen. Die ersten Schuljahre sei er ein Einzelgänger gewesen. Mit 16 Jahren kommt es zu einem Bruch mit seinem Elternhaus. Er wird aktiv in der Jugendbewegung. Nach abgeschlossener Lehre tritt er in das Berufsleben über und verheiratet sich. Den Krieg verbringt M. in Skandinavien verhältnismäßig ruhig. Nach dem Krieg gelingt ihm ein großer beruflicher Aufstieg. Er erreicht eine selbständige Berufsposition. Seine Tochter besucht inzwischen die Tanzstunde. Er glaube, daß er in seinem Alter mehr Zeit zur Besinnung über sich selbst brauche.

Dieses gekürzte Protokoll einer Exploration über das Lebensschicksal des Herrn M. zeigt die Bedeutung dieser Methode zur Erfassung und Erklärung menschlichen Erlebens und Verhaltens an Hand von Einzelfällen.

3. Experiment

a) Begriff

Nach *Hehlmann* (1962, 131) stellt das Experiment eine planmäßige Fortentwicklung und Abwandlung der Beobachtung dar. Es handelt sich demnach um das absichtsvolle Herbeiführen eines Vorganges unter planmäßiger Abwandlung seiner Bedingungen. Der Zweck dieses Vorgehens ist die Erforschung von Gesetzmäßigkeiten. Wir können zum Beispiel experimentell erheben, wann Menschen zwei Gewichte als unterschiedlich erkennen können. Eine repräsentative Versuchsgruppe wird zum Beispiel ein Vergleichsgewicht von 100 Gramm bekommen. Es wird sich herausstellen, daß ein etwas schwereres Gewicht als solches (nach *Weber*, siehe Psychometrie A, II, 4) von den meisten Versuchspersonen nicht als schwerer empfunden wird. Erst wenn das zweite Gewicht mindestens ein Drittel schwerer ist als das Ausgangsgewicht (also 133 Gramm), wird der Gewichtsunterschied experimentell nachweisbar.

b) Die Rolle der Versuchsperson im Experiment

Nach *Rohracher* (1971) und *Traxel* (1974) unterscheiden wir das Erlebnisexperiment von dem Leistungsexperiment.

(1) Das Erlebnisexperiment

Nach *Traxel* (1974, 186 f.) wird die Selbstbeobachtung bezogen auf das eigene Erleben verlangt. Wir könnten also die Rechenaufgabe 9×19 beispielsweise 100 elfjährigen Schülern vorgeben und sie einer experimentellen Beobachtung ihres Lösungserlebens unterziehen. Was haben diese Elfjährigen dabei rational (Lösungswege u.a.) und emotional (Freude, Verständnis u.a.) erlebt.

(2) Das Leistungsexperiment

Hier werden nun nach *Rohracher* (1971) und *Traxel* (1974) Leistungen und das Verhalten festgestellt. In unserem Falle würden wir feststellen, wie viele Schüler haben das richtige Ergebnis erzielt und wie haben sie sich dabei verhalten.

(3) Synthese

Nach *Traxel* (1974, 186) wird häufig eine Kombination beider Arten des Experimentes verwendet. Man läßt den Versuchspersonen zuerst Leistungen ausführen und befragt sie anschließend über ihre Erlebnisse, die sie dabei hatten.

c) Die Zielsetzung im Experiment

Wir unterscheiden nach *Traxel* (1974, 185) den Darstellungsversuch, den Kausalversuch, und den Prüfungsversuch.

(1) Der Darstellungsversuch

Der psychische Vorgang des Rechnens wird zum Zwecke seines genaueren Kennenlernens herbeigeführt. Die Versuchspersonen werden also um eine subjektive Beschreibung des Vorganges des Rechnens gebeten (z.B. Erleben von Erfolgen u.a.).

(2) Der Kausalversuch

Hier ist das Ziel, die Abhängigkeit des psychischen Vorganges des Rechnens von einzelnen Bedingungen, wie Ermüdung, Übung, Lebensalter u.a. experimentell zu erkennen.

(3) Prüfungsversuch oder Test

Hier wird die Versuchsperson mit bekannten Kriterien des Rechenvorganges unter experimentellen Bedingungen geprüft. Die Rechenleistung wird hier auf die gesamte psychische Leistungsfähigkeit der entsprechenden Versuchsperson hinweisen.

d) Wesentliche Schritte im psychologischen Experiment

Nach *Traxel* (1974, 191 ff.) unterscheiden wir folgende drei wesentlichen Schritte:

(1) Die Vorbereitung des Experimentes

Auf Grund der getroffenen Fragestellung (Hypothesen) wird das Experiment genau vorbereitet. Wenn wir den Einfluß der Übung auf Rechenaufgaben feststellen wollen, so wird eine Kontrollgruppe ohne vorherige spezielle Übung rechnen und eine Experimentiergruppe mit vorheriger spezieller Übung.

(2) Die Durchführung des Versuches

Dabei bekommen die Versuchspersonen exakte Versuchsanweisungen, die auf der Setzung bestimmter Bedingungen (z.B. Übung vorhanden oder nicht vorhanden) beruhen.

(3) Die Auswertung des Experimentes

Hier ist besonders wichtig, daß die Kriterien der Auswertung vom auswertenden Versuchsleiter unabhängig sind.

4. Psychometrie

a) *Bestimmung von Schwellen*

Nach *Traxel* (1974, 375 ff.) befaßt sich die Psychometrie mit dem wesentlichen Teilaspekt der Schwellenbestimmung. Dabei handelt es sich zunächst um die Bestimmung von *Reizschwellen*. Es kann sich dabei bespielsweise um die Bestimmung der unteren Hörgrenze handeln.

Ferner ist die Bestimmung der *Unterschiedsschwellen* besonders wichtig. Ein wichtiges Ergebnis dieser Art ist das Gesetz von *Weber*. Dieses Gesetz (nach *Rohracher* 1971, 113) lautet: Die Reizstärke muß in einem gleichbleibenden Verhältnis steigen, damit aufeinanderfolgende Reize (z.B. Gewichte, die auf der Hand liegen) als eben merklich stärker empfunden werden.

b) *Herstellung psychologischer Skalen*

Nach *Traxel* (1974, 393 ff.) ist ein weiterer wesentlicher Aspekt der Psychometrie die Herstellung psychologischer Skalen. Als Beispiel werden Ratingskalen benannt, die bis zu sieben oder neun Unterteilungen haben können. Nach *Langer* und *Schulz* (1974, 10) hat das Ratingverfahren bei richtiger Anwendung unschätzbare Vorteile. In vielen Fällen ist sogar keine methodische Alternative möglich, die dem Untersuchungsgegenstand angemessen wäre.

Nach *Tausch* und *Tausch* (1973, 332 f.) wird beispielsweise wertschätzendes/geringschätzendes Lehrer-Erzieherverhalten auf siebenstufigen Ratingskalen einzuschätzen sein. Nach *Popp* (1974, 19) wird beispielsweise ausgeglichenes/reizbares elterliches Erziehungsverhalten auf siebenstufigen Ratingskalen einzuschätzen sein. Dabei ist nach *Traxel* (1974, 393 ff.) zu beachten, daß das Rating- oder Schätzverfahren der Methode der einzelnen Reize entspricht. Die Versuchsperson kreuzt jeweils nur einen Punkt auf der Ratingskala an, der ihrer Meinung nach dem Ausprägungsgrad des jeweiligen Merkmals (z.B. Wertschätzung) entspricht. Wenn ein Lehrer am Ende einer Unterrichtsstunde zu der Klasse sagt:»Es hat mir Freude gemacht, mit euch zu arbeiten, ich war gern mit euch zusammen«, so wird diese verbale Äußerung auf der Ratingskala dem Punkt +3 (höchste Wertschätzung) zugeordnet (nach *Tausch* und *Tausch* 1973, 332).

5. Test

a) Begriff

Nach *Michel* (1964, 19) besteht ein Test im wesentlichen darin, daß unter standardisierten Bedingungen eine Verhaltensstichprobe des Probanden (Pbn) provoziert wird, die einen wissenschaftlich begründeten Rückschluß auf die individuelle Ausprägung eines oder mehrerer psychischer Merkmale des Pbn gestattet. Solche psychischen Merkmale können zum Beispiel die Konzentrationsfähigkeit, das logische Denkvermögen u.a. sein. Den Test kann man auch als ein spezielles psychologisches Experiment bezeichnen.

b) Wesentliche Testkriterien

Es handelt sich zunächst um die *Objektivität*. Das heißt, daß durch genaue Versuchsanweisungen und Anweisungen zur Auswertung die Testauswertung vom Versuchsleiter möglichst unabhängig wird. Die *Reliabilität* (Wiederholungszuverlässigkeit) und die *Validität* (Gültigkeit = der Test mißt das, was er vorgibt zu messen) sind ebenfalls sehr bedeutsam.

c) Wesentliche Arten von Tests

(1) Psychometrische Tests

Nach *Michel* (1964, 33) handelt es sich dabei im wesentlichen um Intelligenztests und Leistungstests. Ein bekannter Intelligenztest ist von *Wechsler* vorgelegt worden. Er besteht aus einem Verbalteil

(Allgemeines Wissen, Allgemeines Verständnis, Zahlennachsprechen, Rechnerisches Denken, Gemeinsamkeitenfinden) und einem Handlungsteil (Zahlen – Symbol – Test, Bilderordnen, Bilderergänzen, Mosaik-Test, Figurenlegen. Nach *Wechsler* 1961, 89 ff.).

(2) Projektive Tests

Sie befassen sich mit der Persönlichkeit des Probanden (nach *Michel* 1964, 21). Ein bekannter Test dieser Art ist der Rorschach-Test. Es handelt sich nach *Bohm* (1967, 355 ff.) um ein wahrnehmungsdiagnostisches Experiment. Es werden dem Probanden zehn Tafeln mit Klecksen vorgelegt, die er jeweils unter dem Gesichtspunkt »Was könnte dies sein« inhaltlich benennt. Dabei wird nach *Bohm* (1967, 355 ff.) die subjektive Wahrnehmung durch das Persönlichkeitszentrum wesentlich beeinflußt. Aus der Auswahl und der Verarbeitungsweise der Eindrücke (die durch die Wahrnehmung entstanden sind) können wir auf den jeweiligen Zustand der Zentralinstanz, eben der Persönlichkeit, schließen.

d) Wesentliche Phasen des Testablaufes

Nach *Michel* (1964, 20f.) unterscheiden wir folgende wesentlichen vier Phasen:

(1) Die *Provokation* des Verhaltens durch bestimmte, standardisierte Reizkonfigurationen.

(2) Die *Registrierung* des Testverhaltens kann durch wörtliches Protokollieren der Antworten, durch Verwendung bestimmter Signaturen, durch Zuhilfenahme technischer Apparaturen wie Kameras, Tonbandgeräte, schreibende und zählende Registriergeräte u.a. erfolgen.

(3) Die *Auswertung* der Ergebnisse sollte objektiv erfolgen. Die Verhaltensdaten sind nach objektiven Kriterien exakt auszuwerten und zu verrechnen (z.B. Berechnung des Intelligenzquotienten).

(4) Die *Interpretation* der Testdaten sollte so erfolgen, daß der Schluß von der Verhaltensstichprobe auf die psychischen Merkmale von jedem Experten in gleicher Weise vollzogen würde (nach *Michel* 1964, 21).

6. Statistik

Nach *Lückert* (1961, 567) befaßt sich die Statistik vornehmlich mit der Verarbeitung quantifizierter Ergebnisse. Sie hat es also mit der mathematischen Behandlung von Häufigkeitsangaben zu tun. Von besonderer Bedeutung für die Psychologie wurde die quantitative Bestimmung von Zusammenhangsrelationen (Korrelation). Es interessiert beispielsweise der Zusammenhang zwischen Intelligenzhöhe und Schulerfolg. Der Korrelationskoeffizient kann Werte zwischen + 1.00 (höchster positiver Zusammenhang) über .00 (kein Zusammenhang) bis zu − 1.00 (höchster negativer Zusammenhang) erreichen. Der Koeffizient + .84 würde einen sehr hohen Zusammenhang zwischen Intelligenz und Schulnoten bedeuten.

Sehr wichtig ist auch die Faktorenanalyse. Mit ihr gelingt es, Merkmale zu Faktoren (Dimensionen) zusammenzufassen. Nach *Tausch* und *Tausch* (1973) kommen der Dimension der Emotionalität die Merkmale Wertschätzung/Geringschätzung, Ermutigung/Entmutigung, soziale Reversibilität/Irreversibilität u.a., bezogen auf das Lehrer-/Erzieherverhalten, zu.

7. Zusammenfassung

(1) Vom Gegenstand der Psychologie her ist der Innenaspekt des Erlebens und der Außenaspekt des Verhaltens methodisch erfaßbar. Wir erinnern uns an wenigstens drei Methoden der Psychologie (siehe A, II, 1–6).

(2) Um menschliches Erleben zu erfassen, bedienen wir uns mindestens einer bestimmten Methode, die wir Sie bitten zu benennen (siehe A, II, 1).

(3) Zur Bestimmung von Reiz- und Unterschiedsschwellen bedienen wir uns einer bestimmten Methode.
a) Erinnern Sie sich bitte an diese Methode.
b) Erinnern Sie sich bitte an einige wesentliche Aspekte dieser Methode (siehe A, II, 4).

(4) Wir rufen uns die zwei wesentlichen Arten psychologischer Tests ins Gedächtnis. Welcher dieser beiden Arten von Tests ordnen wir dem Intelligenztest nach *Wechsler* zu (siehe A, II, 5, c)?

(5) Wir erinnern uns an den Rorschach-Test. Versuchen Sie sich bitte

daran zu erinnern, was er mißt und wie er theoretisch begründet ist (siehe A, II, 5).

8. Weiterführende Literatur

Langer, I., Schulz v. Thun, F.: Messung komplexer Merkmale in Psychologie und Pädagogik. E. Reinhardt, München–Basel 1974.
Lückert, H.-R.: Psychologie. Staatslexikon (Bd. 6), Herder, Freiburg, 1961[6], 560–569.
Michel, L.: Allgemeine Grundlagen psychometrischer Tests. In: Hdbch. d. Psychol. Bd. 6. Hogrefe, Göttingen 1964, 19–71.
Popp, M.: Analyse elterlichen Erziehungsverhaltens. E. Reinhardt, München–Basel 1974.
Rohracher, H.: Einführung in die Psychologie. Urban & Schwarzenberg, Wien–München–Berlin, 1971[10].
Tausch, R., Tausch A.: Erziehungspsychologie. Hogrefe, Göttingen, 1973[7].
Traxel, W.: Grundlagen und Methoden der Psychologie. Huber, Bern–Stuttgart–Wien, 1974[2].

B. Einführung in die Grundbegriffe der Allgemeinen Psychologie

I. Wahrnehmung

1. Begriff

Nach *Rohracher* (1971, 104) erzeugen unsere Sinnesorgane in uns Empfindungen, die sich mit den bisherigen Erfahrungen zu Wahrnehmungen verbinden, aus denen sich unsere Außenwelt aufbaut.

Dabei ist die Empfindung (nach *Rohracher* 1971, 127) eine nicht weiter auflösbare psychische Erscheinung, die durch äußere auf die Sinnesorgane wirkende Reize erzeugt wird. Ferner ist sie ein nicht weiter auflösbarer Bewußtseinsinhalt von veränderlicher Stärke (Intensität), dessen Art (Qualität) nach Sinnesgebieten verschieden ist.

Nach *Rohracher* sind demnach zwei wesentliche Aspekte für die begriffliche Erfassung der Wahrnehmung wichtig:

1. Empfindungen werden durch äußere Reize, die auf die Sinnesorgane wirken, erzeugt.
2. Die Empfindungen verbinden sich mit Erfahrungen zu Wahrnehmungen.

Nun sind nach *Katzenberger* (1967, 10) für die begriffliche Erfassung der Wahrnehmung die Ergebnisse der Gestaltpsychologie wichtig. Es handelt sich um Organisationstendenzen, die in den Gestaltgesetzen der Nähe, der Geschlossenheit u.a. (siehe B, I, 3, b) zum Ausdruck kommen. Benachbartes schließt sich zusammen, und was von einer Linie umgeben ist, wird als Einheit wahrgenommen (nach *Morf* 1970, 41).

Nach *Donat* (1970, 96 ff.) sind ferner persönlichkeitsspezifische Faktoren (physiologische Determinanten wie Hunger, emotionale Determinanten wie Freude, Erwartungen, cognitive Determinanten wie Denk-, Wert- und Interessenhaltungen, Einstellungen, Motivation) und sozialspezifische Faktoren (Einfluß der Gruppe, angesehene Persönlichkeiten, Organisationen, Mehrheitsmeinungen) wichtig.

Nach *Drever* und *Fröhlich* (1972) ist die Wahrnehmung ein Prozeß der Informationsgewinnung aus Umwelt- und Körperreizen.

Wahrnehmung ist demnach durch folgende begrifflichen Aspekte gekennzeichnet:

1. Informationsgewinnung aus Umwelt- und Körperreizen
2. Dieser sensorische Aspekt kann mit dem Begriff der Empfindung hypothetisch erklärt werden.
3. Persönlichkeitsspezifische und sozialspezifische Faktoren sind weitere wesentliche Aspekte für die Wahrnehmung.

2. Bedeutung der verschiedenen Sinnesgebiete

a) Einteilung der Sinnesgebiete

Nach *Morf* (1970, 28 ff.) können wir übergreifend in Fernsinne und in Berührungssinne einteilen. Zu den Fernsinnen rechnen wir den visuellen Sinn (Gesichtssinn) und den akustischen Sinn (Gehör). Zu den Berührungssinnen (Kontaktsinnen) rechnen wir den Tastsinn, den Temperatursinn, den Geschmackssinn und den Geruchssinn (nach *Morf* 1970, 28f.). Schließlich ist dann noch der Gleichgewichtssinn bedeutsam.

b) Visueller Sinn

(1) Entstehung von Wahrnehmung im visuellen Bereich

Nach *Rohracher* (1971, 151 ff.) ist das menschliche Auge ein aus lebender Substanz bestehendes optisches System. Die einfallenden Lichtstrahlen werden durch eine Linse gebrochen und auf die lichtempfindliche Schicht der Netzhaut geworfen. Zwischen Linse und Netzhaut befindet sich der große Glaskörper (= Hauptmasse des Augapfels). Er stellt die für die Entstehung eines scharfen Bildes notwendige Entfernung zwischen Linse und Netzhaut her. Anatomisch ist die Netzhaut ein vorgeschobener Teil des Gehirns. Eine der Schichten der Netzhaut enthält die Lichtsinneszellen (siehe *Rohracher* 1971, Abb. 24, 152 f.). Über die Lichtsinneszellen (Stäbchen und Zapfen) fließen die Erregungen (entstanden durch die Umwandlung der Reize) durch den Sehnerven in die Sehzentren des Gehirns (siehe Abb. 26 in *Rohracher* 1971, 156). Dabei ist auf die Bedeutung des blinden Flecks (siehe *Betz* 1974, Abb. 8, 46) hinzuweisen. Nach *Betz* (1974, 45) treten am blinden Fleck alle Nervenfasern gemeinsam aus und bilden den Sehnerv. Nun hat die Netzhaut am blinden Fleck ein kleines Loch. Hier ist nach *Betz* (1974, 47) gerade bedeutsam, daß die an dieser kleinen Stelle der Netzhaut fehlenden Informationen vom Gehirn in Übereinstimmung mit dem näheren Umfeld des blinden Flecks ergänzt werden.

Wahrnehmungen im visuellen Bereich entstehen demnach:
1. Durch die Brechung der Lichtstrahlen im Auge (Linse)
2. Durch die Weiterleitung der Lichtstrahlen auf die Netzhaut.
3. Durch die Umwandlung der optischen Reize in Erregungen (Lichtsinneszellen).
4. Durch die Weiterleitung der Erregungen durch den Sehnerven in die Sehzentren des Gehirns (= Zentralnervensystem = ZNS).
5. Dabei entsteht durch den blinden Fleck keine Lücke in der Information (*Betz* 1974, 47).

(2) Die Wahrnehmung von Farben

Gemäß dem elektromagnetischen Wellenspektrum kann das Auge weder Radiowellen, noch Wärmestrahlung, Röntgenstrahlen, Gammastrahlen oder kosmische Strahlung als Reize empfangen bzw. an die Netzhaut weiterleiten. Es können also solche Reize vom Auge nicht zum Zwecke der Wahrnehmungsbildung erfaßt werden (nach *Rohracher* 1971, 150f.). Das menschliche Auge kann nur Schwingungen von der Wellenlänge 760 Milliontel Millimeter bis zu der Wellenlänge 390 Milliontel Millimeter als sichtbares Licht durch Auftreffen registrieren und weiterleiten. Dabei sind nach *Rohracher* (1971, 166 f.) für die Entstehung von Farbwahrnehmungen folgende Wellenlängen bedeutsam, siehe Tabelle 2.

Tabelle 2: Bedeutsame Wellenlängen für die Farbwahrnehmung

Wellenlänge (Milliontel Millimeter)	Wahrgenommene Farbe
760	Rot
577	Gelb
500	Grün
477	Blau
390	Violett

Dabei sind die Farben »Rot«, »Gelb« und »Blau« als die Grundfarben anzusehen. Aus ihnen bilden sich die übrigen durch Mischung.

Wenn wir nun aus einem dunklen Zimmer in das helle Licht der Sonne am Mittag treten, so nehmen wir ein intensives Weiß wahr. Nach *Rohracher* (1971, 171) wird der in den Netzhäuten (Stäbchen) angesammelte Sehpurpur in großer Menge rasch zersetzt, und es entsteht eine starke Erregung, die im ZNS (Zentralnervensystem) zur Wahrnehmung der Farbe »Weiß« führt. Es handelt sich dabei um Schwingungen, deren Wellenlängen zwischen 390 und 760 Milliontel Millimeter liegen.

Wir können nun sowohl bei sehr starkem wie auch sehr schwachem Licht sehen. Diese Tatsache wird durch die *Adaptation* erklärt (nach *Rohracher* 1971, 158 f.). Das Auge kann sich also an die jeweilige Beleuchtung *anpassen*. Dabei ist die Empfindlichkeit unserer Netzhaut äußerst groß. Sie steigt von heller Beleuchtung bis zum Sehen bei sehr geringer Beleuchtung auf das 270000fache. Nach *Rohracher* (1971, 158) wird diese Adaptation (Anpassung) durch zwei wichtige Tatsachen erreicht:

1. Verengung oder Erweiterung der Pupille je nach Stärke der Beleuchtung (Spielraum 2 bis 8 mm Pupillendurchmesser).
2. Durch den Wechsel zwischen Zapfen- (Tages-) und Stäbchen- (Dämmerungs-) sehen (siehe auch Purkinjesches Phänomen, A, II, 1, b).

c) Akustischer Sinn

Das menschliche Ohr ist ebenfalls nur für einen kleinen Ausschnitt aus dem Schallspektrum geeignet (nach *Rohracher* 1971, 222 ff.). Es spricht auf Schwingungen zwischen 16 und 20000 pro Sekunde an.

Die Schwingungen treffen auf das äußere Ohr auf und werden durch das Trommelfell zum mittleren Ohr geleitet. Über Hammer, Amboß und Steigbügel gelangen sie in das innere Ohr (siehe *Rohracher*, Abb. 70, 228). Die akustischen Reize werden in Erregungen umgewandelt und über den Hörnerv in die Hörregionen der Hirnrinde weitergeleitet (*Rohracher* 1971, 229).

Bei der Wahrnehmung von Tönen ist nun dreierlei zu beachten:

1. Die Tonhöhe hängt von der Schwingungszahl ab.
2. Die Tonstärke hängt von der Amplitude (Größe) der Schwingungen ab.
3. Die Klangfarbe (Eigenart der Töne verschiedener bestimmter Instrumente) hängt von der Art und Zahl der Teiltöne ab, die einen Ton zusammensetzen. Bei einem Ton schwingt beispielsweise die Oktave (Verhältnis der Schwingungszahlen 1:2) als (beim Klavier nicht angeschlagener) Oberton, auch »Oberschwingung« (*Rohracher* 1971, 234) genannt, mit.

d) Geruchs- und Geschmackssinn

(1) Nach *Rohracher* (1971, 241 ff.) sprechen die Riechzellen auf chemische Reizung an.

(2) Von den chemischen Elementen sind am Aufbau der Riechstoffe Sauerstoff, Schwefel, Fluor, Chlor, Brom und Jod besonders beteiligt.

(3) Dabei ist die jeweilige Konzentration wichtig. Schwefelwasserstoff riecht bei starker Konzentration nach Orangen, bei schwacher sogar nach Schweinebraten.

(4) Mit Hilfe der Geschmacksknospen (besonders an den Zungenrändern befindliche Sinneszellen) können wir die vier Geschmacksqualitäten »des Süßen, des Sauren, des Salzigen und des Bitteren« empfinden (nach *Rohracher* 1971, 243 f.).

e) Temperatursinn

(1) Nach *Rohracher* (1971, 251 ff.) befinden sich am menschlichen Körper in sehr verschiedener Verteilung 250000 Kälte- und 30000 Wärmepunkte.

(2) Für jeden der beiden gesonderten Reize (Kälte bzw. Wärme) bestehen gesonderte Rezeptoren (Sinneszellen).

(3) Kälte ist für den Menschen der wichtigere Reiz. Damit die Blutwärme nicht wesentlich sinkt, verengen sich die Hautkapillaren, die Muskulatur zuckt rhythmisch, der Körper zittert und schlottert, um Wärme zu entwickeln.

(4) Bei Hitze tritt das Gegenteil ein. Die Hautkapillaren erweitern sich, die Muskeln erschlaffen, und es entsteht das Bedürfnis, sich ruhig zu verhalten, um die eigene Körperwärme nicht noch zu steigern (nach *Rohracher* 1971, 253).

f) Tastsinn, Lage- und Gleichgewichtssinn

(1) Nehmen wir Schreibmaschinenpapier beispielsweise zwischen Daumen und Zeigefinger, so können wir unterscheiden zwischen »rauh, grob, fein, glatt, aufgerauht u.a.«. Beim Betasten wurden die Druckpunkte gereizt (*Rohracher* 1971, 248 ff.).

(2) Wenn wir mit dem Tastsinn wahrnehmen, wirken die Druckrezeptoren mit den sensiblen Muskelspindelzellen zusammen (*Rohracher* 1971, 249). (Siehe Muskelsinn B, I, 2, g)

(3) Die Bedeutung des Tastsinnes wird in der Sprache durch das Wort »Begreifen« ausgedrückt. Die höchsten Leistungen des Tastsinnes werden in der Blindenschrift erbracht.

(4) Mit dem Lagesinn (statischer Sinn) werden wir über die Lage unseres Körpers beispielsweise bei Drehbewegungen, beim Fahren in Kurven, auf dem schaukelnden Schiffsdeck u. ä., informiert.

(5) Nach *Rohracher* (1971, 255 ff.) befindet sich das Organ dafür im inneren Ohr (Vestibularapparat).

(6) Der Vestibularapparat reguliert reflektorisch (siehe Reflex B, IV, 2) also ohne Mitwirkung von uns. Wesentlich für die zentrale Regulierung des Gleichgewichts ist das Kleinhirn, in welches der Nervus vestibularis (*Rohracher* 1971, 256) Abzweigungen sendet.

g) Muskelsinn

(1) Wollen wir das Gewicht eines Briefes abschätzen, legen wir ihn auf die Hand und bewegen diese mit dem Unterarm auf- und abwärts.

(2) Wir benutzen also nicht den Tastsinn, sondern den Muskelsinn (*Rohracher* 1971, 250 ff.).

(3) Die Muskelspindel-Fasern sind Leiter für die Erregungen, aus denen die Muskel- und Kraftempfindungen hervorgehen.

(4) Die Bedeutung des Muskelsinnes zeigt sich an der Tatsache, daß wir durch ihn Gewichtsunterschiede von 800 zu 804 Gramm feststellen können (*Rohracher* 1971, 250 f.).

Für eine weiterführende Betrachtung des sensorischen Aspektes der Wahrnehmung wird auf *Rohracher* (1971, 103–257) verwiesen.

3. Bedeutung der Gestaltpsychologie für die Wahrnehmung

a) Der gestaltpsychologische Forschungsansatz

Wertheimer erklärt als Gestaltpsychologe, daß die Erregungsprozesse, die den Gestaltwahrnehmungen zugrunde liegen, nicht als Summe einzelner Erregungen (also als Und-Verbindungen), sondern als gestaltete Gesamtprozesse angesehen werden müßten (nach *Rohracher* 1971, 199 ff.).

Köhler postuliert, daß es bereits im physischen Geschehen »Gestalten« gebe, die die Grundlage für psychische Gestalten seien. Mit *Koffka*, *Metzger* und *Ehrenfels* ist eine Melodie als »Gestalt« zu sehen. Sie wird natürlich als »Gestalt« gehört und wahrgenommen. Wird nun die Melodie transponiert (also bespielsweise eine Quinte höher angegeben), so bleibt doch die Gestalt der Melodie erhalten.

Die Gestaltpsychologie hat nun den Gestaltbegriff auf die psychische Erscheinung der Wahrnehmung angewandt. Demnach sind Wahrnehmungsgestalten, von der Umgebung abgehobene, transponierbare Wahrnehmungsinhalte, deren Einzelheiten als zusammengehörig aufgefaßt werden (*Rohracher* 1971, 201).

Die Gestalt einer Wahrnehmung hat also drei wesentliche Aspekte:

1. Die Gestalt ist von der Umgebung abgehoben.
2. Sie ist transponierbar.
3. Ihre Teile werden als zusammengehörig aufgefaßt.

Ein Beispiel dafür ist die geordnete Anzahl von Punkten. Wir fassen sie nicht als einzelne Punkte auf, sondern als Gruppe, Quadrat, Rechteck oder Reihe (nach *Morf* 1970, 39), siehe Abb. 4.

Abb. 4: Erfassung von Gestalten (Strukturen)

b) Gestaltgesetze und ihre Bedeutung für die Wahrnehmung

(1) Gesetz der Gleichartigkeit (Gleichheit und Ähnlichkeit)

Nach *Metzger* (1974, 700) werden die Faktoren der Gleichheit und der Ähnlichkeit zu dem Gesetz der Gleichartigkeit zusammengefaßt. Nach *Morf* (1970, 41) gruppieren sich Teile, die als gleich wahrgenommen werden. In einem Blumenbeet wäre von der Größe her wie in Abb. 5 folgende Verteilung möglich:

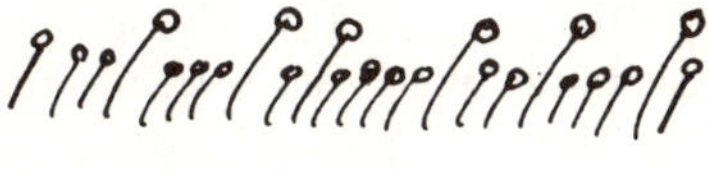

Abb. 5: Wahrnehmung nach der Gleichheit

Es werden zwei Arten von Blumen gesehen (lange und kurze). Innerhalb der Gruppen sind die Blumen aber nicht gleich!

Der Faktor der Ähnlichkeit wird beispielsweise bei Spalten- (vertikal) und Reihenbildung (horizontal) bedeutsam (siehe Abb. 6, S. 46).

46 Wahrnehmung

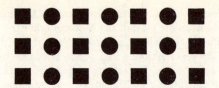

Abb. 6: Wahrnehmung nach dem Faktor der Ähnlichkeit

Hier werden Quadrate bzw. Kreise in den Spalten als zusammengehörig wahrgenommen. Die Gruppierung erfolgt also vertikal (nach *Röck* 1977, 68).

(2) Gesetz der Nähe

Nach *Metzger* (1974, 761) werden dabei möglichst dichte und von anderen abgesetzte (isolierte) Gruppen wahrgenommen. Nach *Morf* (1970, 41) zeigt sich die Bedeutung des Gesetzes der Nähe bei der Gruppierung von Strichen (siehe Abb. 7).

Abb. 7: Wahrnehmung nach dem Faktor der Nähe

(3) Gesetz des gemeinsamen Schicksals oder des übereinstimmenden Verhaltens

Nach *Metzger* (1974, 702 f.) können sich einige Teile in Ruhe befinden, andere nicht. Drei Lampen am Straßenrand leuchten ruhig, drei flackern; drei Mücken sitzen still, drei fliegen. Es entstehen auch hier Gruppierungen in der Wahrnehmung, die bei Bewegung zu einem formbeständigen Ganzgebilde werden können.

(4) Gesetz der Geschlossenheit

Nach *Morf* (1970, 41) wirkt als Einheit, was von einer Linie, Grenze oder einem Zwischenraum umgeben ist (siehe Abb. 8).

Abb. 8: Wahrnehmung nach dem Faktor der Geschlossenheit

Nach *Metzger* (1974, 708) werden die Figuren zu Kreisen ergänzt.

(5) Gesetz der Erfahrung

Wenn die Gestalten bereits aus Erfahrung bekannt sind, wird der Wahrnehmungsvorgang erleichtert (*Morf* 1970, 42). Wenn wir wesentliche Gestalten einer Handschrift bereits kennen, wird die Wahrnehmung dieser Schrift erheblich erleichtert.

(6) Gesetz der Prägnanz

Es ist die Tendenz zur guten, einfachen, einprägsamen, kräftesparenden Gestalt (*Morf* 1970, 42). Beim raschen Zählen gleicher Gegenstände gehen wir paarweise vor, also 2, 4, 6, 8, 10, anstatt 1, 2, 3, usw. Sterne, Kreise, Quadrate, Rechtecke u.a. sind prägnante Gestalten (*Morf* 1970, 42).

c) *Bedeutung des Prägnanzbegriffes*

Nach *Rausch* (1974, 904 ff.) werden mit »prägnant« synonym als Eigenschaften von Gestalten die Wörter »einfach« und »regelmäßig« gebraucht. Unter Prägnanz der Gestalt wird von *Wertheimer* und *Köhler* die Gliederung und Organisation eines Wahrnehmungsfeldes verstanden. Dabei handelt es sich um einfache, regelmäßige und gute Gestalten (*Rausch* 1974, 905). Der Prägnanzbegriff wird nach den Autoren der Berliner und der Leipziger Psychologenschule, also nach *Köhler, Sander, Matthaei, Koffka, Metzger*, für die Analyse der Probleme »Gliederung«, »Bezugssystem«, »Zentrierung«, »Ordnung« und »Organisation« verwendet (*Rausch* 1974, 905).

Aus der umfassenden Bedeutung des Prägnanzbegriffes werden zwei Aspekte herausgegriffen und dargestellt:

(1) Bedeutung von Prägnanzstufen

Nach *Rausch* (1974, 906 f.) zeigen sich Prägnanzstufen bei gleichabständigen Punktreihen. Es werden bei gleichen Abständen zwei Reihen gegenübergestellt, wobei Reihe 1 Punkte enthält, Reihe 2 Punktpaare:

Reihe 1:   .   .   .   .   .   .
Reihe 2:   .. ..

Als Prägnanzstufen sind hier die Intra- (.   .) und die Inter- (..   ..) abstände der Punktpaare gemeint.

(2) Prägnanz und Figur-Grund-Problem

Nach *Metzger* (1974, 715) ergaben die Untersuchungen von *Rubin* (siehe Abb. 9) zum Figur-Grund-Problem drei wesentliche Ergebnisse:

1. Die Figur ist begrenzt, der Grund unbegrenzt.
2. Die Figur ist bestimmt, fest, der Grund locker und unbestimmt.
3. Die Figur ist hervortretend.

Abb. 9: Wahrnehmung von Figur und Grund (nach *Rubin*)

Hier wird die Tendenz zur Prägnanz der Gestalt zunächst am Hervortreten der Figur (Becher) deutlich. In vergleichbarer Weise wird aber auch der Grund wahrgenommen, da auch hier durch Umkippen zwei Gestalten (Köpfe) erkennbar werden.

d) Bedeutung der Form- und Gestaltwahrnehmung

Nach *Rohracher* (1971, 199 ff.) sind folgende Aspekte bedeutsam:

(1) Mit dem Namen »Gestalten« sind solche Gebilde (Melodien, Raumgestalten, Gedanken) gemeint, die auf Grund ihrer Eigenschaften als Ganze oder Einheiten aufzufassen sind.

(2) Die Transponierbarkeit der Gestalt ist das Gleichbleiben der Gestalt bei Übertragung (z.B. Melodien).

(3) Die Gestaltpsychologie hat den Gestaltbegriff auf Vorstellungen, Wahrnehmungen, Erkennen von Strukturen bei einsichtigem Lernen u. a. übertragen.

(4) Für die Wahrnehmung wird demnach gestaltpsychologisch der »Wahrnehmungsinhalt« wichtig. Ein Wahrnehmungsinhalt ist beispielsweise eine Melodie; sie ist transponierbar, ohne Veränderung der Gestalt.

(5) Für die Form- und Gestaltwahrnehmung sind die Gestaltgesetze sehr bedeutsam (z.B. Gesetze der Gleichartigkeit, der Nähe, der Geschlossenheit, der Prägnanz u. a. Siehe B, I, 3, b).

4. Bedeutung persönlichkeits- und sozialspezifischer Faktoren

Die Bedeutung persönlichkeits- und sozialspezifischer Faktoren für die Wahrnehmung wird durch die Forschungsrichtung der »social perception« (nach *Bruner* und *Postman*) erläutert (nach *Donat* 1970, 95 ff.). Dabei sind folgende vier Aspekte bedeutsam:

(1) Selektion

Auf Grund der eben bestehenden Bedürfnisspannung (z.B. Hunger) wählt der Wahrnehmende aus den vorhandenen Reizen aus.

(2) Organisation

Die Art der Gestaltwahrnehmung wird auch von sozialspezifischen Faktoren (Gruppenmeinung) beeinflußt. Ebenso bedeutsam ist, daß Gestalten vor den Teilen wahrgenommen werden.

(3) Akzentuierung

Auch nach der Auswahl der Gestalten sind persönlichkeitsspezifische Faktoren wichtig. Teilaspekte werden bei der Wahrnehmung überbetont, andere unterbetont.

(4) Fixierung

Haben wir einmal Erfahrungen gegenüber bestimmten Gestalten gemacht, so drängen diese danach, sich auch bei ähnlichen Gestalten durchzusetzen. Es wird eben versucht, eine bestimmte Art der Wahrnehmung zu fixieren.

a) Persönlichkeitsspezifische Faktoren

(1) Physikalisch-chemische und physiologische Aspekte

Die gleichen Sinnesorgane sind bei verschiedenen Menschen differenziert und bewirken beispielsweise Unterschiede in der Wahrnehmung (*Donat* 1970, 96 ff.).

Bedürfnisse wie Hunger bestimmen die Wahrnehmung ebenfalls (siehe Selektion usw. B, I, 4). *McClelland* konnte mit Bildern des TAT-

Tests nachweisen, daß hungrige Versuchspersonen erheblich mehr Aussagen über Essen und Hunger machten (*Donat* 1970, 96 f.). Ihre Wahrnehmung der Bilder und ihr anschließendes Ausdrucksverhalten waren eben physiologisch durch den Hungerzustand bestimmt.

(2) Emotionale Aspekte

Eine erste wesentliche Gefährdung der objektiven Wahrnehmung kann durch *Projektion* verursacht werden. Die Wahrnehmung (*Donat* 1970, 97) wird durch die Übertragung eigener Probleme beeinflußt. *Donat* weist auf die Untersuchung von *Murray* hin. Dort wurde von Kindern im Zustand der Erregung mehr Bösartigkeit als im Zustand der Entspannung wahrgenommen. Die Emotionen wurden also auf die Wahrnehmung der in Form von Photographien vorgelegten Modellpersonen übertragen und beeinflußten diese wesentlich.

Beziehungen, in denen Sympathie oder Antipathie eine Rolle spielen, sind besonders durch den *Halo- (Hof-) Effekt* zu kennzeichnen. Bei Sympathie herrscht eine positive Erwartungseinstellung vor. Wird nun ein Fehler wahrgenommen, so wird diese Wahrnehmung zwar nicht bestritten, sie wird aber rationalisiert. Der Halo-Effekt besteht dann etwa in der Bemerkung »Das kann jedem einmal passieren«. Für die Beurteilung wird diese Wahrnehmung im Sinne der gesamten Erwartungseinstellung positiv bewertet. Besteht aber eine negative Erwartungseinstellung, so wird nach *Donat* (1970, 98 f.) eine positive Wahrnehmung etwa mit der Bemerkung abgetan, »Das hat er (sie) nur aus Berechnung getan, um sich ins gute Licht zu setzen«. *Donat* verweist in diesem Zusammenhang auf eine Untersuchung von *Rohracher* aus dem Jahre 1960. Als wesentliches Ergebnis zeigte sich, daß bei der Wahrnehmung von Fehlern der negative Halo-Effekt (schlechtester Schüler) gegenüber dem positiven Halo-Effekt (bester Schüler) und der objektiven Wahrnehmung (unbekannter Schüler) viel mehr ins Gewicht fällt. Bei negativem Halo-Effekt wurden alle Fehler wahrgenommen, in den anderen Fällen nur bis zu 70%. Die Emotionen haben auch hier folgende wesentlichen Einflüsse auf die Wahrnehmung:

1. Die Erwartungseinstellung beeinflußt die Wahrnehmung generell.
2. Eine negative Erwartungseinstellung beeinflußt die Wahrnehmung besonders stark.

(3) Kognitive Aspekte

Hier wird die Wahrnehmung beeinflußt durch ausgeprägte Denk-, Wert- und Interessenhaltungen, sowie durch das Selbst- und Menschenbild (*Donat* 1970, 100 f.).

Donat gibt hier einen Versuch von *Karsten* an, der folgendes bemerkenswerte Ergebnis hatte: Goldmünzen wurden als positiv bewertete Gegenstände größer geschätzt und wahrgenommen als objektiv gleichgroße Pappmünzen. *Donat* berichtet die wesentlichen Ergebnisse weiterer Versuche, bei denen die Wahrnehmungen von armen und reichen Kindern verglichen wurden. Die armen Kinder nahmen die Münzen größer wahr, während die Wahrnehmungen der reichen Kinder besser mit der objektiven Größe der Goldmünzen übereinstimmten (*Donat* 1970, 100).

Die Wahrnehmung wird unter dem kognitiven Aspekt besonders in zweifacher Weise beeinflußt:

1. Werthaltungen beeinflussen die Wahrnehmung.
2. Durch Werthaltungen wird (*Donat* 1970, 100) die Erfahrungsschwelle für Wahrnehmungen entweder herauf- oder herabgesetzt.

b) Sozialspezifische Faktoren

Hier geht es um den Einfluß sozialer Faktoren, wie die Konformitätswirkung u. a., auf die Wahrnehmung (*Donat* 1970, 101 ff.). Bedeutsam sind dabei besonders folgende drei soziale Faktoren:

(1) Konformitätswirkung der Gruppe

Donat verweist auf eine Untersuchung von *Sodhi*, wonach die Wahrnehmungen der Mitglieder einer Gruppe durch die Kenntnis des Gruppenurteils beeinflußt wurden. Es handelte sich um eine Punktwertung, bei der die häufigsten Urteile zwischen 500 und 800 Punkten lagen. Bei Nichtkenntnis der Urteile der anderen lagen nur 48,6 % der Versuchspersonen in diesem Bereich; bei Kenntnis der Urteile der anderen waren es immerhin 77,8 % (nach *Donat* 1970, 101).

Das Experiment von *Sherif*, dem das sogenannte autokinetische Phänomen (kurzzeitige Darbietung eines kleinen und intensitätsschwachen Lichtpunktes in einem verdunkelten Raum) zugrundeliegt (*Hofstätter* 1971, 57 f.), erbringt ebenfalls den Einfluß der Konformitätswirkung der Gruppe auf die Wahrnehmung.

(2) Wirkung angesehener Persönlichkeiten und Institutionen

Nach *Donat* (1970, 103) ist die Suggestibilität der Wahrnehmenden und auch der Beurteilenden durch die Meinung angesehener Persönlichkeiten und Institutionen gemeint. So kann die Meinung eines angesehenen Gruppenführers mit hohem Sozialprestige hier einen wesentlichen Einfluß ausüben.

(3) Problem des sich Einstellens auf den Beurteiler

Wenn die zu beurteilende Person schon Wesentliches zum Ruf des Beurteilers gehört hat, kann es vorkommen, daß sie sich auf den Beurteiler einstellt. Durch diese Einstellung wird natürlich die Wahrnehmung des Beurteilers beeinflußt. Deshalb sollte ein Beurteiler (*Donat* 1970, 104 f.) einen variablen Verhaltensspielraum haben, der ein sich Einstellen des zu Beurteilenden unwesentlich werden läßt.

5. Spezielle Arten der Wahrnehmung

a) Wahrnehmung von Entfernung und Tiefe

(1) Nach *Rohracher* (1971, 183 ff.) ist für die Wahrnehmung der Entfernung die Fixationsebene wichtig. Es ist die Fläche, auf deren Entfernung die Augen gerade eingestellt sind. Die Strahlen treffen demnach auf korrespondierende Zapfen.

(2) Was vor oder hinter der Fixationsebene liegt, wird auf nicht korrespondierenden oder disparaten Netzhautstellen abgebildet.

(3) Dennoch sehen wir verschieden entfernte Gegenstände scharf und einfach.

(4) Für die Wahrnehmung der Tiefe ist die Perspektive wichtig. Nahegelegene Gegenstände werden als größer wahrgenommen, als gleichgroße, aber entfernter befindliche Gegenstände (nach *Rohracher* 1971, 189, Abb. 33).

(5) Für die Wahrnehmung der Tiefe ist ein weiteres wichtiges Kriterium die Verteilung von Licht und Schatten.

(6) Auch bei flächenhafter Darstellung wird durch die Verteilung von Licht und Schatten die Räumlichkeit von Körpern angedeutet (*Rohracher* 1971, 189).

b) Wahrnehmung von Bewegung

(1) Entstehung der Wahrnehmung von Bewegung (sensorischer Aspekt)

Die Lichtstrahlen, die von einem in Bewegung befindlichen Menschen, von einem fliegenden Vogel oder einem fahrenden Auto ausgehen, treffen auf verschiedene Teile der Netzhaut. Dadurch entsteht die Wahrnehmung von Bewegung (nach *Rohracher* 1971, 190 ff.).

(2) Einfluß der Erfahrung und Körperempfindung

Wenn wir aus dem Fenster eines Schnellzuges heraussehen, so scheinen die Bäume und Häuser an uns vorbeizufliegen. Es dominieren die ständig gleitenden Reize (Bäume und Häuser) auf den Netzhäuten gegenüber den schwachen Empfindungen, die die Bewegung des Zuges hervorruft (*Rohracher* 1971, 192). Wir wissen aber aus eigener Erfahrung, daß sich der Zug sehr schnell bewegt und daß die Bäume und Häuser stillstehen. Nun ist der Bewegungseindruck auf einem fahrenden Motorrad erheblich höher als in einem fahrenden Zug. In diesen Fällen werden die Einflüsse der Erfahrung auf die Körperempfindungen deutlich.

(3) Dominanz der Erfahrung gegenüber der Gesichts- und Körperempfindung

Als Beispiel hierfür ist die sogenannte Hexenschaukel zu nennen (*Rohracher* 1971, 193 f.). An der Achse, die durch den Giebel des Hauses geht, hängt in der Mitte des Zimmers eine kleine Bank. Die Wände des Zimmers sind mit Einrichtungsgegenständen bemalt. Man setzt sich nun auf die Bank und weiß nicht, daß das ganze Haus um die Achse gedreht werden kann.

1. Subjektives Erleben und Wahrnehmen:
   Plötzlich beginnen die Wände zu schwanken. Man fühlt sich selber bewegt und beginnt sich an den Lehnen der Bank festzuhalten. Das Schaukeln steigert sich so, daß man glaubt, mit dem Kopf nach unten zu hängen. Man hält sich immer mehr fest, um nicht herunterzufallen.
2. Objektiver Tatbestand:
   Man ist während der ganzen Zeit ruhig gesessen. Nur das Haus wurde herumgedreht.
3. Schlußfolgerung:
   Man ist einer Täuschung erlegen, die aber zwingend ist. Die Gesichtsempfindung hat sich nicht durchgesetzt. Es wurden also die sich bewegenden Wände nicht wahrgenommen.
   Die Körperempfindung hat sich auch nicht durchgesetzt. Es wurde nicht wahrgenommen, daß man ruhig auf der Bank saß.
   Demnach dominierte die Erfahrung. Diese lehrt eben, daß es unwahrscheinlich ist, daß ein Zimmer sich um sich herumbewegt.
   Eher kann man sich noch selbst bewegen.
4. Erklärung des Entstehens der Täuschung:
   Durch das Gleiten der Reize über die Netzhäute entsteht der unbedingte Eindruck, daß sich etwas bewegt. Da sich aber nach unserer Erfahrung nicht das ganze Zimmer bewegen kann, entsteht der Eindruck, daß sich der eigene Körper bewegt (*Rohracher* 1971, 194).

c) Wahrnehmung der Zeit

(1) Das kleinste wahrnehmbare Zeitintervall

Nach *Fraisse* (1974, 666 ff.) sind folgende zwei Aspekte wichtig:

1. Der leere Zeitraum:
   Die Schwelle beträgt hier für taktile oder akustische Reize eine hundertstel Sekunde, für optische Reize zehn hundertstel Sekunden.
2. Der ausgefüllte Zeitraum:
   Die Schwelle beträgt hier für akustische Reize eine bis fünf hundertstel Sekunden und für optische Reize elf bis zwölf hundertstel Sekunden.

Wird nun die wahrzunehmende Zeitstrecke nur durch ein Anfangs- und ein Endsignal begrenzt, sprechen wir vom leeren Zeitraum. Ist das Zeitgeschehen durchgängig wahrzunehmen, sprechen wir von dem ausgefüllten Zeitraum. Die Schwellen beider Arten der Zeitmessung sind nach *Fraisse* (1974, 665 f.) direkt vergleichbar.

(2) Die Qualität der wahrgenommenen Zeitstrecken

1. Bei den kurzen Zeitstrecken, die unter fünf hundertstel Sekunden liegen, nimmt man eher die Grenzen als das Zeitintervall wahr (*Fraisse* 1974, 667).
2. Für die mittleren Zeitstrecken von fünf hundertstel Sekunden bis zu einer Sekunde bilden die Grenzen und das Intervall eine Einheit.
3. Bei den langen Zeitstrecken, also von einer Sekunde bis zwei Sekunden, überwiegt die Wahrnehmung des Zwischenraumes gegenüber den Grenzen (*Fraisse* 1974, 667).

(3) Die Schätzung von Zeitstrecken

Geht nun die Dauer einer Zeitstrecke über das eben genannte Wahrnehmungsfeld hinaus, so beginnen wir zu schätzen (*Fraisse* 1974, 672). Dabei treten natürlich Ungenauigkeiten und Schwierigkeiten auf. Bekannt ist die Tatsache, daß sich Menschen für die Schätzung einer längeren unbekannten Zeitstrecke Zahlen leise vorsprechen. Begonnen wird mit dem Sprechen der »21« usw. Dabei entspricht nun jede mäßig schnell gesprochene Zahl etwa einer Sekunde. Diese Tatsache belegt ebenfalls, daß wir nur kurze Zeitstrecken exakt wahrnehmen und dann uns mit Schätzungen behelfen.

(4) Die Orientierung in der Zeit

Die erste und wichtigste Orientierung bezieht sich auf den Wechsel bzw. das Aufeinanderfolgen von Tag und Nacht (*Fraisse* 1974, 686 f.). Dabei ist von besonderem Interesse, daß wir uns im Rhythmus von Tag und Nacht auch ohne Uhr orientieren können. Es zeigte sich bei Untersuchungen (*Fraisse* 1974, 686 f.), daß von ihren Angehörigen und ihrer gesamten sozialen Umwelt isolierte Versuchspersonen sich noch nach mehreren Tagen bei Zeitschätzungen nicht einmal um eine Stunde täuschten. Die Wichtigkeit der Beachtung des Rhythmus von Tag und Nacht wird besonders bei Flügen über weite Distanzen »gegen die Uhr« erkennbar.

6. Spezielle Probleme der Wahrnehmung

a) Geometrisch-optische Täuschungen

(1) Pfeiltäuschung nach *Müller-Lyer* (siehe Abb. 10)

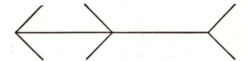

Abb. 10

Subjektive Wahrnehmung: Die linke Strecke ist kürzer als die rechte.

Objektiver Tatbestand: Beide Strecken sind gleich lang.

Erklärung des Entstehens der Täuschung: Bei der scheinbar kürzeren Strecke schließen die Begrenzungen die Strecke ein. Bei der scheinbar weiteren Strecke entsteht durch die auseinandergehenden Begrenzungen der Eindruck der Erweiterung.

(2) Kreistäuschung nach *Ebbinghaus* (siehe Abb. 11).

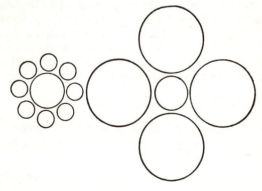

Abb. 11

56 Wahrnehmung

Subjektive Wahrnehmung: Von den mittleren Kreisen ist der rechte kleiner als der linke.

Objektiver Tatbestand: Die beiden mittleren Kreise sind gleich groß.

Erklärung des Entstehens der Täuschung: Bei der linken Figur sind die Außenkreise erheblich kleiner als der mittlere Kreis. Bei der rechten Figur sind die Außenkreise erheblich größer als der Innenkreis. Der Vergleich beider Figuren vergrößert diese Tendenz und führt zur sicheren Täuschung bei der Wahrnehmung.

(3) Parallelentäuschung nach *Hering* (siehe Abb. 12).

Abb. 12

Subjektive Wahrnehmung: Die waagrechten Linien erscheinen besonders in der Mitte der Figur etwas nach außen gebogen.

Objektiver Tatbestand: Die waagrechten Linien sind parallel.

Erklärung des Entstehens der Täuschung: Die strahlenförmig angeordneten Teile dieser Figur betonen besonders in der Mitte einen vertikalen Eindruck. Dieser beeinflußt die Wahrnehmung der parallelen Anordnung der waagrechten Linien. Es entsteht unter Berücksichtigung der ganzen Figur oder Gestalt eben der Eindruck gewölbter Linien, die aber objektiv parallel sind.

(4) Parallelentäuschung nach *Zöllner* (siehe Abb. 13)

Subjektive Wahrnehmung: Die senkrechten Linien gehen teilweise etwas auseinander, teilweise etwas zusammen, je nachdem, welche zwei Linien man betrachtet.

Objektiver Tatbestand: Die senkrechten Linien sind parallel.

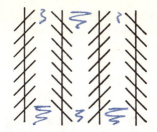

Abb. 13

Erklärung des Entstehens der Täuschung: Durch die kurzen Linien, die schräg und gegenläufig angeordnet sind, wird der Abstand zwischen den senkrechten Linien einmal etwas vergrößert, einmal etwas verkleinert. Dadurch wird die parallele Anordnung etwas verschoben und es entsteht die Täuschung.

(5) Das *Sander*sche Parallelogramm (siehe Abb. 14)

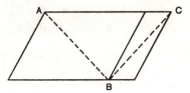

Abb. 14

Subjektive Wahrnehmung: Die Diagonale AB wird länger wahrgenommen, als die Diagonale BC (*Hofstätter* 1977, 160).

Objektiver Tatbestand: Die Diagonalen AB und BC sind gleich lang.

Erklärung des Entstehens der Täuschung: Die Diagonale AB teilt eine größere Fläche als die Diagonale BC. Durch die Berücksichtigung der ganzen Fläche entsteht einmal der Eindruck des Größeren und des Längeren, einmal der Eindruck des Kleineren und des Kürzeren.

Die geometrisch-optischen Täuschungen sind eine wesentliche Begründung der Verwerfung der Konstanzannahme (*Katzenberger* 1967, 19 ff.). Die Konstanzannahme besagt, daß eine konstante Beziehung zwischen Reizvorlage und Empfindung bestehe. Dies ist im Mittelbereich des Reizkontinuums richtig. Für komplexere Reizvorlagen läßt sich eine konstante Beziehung zwischen Reizen und Empfindungen nicht mehr nachweisen. Es kommen dynamische Umorganisationen zwischen objektiver Reizvorlage und subjektiv Erfaßtem vor (*Katzenberger* 1967, 19). So kommt es für diesen Bereich zur Verwerfung der Konstanzannahme.

b) Umspring- oder Kippfiguren

(1) Pokal nach *Rubin* (siehe Abb. 15)

Abb. 15

Wir nehmen den weißen Pokal auf dem schwarzen Grund wahr. Anschließend (oder auch zuerst) nehmen wir zwei schwarze Gesichter wahr auf weißem Grund. Wir haben es demnach mit Umspring- oder Kippfiguren zu tun. Nach *Katzenberger* (1967, 21) hängt von unserer Einstellung wesentlich ab, was zur Figur und was zum Grund wird.

(2) »Frau« und »Schwiegermutter« nach *Boring* (siehe Abb. 16)

Abb. 16

Der Punkt in der Mitte kann als Ohr (Frau) oder als Auge (Schwiegermutter) aufgefaßt werden (*Katzenberger* 1967, 21). Die übrigen Einzelheiten des Bildes sind sowohl für die Wahrnehmung der Frau als auch der Schwiegermutter geeignet. Auch hier spielt die Einstellung wieder eine bedeutsame Rolle.

(3) Würfel nach *Necker* (siehe Abb. 17)

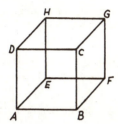

Abb. 17

Hier können durch Umspringen oder Kippen abwechselnd zwei Würfel gesehen werden.

1. Möglichkeit: Wir nehmen den Würfel wahr, bei dem ABCD die Vorderfläche darstellt.
2. Möglichkeit: Wir nehmen den Würfel wahr, bei dem ABCD die Rückfläche darstellt. Die Fläche EFGH wird dann zur Vorderfläche.

Erklärung: Wenn wir die Ecke C anvisieren, so nehmen wir die erste Möglichkeit wahr (Vorderfläche ABCD, Rückfläche EFGH). Wenn wir die Ecke E anvisieren, so nehmen wir die zweite Möglichkeit wahr (Vorderfläche EFGH; Rückfläche ABCD). Für die Bestimmung dessen, was zur Figur und was zum Grund wird, gibt *Katzenberger* (1967, 22) folgende Aspekte an:

1. Einstellung
2. Prägnanz

Dabei kann sich unsere Einstellung auf die Betonung der Figur oder des Grundes auswirken. In beiden Fällen haben wir es mit prägnanten Ausprägungsformen zu tun. Interessant ist dabei in jedem Falle, was zuerst wahrgenommen wurde und wann das Umspringen oder Kippen stattfand.

7. Zusammenfassung

(1) Wir erinnern uns, daß die Wahrnehmung generell auf einer Informationsgewinnung aus Umwelt- und Körperreizen beruht.

(2) Dabei sind der sensorische Aspekt wie persönlichkeits- und sozialspezifische Faktoren sehr wichtig.

(3) Der sensorische Bereich ist sehr wichtig für die Wahrnehmung. Er beinhaltet die verschiedenen Sinnesgebiete. Wir erinnern uns an vier (oder mehr) Sinne (siehe B, I, 2).

(4) Erinnern Sie sich bitte an die vier wesentlichen Aspekte bei der Entstehung von Wahrnehmungen im visuellen Bereich (siehe B, I, 2, b).

(5) Erklären Sie bitte kurz, was man unter Adaptation versteht (siehe B, I, 2, b).

(6) Wie nehmen wir mit dem akustischen Sinn wahr? (siehe B, I, 2, c).

(7) Erinnern Sie sich bitte an ein weiteres Sinnesgebiet und geben Sie bitte an, wie die Wahrnehmung zustande kommt (siehe B, I, 2d-g).

(8) Der Begriff der Gestalt ist für die Wahrnehmung wichtig. Benennen Sie bitte drei wesentliche Aspekte zum Begriff der Gestalt (siehe B, I, 3, a).

(9) Erinnern Sie sich bitte an vier (oder mehr) Gestaltgesetze (siehe B, I, 3, b).

(10) Geben Sie bitte ein Beispiel an, das den Faktor der Nähe kennzeichnet (siehe Abb. 7, B, I, 3, b).

(11) Geben Sie bitte ein Beispiel an, das den Faktor der Ähnlichkeit kennzeichnet (siehe Abb. 6, B, I, 3, b).

(12) Erklären Sie bitte die Bedeutung des Gesetzes der Prägnanz (siehe B, I, 3, b).

(13) Geben Sie bitte den Unterschied zwischen Selektion, Akzentuierung und Fixierung an (siehe B, I, 4).

(14) Erläutern Sie bitte die Bedeutung der Projektion für die Wahrnehmung (siehe B, I, 4, a).

(15) Welchen Einfluß hat die Konformitätswirkung der Gruppe auf die Wahrnehmung? (siehe B, I, 4, b).

(16) Erklären Sie bitte das Entstehen einer Täuschung am Beispiel der sogenannten Hexenschaukel (siehe B, I, 5, b).

(17) Erinnern Sie sich bitte an drei (oder mehr) geometrisch-optische Täuschungen und erklären Sie diese bitte kurz (siehe B, I, 6, a).

(18) Wir freuen uns, wenn Sie sich auch an eine Umspring- oder Kippfigur erinnern können und diese kurz erläutern (siehe B, I, 6, b).

8. Weiterführende Literatur

Betz, D,: Psychophysiologie der kognitiven Prozesse. UTB 393. E. Reinhardt, München, 1974.
Donat, H.: Persönlichkeitsbeurteilung. Ehrenwirth, München 1970.
Fraisse, P.: Zeitwahrnehmung und Zeitschätzung. In: Hdbch. d. Pschol. Bd. 1,1. Hogrefe, Göttingen, 1974, 656–693.
Hofstätter, P.-R.: Psychologie. Fischer Lexikon Nr. 6. Fischer, Frankfurt, a. M., 607.–621. Tsd., 1977.
Katzenberger, L.-F.: Auffassung und Gedächtnis. E. Reinhardt, München 1967.
Metzger, W.: Figural-Wahrnehmung. In: Hdbch. d. Pschychol. Bd. 1,1. Hogrefe, Göttingen 1974, 693–745.
Morf, G.: Einführung in die Psychologie. E. Reinhardt, München–Basel, 1970[5].
Rausch, E.: Das Eigenschaftsproblem in der Gestalttheorie der Wahrnehmung. In: Hdbch. d. Psychol. Bd. 1,1. Hogrefe, Göttingen, 1974, 866–954.
Röck, E.: Wahrnehmung. In: Steckbrief der Psychologie (Hrsg. K.-E. Rogge). UTB 37. Quelle & Meyer, Heidelberg, 1977[3].
Rohracher, H.: Einführung in die Psychologie. Urban & Schwarzenberg, Wien–München–Berlin, 1971[10].

II. Aufmerksamkeit

1. Begriff

a) Beziehungen zur Wahrnehmung

Katzenberger (1967, 37 f.) benennt sieben Dimensionen der Wahrnehmung unter Berücksichtigung des sensorischen Aspektes (Farbsehen, Schallsensibilität, auditives (akustisches) Trennungsvermögen, Lageempfindlichkeit, Aufmerksamkeit, Größenschätzung, das Sehen von Bewegungen). Mit Ausnahme der »Aufmerksamkeit« wurden sie alle bei dem Grundbegriff der »Wahrnehmung« dargestellt. Die Aufmerksamkeit hat nun wichtige Beziehungen zur Wahrnehmung unter Berücksichtigung des sensorischen Aspektes.

Da es sich aber nicht nur um Erfahrung, sondern vor allem um ein bewußtes und häufig auch willentlich bestimmtes Reagieren handelt, kommt der Aufmerksamkeit eine besondere Bedeutung zu. Sie ist mit der Wahrnehmung über den sensorischen Bereich (selektive Wahrnehmung) verwandt, ist aber durch den Aspekt des Willens auch deutlich abzuheben.

b) Abgrenzung zur Wahrnehmung

(1) Der bereits erwähnte Aspekt des Wollens grenzt die Aufmerksamkeit zur Wahrnehmung ab und erfordert eine getrennte Darstellung.

(2) Eine weitere Abgrenzung zur Wahrnehmung ist in der Tatsache begründet, daß sich die Aufmerksamkeit auch auf das Lernen, das Denken u. a. bezieht.

c) Definitionen

Aufmerksamkeit ist (nach *Rohracher* 1971, 533) der jeweilige Aktivitätsgrad der psychischen Funktionen, der Wahrnehmung, des Vorstellens, des Denkens oder aber auch aller Funktionen zugleich. Dabei sind zwei Aspekte wichtig:

1. Der jeweilige Aktivitätsgrad der psychischen Funktionen.
2. Dieser Aktivitätsgrad kann sich auf eine psychische Funktion (z.B. Wahrnehmung) oder auf alle zugleich beziehen.

Dieser Aktivitätsgrad kann zu einem höheren Klarheitsgrad führen, der mit dem Zurücktreten anderer Vorgänge verknüpft ist (*Katzenberger* 1967, 24).

Hehlmann (1962, 36) definiert Aufmerksamkeit als ein Sich-Richten auf gegenwärtige oder erwartete Erlebnisinhalte. Dabei werden diese Erlebnisinhalte aus dem Erlebnisfeld herausgehoben; es handelt sich also um einen Vorgang selektiver geistiger Aktivität.

In Übereinstimmung mit den genannten Definitionen ist der Gesichtspunkt der »selektiven geistigen Aktivität« sehr wichtig.

2. Wesentliche Funktionsweisen der Aufmerksamkeit

a) Umfang

Unter dem Umfang der Aufmerksamkeit verstehen wir die Anzahl der Gegenstände gleicher Art, die auf einen Blick erkannt und für eine Weile eingeprägt werden können (*Hofstätter* 1977, 42).

Dabei handelt es sich nach *Katzenberger* (1967, 25) im allgemeinen um sechs bis zwölf Gegenstände. Bei sinnvollem Material können bis zu 25 Buchstaben auf einen Blick erkannt und für eine Weile eingeprägt werden.

Damit gelang der Nachweis, daß ein Zusammenhang zwischen dem Umfang der Aufmerksamkeit und dem angebotenen Material besteht. Der Umfang der Aufmerksamkeit ist bei sinnvollem Material erheblich höher als bei sinnlosem Material.

b) Aufmerksamkeitsschwankungen

Im Sinne der angegebenen Definitionen von *Rohracher* verstehen wir unter Aufmerksamkeitsschwankungen die Tatsache, daß der Grad der psychischen Aktivität nicht gleich bleibt (*Rohracher* 1971, 535 ff.). *Rohracher* (1971) und *Katzenberger* (1967) verweisen auf den Versuch von *Urbantschitsch* (1875). Eine tickende Taschenuhr wird so weit vom Ohr entfernt gehalten, daß man ihr Ticken gerade noch hören kann. Nun hört man das Ticken der Uhr nicht ständig, sondern nur mit Unterbrechungen. Die Zeit vom Aufhören des Tickens bis zum Beginn des Wiederhörens des Tickens bezeichnete *Urbantschitsch* als Aufmerksamkeitsschwankung. Bei seinen Experimenten dauerte diese Zeit durchschnittlich fünf bis acht Sekunden. Man kann Aufmerksamkeitsschwankungen auch im optischen Bereich feststellen. Wenn die Intensität des Lichts gerade um die Wahrnehmungsschwelle herum liegt, ist auch hier das gleiche Phänomen einer Aufmerksamkeitsschwankung festzustellen (*Katzenberger* 1967, 25). Erklärt wird dieses Phänomen mit einem Wechsel von Leistung–Ermüdung–Erholung–Leistung (*Rohracher* 1971, 537).

c) Aufmerksamkeitswanderung

Zur Begründung der Tatsache, daß sich unsere Aufmerksamkeit nicht gleichzeitig zwei Bewußtseinsinhalten zuwenden kann, verweist *Katzenberger* (1967, 25) auf Untersuchungen von *Pauli* (1914), *Mager* (1920) und *Mowbray* (1954). Die Ergebnisse dieser Untersuchungen bestätigen, daß wir beispielsweise eine optische und eine akustische Information nicht gleichzeitig aufnehmen können. Diese Tatsache wird als »Enge des Bewußtseins« bezeichnet. Unsere Aufmerksamkeit wandert in Zeitabständen von einer Gegebenheit zur anderen (*Katzenberger* 1967, 25). Bei dieser Wanderung der Aufmerksamkeit handelt es sich um Zeitabstände von einer zehntel bis einer fünftel Sekunde (*Katzenberger* 1967, 25). Demnach führt die Leistungssteigerung einer psychischen Funktion immer zu einer Leistungsminderung der übrigen (*Rohracher* 1971, 541).

d) Steuerung der Aufmerksamkeit

Hierbei ist die allgemein bekannte Einteilung in willkürliche und unwillkürliche Lenkung der Aufmerksamkeit bedeutsam. Nach *Katzenberger* (1967, 25) lassen sich beide Erscheinungsformen nicht immer scharf voneinander abgrenzen.

Entscheidend ist der Grad der willentlichen Aktivierung der psychischen Funktionen (z.B. Wahrnehmung u. a.). *Katzenberger* benennt sogenannte Reizfaktoren, die vorwiegend die unwillkürliche Aufmerksamkeit beanspruchen. Es handelt sich dabei um plötzlich auftauchende Bewegung, Moment der Überraschung durch neuartige Reizvorlagen, Farbgebung, gute Gestalt, auffällige Stellung im Reizfeld u. ä. (*Katzenberger* 1967, 25). Hier kommt also dem Interesse eine entscheidende Bedeutung zu.

Die bereits genannte willentliche Aktivierung ist nun entscheidend für die willkürliche Aufmerksamkeit. Wir verstehen darunter die absichtliche Aktivierung des Wahrnehmens, des Vorstellens oder des Denkens für die Erreichung eines bestimmten Zieles (z. B. die erfolgreiche Lösung einer schwierigen Rechenaufgabe u. a.). Die Darstellung der wesentlichen Funktionsweisen der Aufmerksamkeit ergab folgende wesentliche Aspekte:

1. Der Umfang der Aufmerksamkeit ist bei sinnvollem Material erheblich höher als bei sinnlosem Material.
2. Unter Aufmerksamkeitsschwankung verstehen wir die Tatsache, daß der Grad der psychischen Aktivität nicht gleich bleibt.
3. Unter Aufmerksamkeitswanderung verstehen wir die Tatsache, daß sich unsere Aufmerksamkeit nicht gleichzeitig zwei Bewußtseinsinhalten zuwenden kann.
4. Für die Steuerung der Aufmerksamkeit ist die willentliche Aktivierung bedeutsam.
5. Unter willkürlicher Aufmerksamkeit verstehen wir die absichtliche Aktivierung des Wahrnehmens, des Denkens u. a. psychischer Funktionen.

3. Aufmerksamkeitstheorien

a) Theorie der Sensibilisierung nach Henning

Nach *Henning* können sowohl die Sinnesorgane wie die kortikalen und subkortikalen Nervenbahnen sensibilisiert werden. Dieses ist durch äußere Reize oder durch Motive, Einstellungen, Vorstellungen u. ä. möglich. Dabei ist nach *Henning* die Sensibilisierung ein in sich geschlossenes dynamisches Geschehen (*Rohracher* 1971, 544).

Nach dieser Theorie steht kein handelndes Subjekt im Mittelpunkt, das sensibilisiert, aufpaßt, seine Aufmerksamkeit zuwendet oder entzieht. Von dieser Theorie her wird es möglich, das Phänomen der unwillkürlichen Aufmerksamkeit zu erklären.

b) Theorie der Aktivation nach Rohracher

(1) Die wesentliche Bedeutung der Theorie von *Rohracher* liegt in der Tatsache begründet, daß physiologische Befunde (z. B. Alpha-Wellen) der gehirn-elektrischen Forschung mit den erlebnis-deskriptiven Aspekten der »Aufmerksamkeitswellen« direkt vergleichbar werden.

(2) Dabei ist der Beta-Wellen-Gipfelpunkt als »angespannte Aufmerksamkeit«, der extreme Tiefpunkt als kurze »Bewußtlosigkeit« gekennzeichnet (*Graumann* 1974, 99 f.).

(3) Die Aufmerksamkeitsdimension reicht dann von der kurzen Bewußtlosigkeit der Erschöpfung bis zur höchsten (geistigen) Anspannung.

(4) Bedeutsam ist die mögliche operationale Bestimmung von »apperceptions« durch elektroencephalographische Messungen *(Rohracher)*.

c) Filtertheorie der Aufmerksamkeit

Die Filterung innerhalb eines Sinnesgebietes bedeutet, daß die Erregungsbereitschaft von Rezeptoren und Sinnesbahnen gesteigert wird (*Schönpflug* 1980, 71). Die Erregbarkeit anderer Rezeptoren und Sinnesnerven wird gehemmt. Bei der Zuwendung zu einem lauten Geräusch überhört man den Gruß eines Bekannten (*Schönpflug* 1980, 71). In entsprechender Weise kann eine Filterung zwei Sinnesgebiete betreffen, wenn man sich auf das Hören von Musik konzentriert und ein Buch auf dem Tisch übersieht (*Schönpflug* 1980, 71).

d) Kapazitäts- und Anstrengungstheorie

Die Kapazitäts- und Anstrengungstheorie (*Kahneman*) erläutert, daß beim Steigen der nötigen Anstrengung (Lesen schwieriger Texte) die allgemeine Aufmerksamkeitskapazität sinkt (*Lefrancois* 1986, 162).

4. Aufmerksamkeit und Bewußtsein

(1) Die von *Boring* getroffene Gleichsetzung von Bewußtsein, Aufmerksamkeit und Selektivität wird durch neuere neurophysiologische Befunde bestätigt (*Graumann* 1974, 99).

(2) Aktivität kann den verschiedenen »Funktionen« des Bewußtseins (Wahrnehmen, Denken u. a.) in verschiedenen Graden zukommen (*Graumann* 1974, 100).

(3) Aufmerksamkeit wird hier vom Begriff des Bewußtseins her erklärbar. Bewußtsein ist relativ steuerbar. Als Aufmerken ist Bewußtsein in Umfang und Dauer einer relativen Steuerung fähig (*Graumann* 1974, 100).

(4) Wenn wir beispielsweise aufmerksam und konzentriert wahrnehmen, so ist hierbei auch »Halbbewußtes«, »Dunkelbewußtes« und vor allem auch »Unbemerktes« als konstitutiv zugehörig zu betrachten (*Graumann* 1974, 100).

5. Zusammenfassung

(1) Wir erinnern uns, daß Aufmerksamkeit der jeweilige Aktivitätsgrad der psychischen Funktionen ist. Wir erinnern uns an zwei (oder mehr) psychische Funktionen (siehe B, II, 1, c).

(2) Erinnern Sie sich bitte an zwei (oder mehr) wesentliche Funktionsweisen der Aufmerksamkeit (siehe B, II, 2).

(3) Geben Sie bitte an, was wir unter dem Umfang der Aufmerksamkeit verstehen (siehe B, II, 2, a).

(4) Geben Sie bitte an, was man unter Steuerung der Aufmerksamkeit versteht (siehe B, II, 2, d).

(5) Erinnern Sie sich bitte an eine Aufmerksamkeitstheorie und geben Sie die wesentlichen Aspekte an (siehe B, II, 3).

6. Weiterführende Literatur

Graumann, C.-F.: Bewußtsein und Bewußtheit. Probleme und Befunde der psychologischen Bewußtseinsforschung. In: Hdbch. d. Psychol. Bd. 1,1, Hogrefe, Göttingen 1974, 79–131.
Hehlmann, W.: Wörterbuch der Psychologie. Kröner, Stuttgart, 1962².
Hofstätter, P.-R.: Psychologie. Fischer Lexikon Nr. 6. Fischer, Frankfurt a. M., 607.–621. Tsd., 1977.
Katzenberger, L.-F.: Auffassung und Gedächtnis. E. Reinhardt, München 1967.
Rohracher, H.: Einführung in die Psychologie. Urban & Schwarzenberg, Wien–München–Berlin, 1971¹⁰.

III. Gedächtnis

1. Begriff

Die Fähigkeit, Bewußtseinsinhalte über kurze oder lange Zeiträume zu bewahren und zu gegebener Zeit willkürlich oder unwillkürlich wieder zu reproduzieren, bezeichnen wir als Gedächtnis (nach *Hehlmann* 1962, 161).

Wenn wir Bewußtseinsinhalte bewahren und reproduzieren wollen, so ist es auch notwendig, sie vorher sich einzuprägen, sie zu lernen oder sie sich zu merken (*Morf* 1970 und *Rohracher* 1971).

Zur Kennzeichnung des Begriffes »Gedächtnis« lassen sich drei wesentliche Aspekte festhalten:

(1) Das Sich-Einprägen, das Lernen, die Merkfähigkeit: Wir unterscheiden

a) die passive Merkfähigkeit (Eindrucksfähigkeit), die mit dem Satz »Es prägt sich uns etwas ein« zu kennzeichnen ist und
b) die aktive Merkfähigkeit, bei der wir uns etwas einprägen oder lernen *(Morf* 1970, 68).

(2) Die Speicherung:

Wir verstehen darunter das Bewahren oder Behalten von Bewußtseinsinhalten. Nach *Morf* (1970, 68) unterscheiden wir zwei wesentliche Aspekte:

a) das kurzfristige Behalten: Wenn wir eine Telefonnummer nachschlagen, behalten wir sie gewöhnlich nur so lange, bis sie gewählt ist. Allgemein handelt es sich hierbei um Bewußtseinsinhalte, die wir in einem Zeitraum von

68 Gedächtnis

wenigen Sekunden bis zu wenigen Tagen (z. B. was wir gegessen haben u. ä.) behalten.

b) das langfristige Behalten: Wenn wir Bewußtseinsinhalte (z.B. Gedichte, Lerninhalte zur Examensvorbereitung u. a.) für Wochen, Monate oder Jahre behalten, handelt es sich um ein langfristiges Behalten.

(3) Die Reproduktion (Erinnerungsfähigkeit)

Wir unterscheiden folgende zwei wesentliche Aspekte:

a) die passive Erinnerungsfähigkeit
Nach *Morf* (1970, 68) kommt uns etwas in den Sinn, es fällt uns etwas ein. Dabei handelt es sich bevorzugt um Erfahrungen, die sich häufig wiederholen, unerwartet oder ungewöhnlich sind, die uns gefühlsmäßig stark berühren u. ä.

b) die aktive Erinnerungsfähigkeit
Hier erinnern wir uns an etwas absichtlich. Dabei handelt es sich vornehmlich um Lernstoffe. Wichtig ist hierbei, daß ich mir etwas Vergangenes oder Gelerntes gegenwärtig mache (*Morf* 1970, 68).

2. Methodische Möglichkeiten zur Gedächtnisforschung

Es wird hier auf die Unterscheidung in Lern- und Behaltensmethoden, wie sie *Arnold* vorschlägt, Bezug genommen. Dieser Einteilung liegen nun die Vorannahmen zugrunde, je nachdem ob eine vollständige Wiedergabe des Lernmaterials angestrebt wird oder nicht, je nachdem ob die Lernbedingungen gesucht werden oder bereits festliegen (*Katzenberger* 1967, 46 ff.).

a) Lernmethoden

(1) Erlernungsmethode

Entscheidend ist hier die erstmalige fehlerfreie Wiedergabe eines Lernstoffes. Nach *Katzenberger* (1967, 46) verstehen wir unter der Erlernungsmethode die Anzahl von Darbietungen (Wiederholungen), die zur erstmaligen fehlerfreien Wiedergabe eines Lernstoffes nötig sind.

Wesentlicher Bewertungsmaßstab ist demnach die Anzahl der notwendigen Wiederholungen. Dabei kann der Lernstoff beispielsweise aus einer Reihe von zwölf Silben bestehen (*Rohracher* 1971, 273f.).

(2) Ersparnismethode

Hierbei sind folgende drei wesentliche Aspekte (nach *Katzenberger* 1967, 46) zu benennen:

1. Zunächst eignet sich der Lernende einen bestimmten Lernstoff (z.B. sinnlose Silben oder sinnvolles Material wie ein Gedicht) nach der Erlernungsmethode an.
2. Nach einem bestimmten Zeitintervall hat der Lernende den Lernstoff wieder bis zur fehlerfreien Reproduktion zu lernen. Hierzu sind weniger Wiederholungen des Lernstoffes als beim ersten Lernen nötig. Wir sprechen von einer Ersparnis.
3. Das Ausmaß dieser Ersparnis (= Unterschied zwischen der Anzahl der Wiederholungen beim ersten und beim zweiten Lernabschnitt) wies *Ebbinghaus* (1885) nach. Er lernte 8 Reihen von je 13 sinnlosen Silben. Dabei ersparte er nach 20 Minuten 58 %, nach einer Stunde 44 % und nach 31 Tagen 21 % der Lernarbeit (nach *Rohracher* 1971, 277 f.).

(3) Methode der Gedächtnisspanne

Katzenberger (1967, 46) nimmt Bezug auf die von *Jacobs* (1887) so benannte Methode. Hier wird die Anzahl der Elemente festgehalten, die unmittelbar im Anschluß an die einmalige Darbietung in richtiger bzw. umgekehrter Reihenfolge reproduziert werden können. Solche Elemente sind beispielsweise einstellige Zahlen oder Buchstaben. Ein Beispiel für die Anwendung dieser Methode ist der Untertest »Zahlennachsprechen«, den *Wechsler* in seinem bekannten Intelligenztest vorgelegt hat. (*Wechsler* 1961, 177 ff.). Die Versuchsperson bekommt die (mittelschwere) Zahlenreihe 4, 2, 7, 3, 1; vorgesprochen und wird gebeten, sie danach sofort nachzusprechen. Ein entsprechendes Beispiel für das Zahlennachsprechen rückwärts wäre die Reihe 1, 5, 2, 8, 6; (*Wechsler* 1961, 178). Da es sich hierbei um immer schwieriger werdende Zahlenreihen handelt, gilt die Zahlenreihe als Maß, die gerade noch richtig reproduziert werden konnte.

b) Behaltensmethoden

Im Unterschied zu den bereits erwähnten Lernmethoden liegen bei den Behaltensmethoden die Lernbedingungen fest. Gesucht sind hier die Gedächtnisleistungen (*Katzenberger* 1967, 47 ff.).

(1) Methode der Hilfen

1. Es werden Lerninhalte geboten, die anschließend reproduziert werden.
2. Bei nicht reproduzierten Reihengliedern werden Hilfen bis zur vollständigen Reproduktionsmöglichkeit des Gelernten gegeben.
3. Bewertet wird nach dieser von *Ebbinghaus* (1902) angewandten Methode die Zahl der Wiederholungen und die erforderlichen Hilfen (*Katzenberger* 1967, 47).

(2) Treffermethode oder Paar-Assoziations-Methode

Hierbei ist der Begriff der Assoziation wichtig. Wir verstehen unter

70 Gedächtnis

einer Assoziation die Verbindung oder Bindung zweier oder mehrerer Gedächtniseindrücke (Gedächtnisinhalte, Bewußtseinsinhalte) aneinander. Wird ein Teil einer solchen Verbindung in der Erinnerung bewußt, so tritt auch sein »socius« ins Bewußtsein. (*Rohracher* 1971, 283). Mit dem Wort Tag kann die Verbindung der Wörter Licht, Sonne oder Nacht auftreten.

1. Bei der Treffermethode kann es sich um Paarassoziationen von Wort – Wort, Zahl – Zahl, Wort – Farbe, Wort – Zahl, Wort – Figur u. a. handeln.
2. Bei der Reproduktion wird jeweils das erste Paarelement dargeboten, das fehlende zweite ist zu ergänzen.
3. Treffer sind die richtig reproduzierten zweiten Paarelemente (*Katzenberger* 1967, 47).

(3) Wiedererkennungsmethode

1. Aus einer Anzahl von Elementen, die sich aus bekannten und unbekannten einander ähnlichen Gliedern zusammensetzen, sind die auszuwählen, die vorher dargeboten worden sind.
2. Bewertet werden die richtig wieder erkannten Glieder aus der Anzahl der Elemente (*Katzenberger* 1967, 48).
3. Ein Beispiel aus dieser Methode wäre, wenn man einer Versuchsperson eine Reihe von Silben vorgibt. Danach gibt man eine Reihe vor, in der bekannte Silben und andere Silben vorhanden sind. Die Versuchsperson muß nun die bekannten Silben wiedererkennen (*Süllwold* 1964, 40).

Katzenberger benennt nun noch folgende zwei Methoden (*Katzenberger* 1967, 47 f.):

(4) Methode der behaltenen Glieder

1. Maßstab ist die Zahl der reproduzierten Elemente ohne Rücksicht auf die Ordnung.
2. Die Anzahl der dargebotenen Glieder (Items) soll die Gedächtnisspanne übersteigen (*Katzenberger* 1967, 47).

(5) Rekonstruktionsmethode

1. Es wird die bestmögliche Wiederherstellung einer früher dargebotenen Ordnung erstrebt.
2. Bezugskriterien sind die Anzahl der wiederhergestellten Ordnungseinheiten und die Anzahl der Fehler (*Katzenberger* 1967, 47 f.).

3. Wesentliche Ergebnisse der Gedächtnisforschung

a) Faktorenanalytische Befunde

Hier sind nach *Katzenberger* (1967, 69 ff.) folgende vier Schwerpunkte zu setzen:

(1) Faktorenanalytische Befunde nach *Thurstone*

Folgende drei wesentliche Faktoren wurden erhoben:

1. Assoziativer Gedächtnisfaktor: Er schließt numerische, verbale und visuelle Inhalte ein.
2. Faktor des »beiläufigen Behaltens«: Hier ist die Fähigkeit gemeint, Inhalte ohne besondere Intention zu behalten.
3. Faktor des »Behaltens von Einzelheiten«: *Thurstone* versteht darunter die Fähigkeit, Einzelheiten des Wahrnehmungsfeldes behalten zu können. (*Katzenberger* 1967, 70).

(2) Faktorenanalytische Befunde nach *Kelley*

Folgende drei wesentliche Faktoren wurden erhoben:

1. Mechanisches Gedächtnis: Es geht darum, Teile von unzusammenhängendem Material wieder zu reproduzieren. Dabei ist das mechanische Gedächtnis vor allem unabhängig vom Lernmaterial (*Katzenberger* 1967, 71).
2. Gedächtnis für sinnvolles Material: Hier meint Kelley die Fähigkeit, erlerntes sinnvolles Material wieder zu reproduzieren.
3. Faktor der Gedächtnisspanne: Hierunter versteht *Kelley* die Fähigkeit, eine Reihe unzusammenhängender Items nach einmaliger Darbietung zu reproduzieren (*Katzenberger* 1967, 71).

(3) Faktorenanalytische Befunde nach *Katzenberger*

Folgende wesentliche Dimensionen wurden erhoben:

1. Sinnvolles Gedächtnis: Hier ist wie bei *Kelley* die Fähigkeit gemeint, sinnvolles Material wieder zu reproduzieren.
2. Zahlengedächtnis: Hier geht es um die richtige Reproduktion von Zahlenreihen u. ä.
3. Gedächtnis für längerfristiges Reproduzieren: Hier geht es nach *Katzenberger* (1967, 74) um Reproduktionsleistungen, die sich über mehrere Tage bis zu einer Woche erstrecken.
4. Gedächtnis für das Wiedererkennen: Es handelt sich hier um sinnlose Silben, um Wörter und Zahlen, und um Bilder und geometrische Figuren.

(4) Alle Befunde sprechen dafür, daß das Gedächtnis nicht eine einzige, einheitliche Fähigkeit ist. Es handelt sich vielmehr um eine Vielzahl von Fähigkeiten oder Dimensionen (*Katzenberger* 1967, 75), die es in weiteren Forschungen zu ergründen gilt. Die vorliegenden Ergbnisse sind als wesentliche Beiträge auf diesem Weg zu betrachten. Dabei sollten folgende Dimensionen (nach *Katzenberger* 1967, 78 ff.) für die Anwendung weiterer Grundlagenforschung Berücksichtigung finden: (1) Mechanisch-Assoziatives Gedächtnis, (2) Sinnvolles Gedächtnis, (3) Gedächtnisspanne (Merkfähigkeit), (4) Längerfristiges Gedächtnis (Behalten), (5) Gedächtnis für Zahlen, (6) Gedächtnis für räumliche Anordnungen, (7) Gedächtnis für zeitliche Abfolgen,

72 Gedächtnis

(8) Visuelles Gedächtnis, (9) Musikalisches Gedächtnis, (10) Gedächtnis für Wiedererkennen, (11) Gedächtnis für Reproduzieren.

b) Verschiedene Möglichkeiten der Speicherung

(1) Fluoreszenzgedächtnis oder Gegenwartsgedächtnis

Die Gegenwartsdauer wird mit etwa 10 Sekunden angegeben (*Katzenberger* 1967, 49). Dabei sind für diese Tatsache auch noch die Bezeichnungen psychische Präsenzzeit, unmittelbares Gedächtnis, Gedächtnisspanne oder Kurzspeicher möglich. Zur Prüfung der Gegenwartsdauer oder des Gegenwartsgedächtnisses wird das Nachzählen von eben verklungenen Glockenschlägen, von Motiven in der Musik, von Versen in der Dichtkunst empfohlen (*Katzenberger* 1967, 49). Ein Klang oder ein Satz, der eben verklungen ist, klingt in uns noch eine bestimmte Zeit lebendig nach. Deshalb verweist *Katzenberger* (1967, 49) auf *Frank* (1959), der dafür die Bezeichnung »Fluoreszenzgedächtnis« geprägt hat.

(2) Arbeitsgedächtnis

Für die kurzfristige Speicherung und Bearbeitung von Gedächtnisinhalten weist *Gagné* (1980) auf das Arbeitsgedächtnis hin. Dabei werden aus dem Kurzzeitspeicher bzw. aus dem Langzeitspeicher Gedächtnisinhalte abgerufen. *Sinz* (1976) weist in diesem Zusammenhang auf eine kurzfristige Speicherung und Verarbeitung ebenfalls hin.

(3) Langfristiges Gedächtnis

Im Bereich der Reproduktion konnte der Faktor des langfristigen Gedächtnisses (= längerfristiges Reproduzieren) von *Katzenberger* (1967, 74) nachgewiesen werden. Dabei handelt es sich um Zeitabstände von mehreren Tagen bis zu einer Woche. Es ist bei noch längeren Zeiträumen bislang weiteren Forschungen überlassen, welche Faktoren dabei noch zu berücksichtigen sind.

c) Das Behalten und das Vergessen

Sowohl das Behalten als auch das Vergessen beziehen sich auf das Gedächtnis als gemeinsamen Gegenstand. Ein Teil dessen, was das Gedächtnis erfaßt hat, wird behalten, ein Teil vergessen (*Katzenberger* 1967, 51). Nun interessiert natürlich, wie sich diese beiden Anteile verhalten. Es wird demnach sich um die Darstellung wesentlicher

Ergebnisse handeln, die die Anteile von Behalten und von Vergessen jeweils bezogen auf das Gedächtnis voneinander trennen können. Dabei sind die Versuche von *Ebbinghaus* bedeutsam:

(1) *Ebbinghaus* (1885) lernte Reihen von jeweils 13 sinnlosen Silben so lange, bis er sie fehlerfrei reproduzieren konnte. Mit Hilfe der bereits referierten Ersparnismethode (siehe B, III, 2, a) ermittelte er nach bestimmten Zeiteinheiten, wieviel Lernarbeit er bei erneutem Lernen ersparte.

(2) Die wesentlichen Ergebnisse seiner Versuche werden in Tabelle 3 (nach *Rohracher* 1971, 277) dargestellt:

Tabelle 3: Ersparnisse an Lernarbeit (nach *Ebbinghaus*)

Ersparnisse an Lernarbeit	58 %	44 %	36 %	34 %	28 %	25 %	21 %
Zeit zwischen erstem Lernen und zweitem Lernen	20 Min.	1 Std.	9 Std.	24 Std.	2 Tage	6 Tage	31 Tage

Dabei liegt jedem Teilergebnis ein Lernen einer neuen vergleichbaren Silbenreihe zugrunde. Dabei zeigt der Wert der ersparten Lernarbeit das Maß des Behaltenen an. Was vergessen wurde, mußte ja wieder gelernt werden.

(3) Die Ergebnisse dieser Versuche führten nun zu der graphischen Darstellung der Behaltens- bzw. Vergessenskurve (siehe Abb. 18).

Abb. 18: Behaltens- bzw. Vergessenskurve (*Katzenberger* 1967, 51)

(4) Es zeigen sich demnach zwei wesentliche Ergebnisse:

1. Kurz nach dem Erlernen vergessen wir sehr viel (steiler Abfall der Kurve).
2. Erheblich später ist der Lernverlust nicht mehr so auffallend (flacher Abfall der Kurve).

4. Gedächtnistheorien

Der Gedächtnisprozeß wird auf Grund der Forschungsergebnisse in drei Phasen unterteilt:

1. Die Phase des Lernens
2. Die Phase des Behaltens bzw. Vergessens
3. Die Phase der Wiedergabe (*Katzenberger* 1967, 86 ff.)

Nun kann die Fähigkeit des Behaltens nur auf indirektem Wege angegangen werden. Die Lerntheorien sind eine Möglichkeit (siehe Lernen, B, IV, 2). Eine zweite Möglichkeit sind die Vergessenstheorien. *Katzenberger* (1967, 88 ff.) gibt hier vier wesentliche Standpunkte an, auf die nun direkter Bezug genommen wird:

(1) Die Entwöhnungstheorie

Hier ist gemeint, daß Eindrücke, die wir aufgenommen haben, bei Nichtgebrauch mit der Zeit schwächer werden. Dabei ist wichtig, daß wir in der Zwischenzeit weder lernen noch üben.

(2) Die Interferenztheorie

Hier wird vorausgesetzt, daß ein Reiz jeweils eine Reaktion im Gefolge hat. Während der Behaltensperiode tritt nun eine ähnliche Reaktion mit der ersten Reaktion in Widerstreit. So kann bei gleichem Reiz die Reaktion 2 die Reaktion 1 ersetzen, die dann vergessen wird. Ein Beispiel wäre, wenn eine Versuchsperson die Buchstabenfolge IQB lernen muß. Die Reaktion ist nun die richtig gelernte Reihenfolge IQB. In Wirklichkeit kommt aber in der deutschen Sprache immer auf ein Q ein U und nicht ein B. Während der Behaltensphase kann nun durch Interferenz das B durch ein U ersetzt werden. Es würde dann die Folge IQU reproduziert. Hier kommt noch die Bedeutung des IQU für die Bezeichnung des Intelligenzquotienten in der Psychologie dazu (nach *Hörmann* 1964, 242).

(3) Die Gestalttheorie

Nach *Katzenberger* (1967, 89) sind hier folgende Aspekte wichtig:

1. Schlechte, unstrukturierte Gestalten haben nur eine geringe Behaltenschance.
2. *Katzenberger* verweist auf *Koffka* (1935), der auf die Tatsache hinweist, daß Erregungen (siehe Wahrnehmung B, I, 2,) im ZNS (= Zentralnervensystem) Spuren hinterlassen, die dynamischen Charakter besitzen.
3. Nun können Gedächtnisspuren ihre individuelle Eigenart verlieren, wenn sie mit ähnlichen Spuren des gesamten Spurenfeldes verschmelzen (*Assimilation*) (*Katzenberger* 1967, 89).

4. Der Begriff der Spur, der schon eine 2500jährige Geschichte hat, ist als hypothetische Größe zu bezeichnen. In diesem Zusammenhang ist auf die Bedeutung der Theorie der Gedächtnisspuren hinzuweisen.

(4) Die Verdrängungstheorie

Katzenberger (1967, 90) verweist auf S. *Freud* und gibt aus dem Bereich der Tiefenpsychologie folgendes Beispiel an: Der Mensch (das Ich) weist die libidinösen, hemmungslosen und primitiven Triebregungen (Es) zurück, wobei der Druck des überanstrengten Ich bedeutsam ist. Der Mensch vergißt, er verdrängt.

5. Spezielle Probleme

a) *Gedächtnis-Hemmungen*

Mit *Rohracher* unterscheiden wir folgende sieben Arten von Gedächtnishemmungen:

(1) Die retroaktive oder rückwirkende Hemmung

Rohracher verweist auf die Versuche von *Müller* und *Pilzecker*, die folgendes wesentliches Ergebnis erbrachten: Wenn auf eine eben gelernte Silbenreihe eine zweite gelernt wird, wird die Gedächtnisleistung schlechter. Die rückwirkende Hemmung besteht darin, daß bei der Wiedergabe Gedächtnisinhalte durch später hinzugekommene Gedächtnisinhalte rückwirkend gestört werden (*Katzenberger* 1967, 54).

(2) Die proaktive Hemmung

Hier geht es darum, daß ein Lernprozeß die Einprägung eines folgenden Lernstoffes stört (*Rohracher* 1971, 300). Für die Wiedergabe heißt das, daß ein Gedächtnisstoff durch einen früher aufgenommenen Gedächtnisstoff gestört wird (*Katzenberger* 1967, 54).

(3) Die Ähnlichkeits- oder Ranschburgsche Hemmung

Das aufeinanderfolgende Lernen einander ähnlicher Stoffe stört die Einprägung besonders stark (*Rohracher* 1971, 300). Diese Hemmung gilt besonders für das rasch aufeinander folgende rasche Einprägenwollen von mehreren Telefonnummern.

(4) Die assoziative oder reproduktive Hemmung

Dabei handelt es sich darum, daß ein Inhalt (z.B. ein Wort u. a.) bereits mit einem anderen assoziiert (verbunden) ist. Der erstere läßt sich nun mit einem neuen schwerer verbinden, als ein nicht bereits mit einem anderen assoziierter Inhalt (*Rohracher* 1971, 301).

(5) Die ekphorische Hemmung

Es wird ein Lernprozeß, der unmittelbar vor der Reproduktion eines bereits gelernten Inhaltes stattfindet, diesen stören (*Rohracher* 1971, 301).

(6) Die affektive Hemmung

Dabei handelt es sich um die Tatsache, daß starke Gefühlserlebnisse (z.B. ein heftiger Streit, eine starke emotionale Erregung) das Behalten unmittelbar vorher aufgenommener Lerninhalte schädigen (*Rohracher* 1971, 301).

(7) Die linguale Hemmung

Dabei fällt einem das Wort nicht ein, obwohl der dazugehörige Begriff bewußt ist (*Rohracher* 1971, 300 f.).

b) Reminiszenz

Nach *Hörmann* (1964, 245) machte *Ballard* (1913) die überraschende Entdeckung, daß sich Kinder an Gedichte nach einem oder zwei Tagen besser erinnern konnten, als unmittelbar nach Abschluß der Lernphase. Dieses Phänomen der Behaltensverbesserung bezeichnen wir als Reminiszenz.

Das *Ward-Hovland*-Phänomen kennzeichnet Behaltensverbesserungen bei kurzen Zeitabständen von wenigen (zwei bis zehn) Minuten. Das *Ballard-Williams*-Phänomen bezieht sich auf Behaltensverbesserungen für größere Zeitabstände von zwei bis zu mehreren Tagen (*Hörmann* 1964, 246; *Katzenberger* 1967, 55).

c) Der Zeigarnik-Effekt

Er besagt, daß unerledigte Handlungen besser behalten werden als erledigte. *B. Zeigarnik* ist eine Anhängerin der Feldtheorie von *K. Lewin*. Es entstehen im Gefolge von unerledigten Handlungen oder Aufgaben sogenannte Residualspannungen, die zur Lösung drängen. Deshalb können diese Aufgaben leichter memoriert werden als erledigte Aufgaben (*Katzenberger* 1967, 57).

6. Zusammenfassung

(1) Zum Begriff des Gedächtnisses gehören drei wesentliche Aspekte. Zwei davon sind die Merkfähigkeit und die Reproduktion. Versuchen Sie sich bitte an den dritten Aspekt zu erinnern (siehe B, III, 1).

(2) Erinnern Sie sich bitte an die Ersparnismethode. Versuchen Sie bitte anzugeben, was man unter der Ersparnis versteht (siehe B, III, 2, a).

(3) Geben Sie bitte ein wesentliches Ergebnis an, das *Ebbinghaus* mit der Ersparnismethode erheben konnte (siehe B, III, 2, a).

(4) Erklären Sie bitte das Prinzip der Treffermethode (siehe B, III, 2, b).

(5) Erinnern Sie sich bitte an drei (oder mehr) Dimensionen des Gedächtnisses (siehe B, III, 3, a).

(6) Versuchen Sie bitte anzugeben, was man unter Fluoreszenzgedächtnis versteht (siehe B, III, 3, b).

(7) Zeichnen Sie bitte die Kurve des Behaltens (bzw. des Vergessens) auf (siehe B, III, 3, c).

(8) Erinnern Sie sich bitte an zwei Gedächtnistheorien und geben Sie bitte die wesentlichen Inhalte dieser Theorien an (siehe B, III, 4).

(9) Erinnern Sie sich bitte an drei (oder mehr) Gedächtnishemmungen und versuchen Sie bitte, diese kurz zu erklären (siehe B, III, 5,a).

(10) Geben Sie bitte an, was man unter Reminiszenz versteht (siehe B, III, 5,b).

(11) Geben Sie bitte an, was man unter dem Zeigarnik-Effekt versteht (siehe B, III, 5, c).

7. Weiterführende Literatur

Hehlmann, W.: Wörterbuch der Psychologie. Kröner, Stuttgart, 1962².
Hörmann, H.: Bedingungen für das Behalten, Vergessen und Erinnern. In: Hdbch. d. Psychol. Bd. 1,2. Hogrefe, Göttingen 1964, 225–283.
Katzenberger, L.-F.: Auffassung und Gedächtnis. E. Reinhardt, München 1967.
Morf, G.: Einführung in die Psychologie. E. Reinhardt, München–Basel 1970⁵.

Rohracher, H.: Einführung in die Psychologie. Urban & Schwarzenberg, Wien–München–Berlin 1971[10].
Wechsler, D.: Die Messung der Intelligenz Erwachsener. Huber, Bern–Stuttgart, 1961[2].

IV. Lernen

1. Lernen unter dem Gesichtspunkt der Begriffsbildung

Mit dem Wort »Lernen« verbinden wir ganz allgemein den Erwerb von Kenntnissen und Fertigkeiten. Lernen im Sinne eines Erwerbs von Kenntnissen bedeutet eine individuelle Informationsverarbeitung. Die wesentlichen Aspekte einer allgemeinen psychologischen Betrachtung des Lernens werden an Definitionen zum Lernbegriff deutlich.

(1) Nach *Bergius* (1964, 11) beruht das Lernen darauf, daß wir ein Gedächtnis haben, d.h. daß die Vergangenheit für uns, für unseren Organismus, nicht tot ist, sondern uns in irgendeiner Form erhalten bleibt.

(2) *Hofstätter* (1977, 214) versteht unter Lernen Veränderungen in der Wahrscheinlichkeit, mit der Verhaltensweisen in bestimmten Reizsituation auftreten, sofern diese auf frühere Begegnungen mit dieser oder einer ähnlichen Reizsituation zurückgehen. Dabei werden Verhaltensänderungen, die auf Ermüdung, Reifung, Verletzung eines Organismus oder Drogen bzw. Pharmaka zurückzuführen sind, ausgeschlossen.

(3) *Vogt* (1971, 13) verweist auf die vergleichbare Definition des Lernens nach dem bekannten Verhaltensforscher *Eibl-Eibesfeldt:* Wenn sich die Wahrscheinlichkeit des Auftretens bestimmter Verhaltensweisen in bestimmten Reizsituationen änderte, und zwar als direkte Folge früherer Begegnungen mit dieser oder nur ähnlichen Reizsituationen, sprechen wir von Lernen. Dabei werden ebenfalls Reifungs- und Ermüdungsvorgänge ausgeschlossen. Für einen Reifungsvorgang gibt *Vogt* (1971, 13) ein sehr treffendes Beispiel aus dem Tierreich. Der Kuckuck ist ein Einzelgänger. Er beansprucht ein Revier für sich. Zur Paarungszeit nähert er sich nun einem Weibchen. Er hat nicht gelernt, daß sein Einzelgängertum langweilig sei, sondern die Ausbildung der Geschlechtshormone treibt ihn zur Verhaltensänderung. Weitere treffende Beispiele für Reifungsvorgänge schildern

uns *Klausmeier* und *Ripple* (1973, 15): Ein etwa sechs Monate alter Säugling hält erstmalig und spontan einen kleinen Gegenstand zwischen Daumen und Zeigefinger.

(4) Nach *Klausmeier* und *Ripple* (1973, 15) ist nun Lernen ein Vorgang, auf den infolge verhältnismäßig dauerhafter Verhaltensänderung geschlossen werden kann. Demnach wäre nach *Klausmeier* und *Ripple* (1973, 15) ein Beispiel für Lernen folgendes: Zunächst erkennt ein sechsjähriges Kind keines von 15 Wörtern auf der Seite eines Buches. Es wird unterrichtet und übt. Nach angemessener Zeit (etwa sechs Monate) erkennt es alle 15 Wörter.

(5) Nach *Bredenkamp* und *Bredenkamp* (1977, 77) versteht man unter Lernen jede überdauernde Verhaltensänderung, die durch Übung oder Beobachtung zustande kommt; allerdings darf diese Verhaltensänderung nicht durch Reifung, Ermüdung, Drogeneinfluß oder ähnliches entstanden sein.

(6) Nach *Seiß* (1974, 126) ist die Motivation für das Lernen sehr wichtig. Das Lernen müsse beispielsweise durch die Neugierde in Gang gesetzt werden.

(7) Nach *Sinz* (1976, 21) enthält erlerntes Verhalten phylogenetisch gewonnene Information. Er verweist hier auf *K. Lorenz*. Nach *Lorenz* liegt jeder Lernleistung ein unter dem Selektionsdruck eben dieser Funktion im Laufe der Stammesgeschichte entstandener physiologischer Apparat zugrunde. Nach *Sinz* ist Lernen die Funktion eines neurophysiologischen Mechanismus, der wie alle Organstrukturen im Laufe der Evolution im Dienste der Arterhaltung entwickelt wurde. Unter Berücksichtigung aller genannten Gesichtspunkte ist nach *Sinz* folgende umfassende, moderne molekular genetische, verhaltensphysiologische und informationstheoretische Befunde einschließende Definition des Lernens (*Sinz* 1976, 22 f.) möglich:

Lernen ist eine im Dienste der Individual- und Arterhaltung stehende antriebsgesteuerte Verhaltensänderung. Diese Verhaltensänderung ist eine Folge individueller Informationsaufnahme, Informationsverarbeitung und Informationsspeicherung (Erfahrung und Gedächtnis) auf der Grundlage phylogenetisch vorgebildeter, artspezifisch modifizierbarer neuronaler Strukturen. Dabei sind Reifung, Ermüdung, Verletzung, Drogeneinwirkung und Pharmaka ausgeschlossen.

Nach *Sinz* stimmt diese Definition in ihren wesentlichen Aspekten mit der psychokybernetischen Definition des Lernens nach *Klix* überein (*Sinz* 1976, 23): Mit Lernen bezeichnen wir jede umgebungsbezogene Verhaltensänderung (also weder auf Reifung, Ermüdung, Verletzung u. ä. beruhend), die als Folge einer individuellen (systemeigenen) Informationsverarbeitung eintritt.

2. Klassisches Konditionieren oder Signallernen
(nach I. P. Pawlow, E. R. Guthrie und J. B. Watson)

a) Prinzip des Klassischen Konditionierens

Die (nach *Eyferth* 1964, 89) modifizierte Darstellung des Vorgangs des Klassischen Konditionierens erbringt folgende wesentliche Gesichtspunkte:

(1) Ein verhaltensrelevanter Reiz (= natürlicher Reiz) S_{nat} löst die Reaktion R_{nat} aus. Es handelt sich dabei um eine angeborene S-R-Verbindung oder einen unbedingten Reflex. (Siehe Abb. 19)

Abb. 19: Unbedingter Reflex

Bei hungrigen Hunden löst beispielsweise der Anblick von Fleisch (S_{nat}) eine vermehrte Speichelabsonderung (R_{nat}) aus.

(2) Ein ursprünglich indifferenter, also neutraler Reiz (S_{ind}; z. B. ein Glockenton) wird mehrmals (z.B. 20- bis 30mal) mit dem unbedingten Reiz (S_{nat}; z.B. Fleisch) vorgegeben (dabei wird die Vorgabe von S_{ind} günstigerweise etwa 0,2 sec. bis 2,0 sec vor dem S_{nat} begonnen). (Siehe Abb. 20)

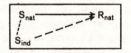

Abb. 20: Vorgang der Klassischen Konditionierung

(3) Nach dieser mehrmaligen Vorgabe von S_{nat} und S_{ind} wird der ursprünglich neutrale (indifferente) Reiz zum kondtionierten Reiz (CS), der jetzt allein die konditionierte Reaktion (CR; z. B. Speichelfluß) auslöst. (Siehe Abb. 21)

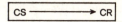

Abb. 21: Bedingter Reflex nach abgeschlossener Konditionierung

b) Die Versuche von I. P. Pawlow mit Hunden

Gemäß dem Schema des Klassischen Konditionierens ging *Pawlow* von der bekannten Tatsache aus, daß hungrige Hunde beim Anblick von Fleischstückchen in vermehrtem Umfange Speichel absondern (= unbedingter Reflex).

(1) Versuchsdurchführung

Pawlow ließ ein Glocken- oder Klingelzeichen ertönen, und darauf erfolgte die Futtergabe im Abstand von beispielsweise 0,2 sec. bis 2 sec. Dabei bediente er sich (nach *Sinz* 1976, 121 ff.) reizabgeschirmter sogenannter »Pawlow-Kammern« oder »Türmen des Schweigens«. Der Glockenton war der einzige wahrnehmbare Prüf- oder Signalreiz. Nun bot *Pawlow* seinen Versuchshunden an einem Tag im Abstand von vier Minuten etwa sechs- bis achtmal einen Glockenton, dem jeweils nach 2 Sekunden die Futtergabe folgte. Nach etwa 20 bis 30 Versuchsdurchgängen wurde der Glockenton zum alleinigen Auslöser der Speichelabsonderung.

(2) Messung der Speichelmenge

Zur Messung der Speichelmenge kann man (nach *Pickenhain* 1959, 25) eine Speichelkapsel anwenden (*Foppa* 1975, 20); dabei schließen die unmittelbar an der Lefze des Hundes austretenden Speicheltropfen einen Stromkreis.

(3) Weitere wesentliche Beobachtungen

Nach *Sinz* (1976, 125 f.) lernen höhere Tiere mit dem bedingten Reiz (z. B. Glockenton) weitere Situationsmerkmale. Werden Hunde alle 30 Minuten (kleine Futtergabe) gefüttert, so zeigen sie stets um die 30. Minute neben dem Speichelfluß auch Schwanzwedeln oder unruhiges Zerren an der Leine u. ä. Die Hunde zeigen also Verhaltenselemente einer bedingten Reaktion. Wegen der zeitlichen Abhängigkeit dieser Verhaltensweisen sprach *Pawlow* von einem bedingten Reflex »auf die Zeit«.

(4) Bedeutung dieser Versuche

Nach *Sinz* (1976, 120) ist die Tatsache in dieser alltäglichen Erfahrung

Gesetzmäßigkeiten zu erkennen ebenso genial, wie die Erkenntnis der Ursache–Wirkung–Beziehung und die Idee ihrer Nutzbarmachung als Dampfmaschine, die *J. Watt* beim Beobachten kochenden Wassers gekommen sein soll. Der geniale Gedanke von *Pawlow* war es eben, daß der ursprünglich neutrale Reiz des Glockentons durch mehrmalige nahezu gleichzeitige Vorgabe mit dem verhaltensrelevanten Reiz (Futter) schließlich allein die Reaktion der Speichelabsonderung auslösen konnte. Die Bedeutung der Gleichzeitigkeit führte zum Prinzip der Kontiguität.

c) Das Prinzip der Kontiguität
(nach I. P. Pawlow und E. R. Guthrie)

Nach *Pawlow* und *Guthrie* ist das Prinzip der Gleichzeitigkeit von Ereignissen, das auch als Kontiguität bezeichnet wird, für das Verständnis des Klassischen Konditionierens oder Signallernens wichtig.

1. Bei den Versuchen von *Pawlow* besteht zunächst eine Kontiguität zwischen dem unbedingten Reiz »Futter« und der unbedingten Reaktion »Speichelfluß«.
2. Eine weitere Kontiguität besteht zwischen dem Signalreiz »Glockenton« und dem unbedingten Reiz »Futter«.
3. Schließlich ergibt sich eine Kontiguität für den Signalreiz »Glockenton« und die dann bedingte Reaktion »Speichelfluß«.

d) Signallernen bei anderen Tieren

Klassisches Konditionieren ist nicht nur bei Hunden möglich. Es gelingt bei Affen wie auch bei anderen Tieren, deren Nervensystem weniger entwickelt ist.

Nach *Vogt* (1971, 45 f.) ist das Signallernen bereits bei Tintenfischen möglich. Tintenfische sind Räuber und müssen Krabben oder kleine Fische fangen. Ihr Gehirn ist gut entwickelt. Dabei ist aber zu bedenken, daß das Gehirn der Tintenfische oder Kraken sich von dem der Hunde und Affen wesentlich unterscheidet. Bei den Versuchen, die *Vogt* beschreibt, wurden Kraken der Gattung Octopus in ein Meerwasseraquarium gebracht. Wenn diese Tintenfische die Möglichkeit bekommen, sich ein Versteck zu bauen und auf Beute zu lauern, fühlen sie sich bald wohl. Schwimmt nun ein kleiner Fisch vorbei (unbedingter Reiz), so packt ihn der Tintenfisch und verspeist ihn (unbedingte Reaktion).

Man kann nun bei dem Konditionierungsvorgang einen kleinen Fisch ins Wasser bringen und unmittelbar dahinter ein weißes, senkrecht stehendes Rechteck als Merkzeichen anbringen. Nun wird der Tintenfisch nach mehreren Versuchen das Merkzeichen mit dem kleinen Fisch assoziieren und jedesmal aus seinem Versteck herauskommen, wenn man nur das senkrecht stehende Rechteck bietet.

Der Tintenfisch kann aber noch ein anderes Zeichen lernen. Zeigt man das Rechteck waagrecht, so kommt das Tier zunächst darauf zu, bleibt aber in Zukunft in seinem Versteck, wenn es bei der Berührung des waagrechten Rechtecks einen elektrischen Schlag erhält. Der Tintenfisch kann demnach ein senkrechtes Rechteck als positives, ein waagrechtes Rechteck als negatives Zeichen (Signal) erkennen. Er kann also beide Zeichen unterscheiden (diskriminieren).

e) Signallernen beim Menschen

Nach *Bredenkamp* und *Bredenkamp* (1977, 83 f.) wurde das Signallernen beim Menschen durch das Experiment von *Watson* und *Rayner* (1920) aufgezeigt. Das Experiment wurde mit dem etwa neun Monate alten Jungen mit dem Namen Albert durchgeführt. Folgende wesentliche Aspekte sind zu nennen:

(1) Voraussetzung war, daß kleine Kinder Schreckreaktionen bei sehr lauten und plötzlich auftretenden Geräuschen zeigen (unbedingter Reflex: Hammerschlag führt zum Erschrecken des Kindes).

(2) Albert wird vor dem Versuch als emotional stabil bezeichnet. Er hatte keine Angst vor Ratten, Kaninchen, Pelztieren, Masken oder Baumwolle.

(3) Klassische Konditionierung: Jedesmal, wenn der kleine Albert mit seiner Hand die weiße Ratte berührte, erfolgte ein lauter Hammerschlag auf einen hängenden Eisenstab. Albert konnte die Ursachen dieses lauten Schlages nicht erkennen.

(4) Erklärung der wesentlichen Aspekte:

a) Der Hammerschlag war der unbedingte Reiz.
b) Die weiße Ratte war der bedingte Reiz (ursprünglich der neutrale Reiz).
c) Die Reaktion war jedesmal ein Weinen und Schreien des Kindes.

(5) Nach erfolgter Konditionierung: Bereits beim Anblick der weißen Ratte zeigte Albert die Angstreaktionen (CS = Ratte; CR = Weinen, Schreien).

(6) Wurden ähnliche Reize (Kaninchen, Pelztiere) vorgegeben, so trat die gleiche Angstreaktion auf. Wir sprechen von der Generalisierung.

(7) Gab man Albert Bauklötze, so zeigte er keine Angst. Er konnte also unterscheiden (diskriminieren). Es handelte sich demnach um verschiedene Reizklassen (weich und pelzartig gegenüber kantig und nicht pelzartig).

(8) Wird nun die weiße Ratte häufig ohne das furchterregende Geräusch gezeigt, so beginnt die Löschung (Extinktion) der Angstreaktion. Dieser Vorgang wird durch die Aufhebung der Kontiguität (Gleichzeitigkeit) erklärt. Dabei ist die Kontiguität zwischen Signalreiz (Ratte) und unbedingtem Reiz (Geräusch) gemeint.

(9) Durch Gegenkonditionierung (es werden Süßigkeiten bei dem Anblick der weißen Ratte gegeben) – natürlich ohne das furchterregende Geräusch – kann man die Löschung der Angstreaktionen beschleunigen.

(10) Durch Extinktion bzw. durch Gegenkonditionierung wird die Ratte wieder zu einem neutralen Reiz.

f) Konditionierung höherer Art

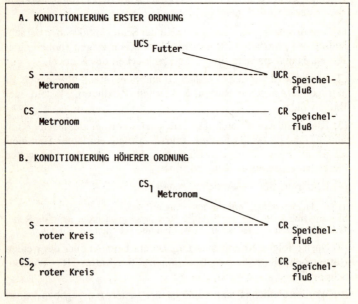

Abb. 22: Konditionierung erster bzw. höherer Ordnung

Nach *Klausmeier* und *Ripple* (1973, 58 f.), siehe Abb. 22, kann man das Klassische Konditionieren nach *Pawlow* auch als ein Konditionieren erster Ordnung bezeichnen.

Nun kann man den konditionierten Reiz (Glockenzeichen oder Ton eines Metronoms) zu weiteren Konditionierungsversuchen verwenden. Bei der Konditionierung höherer Art wird nun zu dem Metronomzeichen ein visuelles Zeichen (roter Kreis) mit vorgegeben. Das Metronomzeichen ist der konditionierte Stimulus (Reiz) und wird als CS bezeichnet. Nach einer entsprechenden Zahl von Versuchsdurchgängen wird der ursprünglich neutrale Reiz (roter Kreis) zum CS (konditionierter Stimulus). Tatsächlich gelingt es nun, den Speichelfluß bei den Hunden durch die Vorgabe des roten Kreises auszulösen (= Konditionierung höherer Ordnung).

g) Bedeutung des Signallernens oder Klassischen Konditionierens für die Allgemeine Psychologie

(1) Das Lernen von Signalen setzt das Vorhandensein von jeweils einem unbedingten (natürlichen) Reflex (unbedingter oder natürlicher Reiz löst die unbedingte Reaktion aus) voraus.

(2) Durch Konditionierung wird der unbedingte Reiz durch einen jetzt bedingten (ursprünglich neutralen) Reiz ersetzbar.

(3) Der bedingte Reiz kann nun allein die bedingte Reaktion auslösen.

(4) Wird der bedingte Reiz zu häufig alleine geboten, so beginnt die Löschung (Extinktion). Dabei ist Spontanerholung möglich.

(5) Bedeutsam ist, daß eine Konditionierung höherer Art möglich ist. Es kann also der bedingte Reiz durch einen anderen nahezu gleichzeitig vorgegebenen Reiz ersetzt werden.

(6) Wichtig ist auch, daß ähnliche Reize nach dem Prinzip der Generalisierung die bedingte Reaktion auslösen können.

(7) Wird ein unterschiedlicher Reiz allein vorgegeben, so wird die unbedingte Reaktion nicht ausgelöst. Wir sprechen dann von der Diskrimination.

(8) Für die Allgemeine Psychologie werden wichtige allgemeine Gesetzlichkeiten wie Generalisierung, Diskrimination, Konditionierung erster bzw. höherer Ordnung, Extinktion, Gegenkonditionierung u. a. erschlossen und anwendbar.

3. Lernen am Erfolg (nach E. L. Thorndike, C. L. Hull und B. F. Skinner)

a) Wesentliche Aspekte bei dem Instrumentellen Konditionieren

(1) Nach *Eyferth* (1964, 91) ist auch bei dem Instrumentellen Konditionieren das Prinzip der Kontiguität sehr wichtig. Hier handelt es sich um die Kontiguität zwischen einer Reaktion und der positiven Folge der Reaktion (Erfolg).

(2) Diese Kontiguität wird dann erreicht, wenn ein hungriges und eingesperrtes Versuchstier zufällig den richtigen Hebel betätigt, der die Käfigtüre öffnet. Der Erfolg tritt sofort ein. Das Tier kann das Futter außerhalb des Käfigs verspeisen.

(3) Vorher findet eine Phase des Herumprobierens statt (trial and error). Die richtige Reaktion wird durch den Erfolg sofort verstärkt.

(4) Phase des Konditionierens: Auf den Stimulus folgen beispielsweise drei falsche Reaktionen; dann folgt die richtige Reaktion. Die Phase des Konditionierens dauert solange, bis die Tiere sofort die richtige Reaktion erkennen lassen.

(5) Nach der Konditionierung: Die richtige Reaktion gelingt sofort. Das Versuchstier hat am Erfolg gelernt.

(6) Wir sprechen hier deshalb von Instrumentellem Konditionieren, weil die bedingte Reaktion Mittel (Instrument) für die Triebverminderung (z.B. Hunger) ist (*Eyferth* 1964, 91).

b) Die Versuche von Thorndike

(1) Voraussetzung:

E. L. Thorndike ging von der bekannten Tatsache aus, daß sich Katzen gerne frei bewegen. Er sperrte nun hungrige Katzen in eine Problembox (Vexierkäfig) und beobachtete ihre Versuche, sich selbst zu befreien (siehe *Sinz* 1976, Abb. 14, 166).

(2) Phase des Herumprobierens (trial and error):

Zunächst probierten die Tiere planlos alle möglichen Bewegungen aus, wie Beißen, Kratzen, Stupsen gegen die Stäbe oder sie versuchten sich zwischen den Stäben hindurchzuzwängen. Es handelte sich demnach um planlose Bewegungen (*Sinz* 1976, 166). Die Phase des Herumprobierens (trial and error) kann länger oder kürzer dauern.

(3) Lernen am Erfolg:

Wurde nun zufällig der richtige Hebel an der Käfigtür oder im Käfig niedergedrückt, so öffnete sich die Tür des Käfigs, und es gab zur Belohnung Futter.

Wurden die Katzen mehrmals in den Käfig gesperrt, so verkürzte sich das trial and error-Verhalten. Schließlich hatten die jeweils motivierten (hungrigen) Katzen gelernt, sofort den Käfig zu öffnen. Konnten die Katzen sich mehrmals nacheinander sofort befreien, so hatten sie am Erfolg gelernt.

Dabei konnte Thorndike auch die Schwierigkeit steigern, in dem mehrere Griffe zum Öffnen der Käfigtür nötig wurden. Sobald eine Schwierigkeit gelernt war, konnten andere Probleme gestellt werden.

c) Der Versuch von Kellogg

(1) Inhalt des Versuchs:

Nach dem Prinzip des Lernens am Erfolg wurde ein Befreiungsversuch nun folgendermaßen aufgebaut: Der 14 Monate alte Sohn Kelloggs mit dem Namen Donald und Gua, der elfeinhalb Monate alte Affe, mußten sich aus einer Schlinge befreien (*Correll* 1970, 27 ff.).

(2) Durchführung des Versuchs:

a) Zuerst mußten sich Donald und Gua aus der Schlinge, die um die Arme gelegt war, befreien.
b) Schließlich wurde die Schlinge um die Beine gelegt. Wieder hatten sich beide jeweils zu befreien.

(3) Ergebnisse des Versuchs:

a) In beiden Fällen wurde nach dem Prinzip des trial and error-Verhaltens verfahren. Donald konnte sich nach zwanzig Versuchen befreien. Gua brauchte neun Versuche, die im Zeitraum einer Minute stattfanden, um sich zu befreien. Hier wird eine höhere motorische Reife des Affen ersichtlich.
b) Hier war Donald dem kleinen Affen weit überlegen. Er erkannte die Ähnlichkeit der zweiten Situation erheblich rascher (*Correll* 1970, 27).

d) Gesetzmäßigkeiten des Lernens nach Thorndike

(1) Effektgesetz:

Die Konnexion (Beziehung) zwischen einem Reiz (Stimulus) und einer Reaktion wird verstärkt, wenn die Reaktion zu einem befriedigenden Resultat (Erfolg!) für den Organismus führt (*Correll* 1970, 28).

88 Lernen

(2) Frequenzgesetz:

Eine Konnexion zwischen einem Stimulus und einer Reaktion wird durch Wiederholung verstärkt, durch mangelnde Repetition geschwächt (*Correll* 1970, 28).

e) Wesentliche Aspekte des Lernens am Erfolg nach Hull

(1) *C. L. Hull* knüpft mit seiner Theorie der Verstärkung von Reaktionstendenzen an das von *Thorndike* entwickelte Effektgesetz an. Entscheidend für das Lernen ist nach *Hull* der Erfolg. Wenn eine Verringerung der Bedürfnisspannung (= Befriedigung) möglich wird, ist ebenfalls ein Lernen am Erfolg möglich.

(2) *Hulls* Lerntheorie der Verstärkung besteht im wesentlichen aus 17 Postulaten (Hauptsätzen). Das Zentrum seiner Lerntheorie wird durch das dritte Postulat ausgedrückt: Wenn eine Reaktion mit der Erlebnisspur eines Reizes assoziiert ist und wenn diese Reiz-Reaktions-Verbindung mit einer schnellen Verringerung der Bedürfnisspannung eines Organismus assoziiert wird, dann verstärkt sich die Tendenz dieser Reizspur zur Auslösung der Reaktion (*Hofstätter* 1977, 216).

(3) Bei wiederholten Koppelungen von Reiz und Reaktion tritt jedesmal eine Verstärkung der Reaktion ein. Dabei nimmt das Gewohnheitspotential (Wahrscheinlichkeit und Schnelligkeit der Ausführung einer Reaktion) zu. Die Bedürfnisspannung (Antrieb) aktiviert das Gewohnheitspotential zum Reaktionspotential.

(4) Wenn ein Mensch hungrig ist, entspricht der Hunger der Bedürfnisspannung. Die Tatsache, daß ein Mensch zur gewohnten Stunde im Gasthaus ist, entspricht dem Gewohnheitspotential. Ist dieser Mensch sehr hungrig, dann wird er den Weg zur Gaststätte eher einschlagen und ihn schneller durchmessen. Die Bedürfnisspannung (Hunger) aktiviert das Gewohnheitspotential zum Reaktionspotential (frühzeitiger essen und schneller gehen) (*Hofstätter* 1977, 217).

f) Prinzip des Operanten Konditionierens nach Skinner

(1) Im Mittelpunkt des Operanten Konditionierens nach *B. F. Skinner* steht die Verstärkung einer erwünschten Verhaltensform. Dabei kann es sich um das Lernen einer Drehbewegung oder um das Lernen von neuen Wissensinhalten (z. B. Photosynthese u. a.) handeln.

(2) Um nun dieses Ziel zu erreichen, zerlegt *Skinner* den Lernstoff in

kleine Schritte. Dem entspricht bei dem Lernen einer Drehbewegung jeder kleinste Schritt in Richtung auf die erwünschte Verhaltensform.

(3) Jeder kleinste und richtige Schritt in Richtung auf die erwünschte Verhaltensform wird sofort verstärkt. Damit wird die Phase des Herumprobierens überwunden.

(4) Demnach verstehen wir unter dem Operanten Konditionieren das Verstärken des Verhaltens, das sich durch die Folgen des Verhaltens zeigt (*Correll* 1971, 10 f.).

g) Die Versuche Skinners

(1) *Skinner* wollte Tauben dazu bringen, sich im Uhrzeigersinn einmal um sich selbst zu drehen.

(2) Zu diesem Zweck führte er Versuche mit hungrigen Tauben durch. Dabei war das Drehen um sich selbst die erwünschte Verhaltensform. Um dieses Ziel zu erreichen, verstärkte er jeden kleinsten richtigen Schritt in Richtung auf die erwünschte Verhaltensform (*Correll* 1971, 10 ff.).

(3) Solche kleinsten richtigen Schritte waren beispielsweise eine Drehung des Fußes in Richtung des Uhrzeigersinnes, ein Anheben des Kopfes wie eine teilweise Drehung der Taube im Uhrzeigersinn.

(4) Nach jedem richtigen Schritt wurde sofort mit Futter verstärkt. So lernten die Tauben sich einmal um sich selbst zu drehen, oder eine Achterfigur zu laufen oder sich wie ein Tänzer zu bewegen u. a.

(5) Bisher handelte es sich um eine Operante Konditionierung erster Art. Das Futter war dabei ein primärer Verstärker.

(6) Wenn nun *Skinner* bei der Verstärkung durch Futtergabe ein akustisches Zeichen mit vorgab, so genügte schließlich dieses Zeichen zur Auslösung der Drehbewegung der Tauben. Während das Futter ein primärer Verstärker war, ist das akustische Zeichen ein sekundärer Verstärker.

h) Die Bedeutung Operanten Konditionierens für menschliches Lernen

(1) Lernprogramme:

Hier ist zunächst der Gedanke der vielfachen Verursachung (multiplen Kausation) menschlichen Reagierens auf Probleme des Lernens wichtig. Grundsätzlich erwartet jeder Lernende, der aktiv am Unterricht teilnimmt eine individuelle Verstärkung. Deshalb ist der gelegentliche Einsatz von Lernprogrammen günstig. Bei Lehramtsstudenten ergaben sich bei Lernprogrammen über wesentliche Lernarten signifikante Zunahmen der Lernleistungen und des Problemlösungsverhaltens (*Popp* 1979).

(2) Bedeutung primärer und sekundärer Verstärker:

Nach *Klausmeier* und *Ripple* (1973, 61 ff.) haben positive Verstärker bei der Operanten Konditionierung nach *Skinner* auch einen wesentlichen Einfluß auf das Verhalten von Menschen. Wenn ein hungriges Kind auf sein »Bitte-Sagen« hin Nahrung erhält, so wird zunächst eine erwünschte Verhaltensform primär verstärkt. Nun kann die Formulierung »braver Junge« mit der Nahrungsabgabe gekoppelt werden. Nach einigen Wiederholungen kann die Formulierung »braver Junge« auch ohne Nahrungsabgabe zum »Bitte-Sagen« führen. Die Aussage »braver Junge« wirkt für die Reaktion »bitte« als sekundärer Verstärker (conditioned reinforcer).

Wenn die Verstärkungswirkung des sekundären Verstärkers erst einmal besteht, so kann die Formulierung »braver Junge« auch andere erwünschte Verhaltensformen, wie mit anderen Kindern etwas teilen, oder seine Kleider ordentlich aufhängen, verstärken. Weitere sekundäre (positive) Verstärker sind Formulierungen, die ein Lob ausdrükken, Anerkennungen in Form von Geld, Ehrungen und guten Noten, sowie Anerkennung von seiten der Gruppe in Form von Klatschen, Lachen und Aufmerksamkeit.

Mißbilligung durch Worte oder Handlungen, Drohungen und barscher Tonfall, schlechte Noten, sowie Mißbilligung durch die Gruppe in Form von Schweigen, Buh-Rufen und dergleichen sind nach *Skinner* negative Verstärker.

i) Die Bedeutung des Lernens am Erfolg für die Allgemeine Psychologie

(1) Von *Thorndike* werden wesentliche Gesetze des Lernens formuliert. Es handelt sich um das Effektgesetz und das Frequenzgesetz. Dabei wird die Bedeutung des Erfolges und der Zahl der Wiederholungen festgelegt und für die Anwendung erschlossen.

(2) Von *Hull* werden für die Allgemeine Psychologie wesentliche Aspekte wie das Gewohnheitspotential, die Bedürfnisspannung und

das Reaktionspotential erschlossen. Gleichzeitig wird ihr Zusammenhang aufgezeigt, und es wird auf Anwendungsmöglichkeiten hingewiesen.

(3) Die Möglichkeit, erwünschtes Verhalten verstärken zu können, ist ein wesentlicher Beitrag von *B. F. Skinner*. Es werden wesentliche Prinzipien wie multiple Kausation, verschiedene Arten von Verstärkung und die Programmierung von Lerninhalten aufgezeigt und erschlossen.

4. Reiz-Reaktionsketten

a) Begriff der Kettenbildung

Unter Kettenbildung versteht man die Verknüpfung einer Reihe einzelner Reiz-Reaktionsverbindungen zu einer Sequenz. Dabei sind Sequenzen motorischer Reaktionen das Autofahren, das richtige Bedienen eines Fernsehers u.ä. Sprachliche Sequenzen begegnen uns mit den Worten »Das war schwer für Sie, aber Sie hatten Erfolg« oder bei dem Vortragen eines Gedichtes u.ä. (*Gagné* 1975). Dabei ist zu betonen, daß sprachliche Ketten auch dem Begriff sprachliche Assoziationen gleichgesetzt werden.

Weitere begrifflich wichtige Aspekte für das Zustandekommen von Reiz-Reaktionsketten sind im Sinne des zugrundeliegenden Lernens am Erfolg die entsprechenden Arten der Verstärkung. Das bedeutet, daß das Erfolgserlebnis im Sinne der Verstärkung, also der Bedürfnisreduktion, wirksam ist. Ferner ist auf die Bedeutung des Lernprinzips der Kontiguität hinzuweisen.

Die Bedeutung des Frequenzgesetzes eröffnet für eine Sequenz ihre erhöhte Eintrittswahrscheinlichkeit durch Wiederholung und Training der entsprechenden Reiz-Reaktionsverbindungen. In vergleichbarer Weise wird bei Sequenzen das Effektgesetz wirksam, wonach die Konnexion zwischen Reiz-Reaktionsverbindungen durch den sich anschließenden Erfolg verstärkt wird.

b) Vorgang der Kettenbildung bei dem sprachlichen Lernen

Hier tritt uns zunächst der bedeutsame Vorgang des Benennens entgegen. Ein Kind, ein Jugendlicher oder ein Erwachsener benennt hier also im Sinne eines sprachlichen Lernvorgangs einen Würfel. Dabei findet eine zweigliedrige Kette in folgender Weise statt:

»Ss ⟶ R ---------- Ss ⟶ R
Gegenstand: Wahrnehmung   Anregung und   ›Würfel‹
Würfel   des Würfels   Vorstellung   wird aus-
                            der Benennung gesprochen.«

(*Gagné* 1975, 111)

Dabei stellt das erste Glied dieser Reiz-Reaktionskette die Wahrnehmung einer Reiz-Reaktionsverbindung dar. Die Erscheinung des Objektes Würfel wird mit bestimmten Reaktionen verknüpft, die sich auf die Wahrnehmung der quadratischen Seitenflächen und der quadratischen Grund- und Deckfläche beziehen. Diese Perzeption dient gleichzeitig dazu, das Objekt Würfel von anderen Objekten ähnlicher Form, wie Quader oder gar Prisma zu unterscheiden, also erfolgreich zu diskriminieren.

Das zweite Glied der vorliegenden Reiz-Reaktionskette setzt den Lernenden instand, sich selbst zur Benennung Würfel anzuregen. Dabei steht das kleine »s« im Diagramm für einen Komplex innerer Reizung, der sich aus (1) jenen kinästhetischen Reizen, die auf Grund früherer Reaktionen mit dieser Äußerung Würfel diskriminiert sind, und (2) den kinästhetischen Reizen zusammensetzt, die aus der Wahrnehmungsreaktion (sensorisch bedingt) entstehen (*Gagné* 1975, 111). Die Kontiguität dieser beiden Formen innerer Reizung verbindet die Glieder der sprachlichen Kette.

c) Bedeutung der Kettenbildung bei dem sprachlichen Lernen

Für das Erlernen von Fremdsprachen erweisen sich Reiz-Reaktionsketten in Zweierform als wichtig. Dabei sind für die Kodierung im Langzeitspeicher Vermittler im Sinne von Bildern oder bereits gelernten Reiz-Reaktionsketten bedeutsam. Für die Kette Erde – terra oder terre sind sprachliche Vermittler wie treten oder terrestrisch wichtig. Für die zu lernende Verbindung Hand – main erweist es sich als nützlich, an manipulieren bzw. manuell zu denken und diese Vermittler in die zu lernende Reiz-Reaktionskette einzubauen. Bildliche Vermittler können für die Kodierung und für den Abruf hinzukommen. Für das Paar schlafen – dormir kann man einen Schlafenden bzw. das Wort dösen hinzunehmen. Für die Reiz-Reaktionskette König roi oder rex kann man das Bild eines Königs hinzunehmen, wobei die Krone besonders sichtbar ist. Das Wort regieren wird ebenfalls als sprachlicher Vermittler günstig sein. Diese Tatsache der Hinzunahme von

Vermittlern empfiehlt sich besonders bei längeren Sequenzen. Sie wirken der Gefahr von Interferenzen entgegen.

Für das wörtliche Erlernen von Gedichten oder entsprechenden Sprachganzen empfiehlt sich die progressive Teillernmethode. Es werden im Sinne der Gedächtnisspanne 7 Einheiten ± 2 gelernt, was im allgemeinen einer Druckzeile entspricht. Dann wird die Zeile 1 mit der Zeile 2 verbunden. In ähnlicher Weise setzt sich die sprachliche Kettenbildung fort.

Für das nichtwörtliche Erlernen von sinnvollem Material empfiehlt es sich, kognitive Strategien des Beachtens, Kodierens, Abrufens und des Problemlösens zu berücksichtigen. Hierbei ist auch sprachliches Regellernen eingeschlossen. Bei zusammenhängendem sprachlichen Material liegt der Schwerpunkt wörtlicher Kettenbildung bei dem Erlernen der wichtigen Gliederungspunkte.

5. Lernen durch Einsicht (nach W. Köhler, M. Wertheimer und G. Katona)

a) *Die Versuche von Köhler*

(1) Allgemeine Daten:

W. Köhler führte 1917 und 1921 Versuche mit Anthropoiden auf Teneriffa durch. Dabei handelte es sich um hungrige Schimpansen, die sich in Käfigen befanden. Außerhalb des Käfigs lagen beispielsweise Bananen in einer Entfernung, die so groß war, daß eine direkte Zielerreichung ausgeschlossen war. Es waren aber Stöcke, die man ineinander stecken konnte, vorhanden. So wurde die Erreichung des Zieles möglich.

(2) Werkzeuggebrauch zur Zielerreichung:

Zunächst versuchten die Schimpansen, das Ziel (Banane oder Kirsche) auf direktem Weg zu erreichen. (Rütteln an den Stäben, Schlagen gegen das Türschloß u.ä.)

Bald aber sahen die Schimpansen Hilfsmittel, die eine indirekte Erreichung des Zieles ermöglichten. Lagen die Bananen außerhalb des Käfigs (also horizontale Richtung), so waren als Hilfsmittel zwei zusammensetzbare Teile eines Stockes im Käfig vorhanden (*Sinz* 1976, 205).

Hingen die Bananen an der Decke des Käfigs, so waren Kisten

vorhanden, die man aufeinanderstellen konnte. So war in vertikaler Richtung die Zielerreichung möglich.

(3) Einsichtgewinnung:

Vor der Einsichtgewinnung beobachtete Köhler, daß die Schimpansen nachdachten. Sie durchliefen also ein inneres trial and error-Verhalten auf der Vorstellungsebene. Ein verinnerlichtes Nachdenken führte zur Einsichtgewinnung.

Die Einsichtgewinnung erfolgte plötzlich und wird auch als Aha-Erlebnis bezeichnet. Köhler beobachtete dabei ein plötzliches Aufleuchten der Augen und die sofortige Lösung in glatt durchgehender Bewegungsbahn (*Müller* 1964, 130 ff.).

Die Einsicht bestand also darin, die Stöcke zusammenzusetzen und den Arm in horizontaler Richtung zu verlängern. Ging es darum, die Bananen an der Decke zu erreichen, so bestand die Einsicht darin, seine eigene Reichweite in vertikaler Richtung durch Auftürmen der Kisten zu erweitern. Dabei mußten die Kisten aber so stehen, daß die Schimpansen sie auch erklettern konnten.

(4) Bedeutung der Umstrukturierung:

Nun wurde beobachtet, daß Schimpansen, die vorher gelernt hatten, ihren Arm mit Stöcken zu verlängern, schneller den Einfall hatten, die Kisten richtig aufeinanderzustellen. Sie hatten demnach die Struktur durchschaut und konnten schneller umstrukturieren.

b) Wesentliche Aspekte zum Lernen durch Einsicht

(1) Die gesamte Situation, in der einsichtig gelernt werden soll, ist überschaubar.

(2) Der direkte Weg zum Ziel ist nicht möglich. Das Ziel kann nur über einen sogenannten indirekten Weg erreicht werden.

(3) Durch das Erkennen der Struktur der Situation (Durchschauen eines eventuell erforderlichen Werkzeuggebrauches u. a.) wird über die Einsichtgewinnung die Lösung möglich.

(4) Vorher kann auf der Vorstellungsebene ein kurzes »inneres trial and error« stattfinden.

(5) Das Erkennen der Struktur einer Situation erleichtert das Umstrukturieren auf neue Situationen. Damit wird der Transfer für ähnliche Situationen erleichtert.

(6) Dem Lernen durch Einsicht liegt die Schule der Gestalt- oder Ganzheitspsychologie zugrunde. Hier ist die These von *Platon*, *Aristoteles*, und *Lao-tse* wichtig, wonach das Ganze (eben die Ganzheit oder Gestalt) mehr ist als die Summe seiner Teile. Von hier aus wird die Notwendigkeit der Überschaubarkeit der Situation begründet. Um die Beziehungen zwischen den Teilen zu erkennen und zu strukturieren, muß man das Ganze überblicken können.

c) Einsichtiges Lernen beim Menschen

Auf Anregung von *M. Wertheimer* hat *G. Katona* (1940) die Bedeutung der Einsicht für den Transfer bei menschlichem Lernen untersucht. Dabei wurde vermutet, daß einsichtiges Lernen den Transfer erleichtert (*Bergius* 1964, 301 ff.).

(1) Versuchsaufbau:

Katona ging von Zahlenreihen aus, die gelernt werden sollten. Dabei fand beispielsweise folgende Zahlenreihe Verwendung (*Bergius* 1964, 301):

$$5\ 8\ 1\ 2\ 1\ 5\ 1\ 9\ 2\ 2\ 2\ 6.$$

Es kann sich dabei um eine sinnlose Zahlenreihe handeln, es könnte die Höhe der Bundesausgaben gemeint sein; es kann auch eine sinnvolle Struktur erkennbar sein.

(2) Versuchsdurchführung und Versuchsergebnisse:

Gruppe 1: Hier wurden keinerlei Erklärungen angeregt oder abgegeben. Es wurde lediglich auswendig gelernt. Nach einer Woche konnte keiner der Teilnehmer aus dieser Gruppe die Zahlenreihe richtig wiederholen. Bei ähnlichen Zahlenreihen traten die gleichen Schwierigkeiten auf. Durch das Auswendiglernen war also das Behalten und der Transfer nicht günstig beeinflußt worden.

Gruppe 2: Hier wurde die Struktur der Zahlenreihe erklärt und ein einsichtiges Lernen ermöglicht. Es wurde also das Abwechseln eines Dreierschrittes und eines Viererschrittes erkannt:

$$5\ 8\ 12\ 15\ 19\ 22\ 26.$$

Die Versuchsgruppe, die einsichtig gelernt hatte, konnte nach einer Woche die Zahlenreihe ohne Fehler reproduzieren. Selbst noch nach mehreren Monaten konnten 23 % der Versuchspersonen, die einsichtig gelernt hatten, sich sofort an die Zahlenreihe erinnern und sie fehlerlos angeben (*Bergius* 1964, 301 f.).

(3) Bedeutung dieser Versuche:

Aus diesen Versuchen von Katona folgt, daß einsichtiges Lernen einmal das Gedächtnis günstig beeinflußt. Wenden wir nun die Einsicht in die Struktur von Zahlenreihen auf folgende Zahlenreihe an, so gelingt es uns leichter, ihre Struktur zu durchschauen:

6 10 15 19 24 28 3 3.

Wir können jetzt umstrukturieren und erkennen, daß ein Viererschritt jeweils von einem Fünferschritt abgelöst wird. Die Struktur dieser Reihe ist dann in folgender Weise leicht zu erkennen:

6 10 15 19 24 28 33.

Durch das Erkennen der Struktur verschiedener Zahlenreihen wird es nach dem Prinzip des einsichtigen Lernens möglich umzustrukturieren und damit eben den Transfer mit allen seinen Vorteilen auszunützen.

In vergleichbarer Weise führte *G. Katona* noch Versuche mit Streichholzlegeaufgaben durch, bei denen wieder einsichtiges Lernen dem reinen auswendigen Lernen in jeder Beziehung überlegen war (siehe *Bergius* 1964, 305 ff.).

d) Bedeutung einsichtigen Lernens für die Allgemeine Psychologie

(1) Von der Sicht der Gestaltpsychologie her wird auf die Bedeutung der Überschaubarkeit der gesamten Lernsituation hingewiesen. Dabei ist die ganze Situation für das Durchschauen und das Beziehen der Einzelheiten wichtig.

(2) Es werden wichtige Aspekte wie Strukturierung, inneres trial and error auf der Vorstellungsebene, indirekte Zielerreichung, Umstrukturierung u. a. in ihrer Bedeutung für den Lernprozeß erschlossen.

(3) Die Bedeutung des einsichtigen Lernens für das Denken wird durch Begriffe wie das Erkennen der Struktur, die Umstrukturierung u.a. deutlich (siehe Denken, B, V). Dabei ist die Bedeutung des Problemlösens und Entdeckens (*Gagné* 1980, 159) zu betonen.

6. Modellernen

a) Begriff und Forschungsbefunde

(1) Begriff: Unter Modellernen verstehen wir eine Verhaltensänderung eines Menschen, die durch Wahrnehmung von Verhaltensweisen anderer Personen (Modelle) u. a. entstanden ist *(Tausch* und *Tausch* 1973, 49). Der Begriff Modellernen wird synonym mit dem Begriff Wahrnehmungslernen (*Tausch* und *Tausch* 1977) gebraucht.

(2) Versuche: *Tausch* und *Tausch* (1973, 52 f.) verweisen auf den Versuch von *Bandura, Ross* und *Ross* (1963). Die Kindergruppen, die aggressives Verhalten einer Modellperson wahrgenommen hatten, zeigten nachher doppelt so viele aggressive Verhaltensweisen wie die Kinder einer Kontrollgruppe. Dabei ist auch wichtig, daß die aggressiven Verhaltensweisen der Modellperson genau nachgeahmt wurden (*Tausch* und *Tausch* 1973, 52 f.).

(3) Bedeutung: Modellernen hat nach *Tausch* und *Tausch* (1973, 51 ff.) einen wesentlichen Einfluß auf das soziale Verhalten von Menschen. Besonders aggressives Verhalten wird durch Wahrnehmung gelernt und nachgeahmt (*Tausch* und *Tausch* 1973, 52 ff.; *Wormser* 1974, 11).

(4) Diese Tatsache wird besonders in der Forschungsuntersuchung von *Charlton, Liebelt, Sültz* und *A. Tausch* (1974) deutlich. Nach der Wahrnehmung unbestraften aggressiven Modellverhaltens änderte sich die Aggressionsbereitschaft der Schüler entsprechend den bei den Modellen wahrgenommenen Verhaltensmerkmalen (*Charlton, Liebelt, Sültz* und *A. Tausch* 1974, 173). Ferner ist sehr wichtig, daß Schüler mit eher ungünstigem häuslichen Erziehungseinfluß auch nach der Wahrnehmung aggressiver bestrafter Westernmodelle eine Erhöhung ihrer Aggressionsbereitschaft zeigten (*Charlton, Liebelt, Sültz* und *A. Tausch* 1974, 173).

(5) Bereits die letztgenannte Tatsache spricht für die Bedeutung kooperativen Modellverhaltens. Diese Feststellung wird in der gleichen Forschungsuntersuchung durch die Tatsache erhärtet, daß kooperative Verhaltensmodelle eine heitere und gelöste (vorwiegend aggressionsfreie) Gruppenstimmung im Gefolge hatten (*Charlton, Liebelt, Sültz* und *A. Tausch* 1974, 169).

b) Beziehungen zu anderen Lernarten

(1) Förderndes Modellverhalten von Erziehern bewirkt eine Förderung des intellektuellen und des zwischenmenschlichen Verhaltens von Kindern und Jugendlichen. Gerade das Problemlösungsverhalten und das selbständige Denken werden dadurch gefördert (*Tausch* und *Tausch* 1979, 304).

(2) Damit bestehen bedeutsame Beziehungen zwischen fördernden Wahrnehmungsmodellen und der Förderung einsichtigen und entdeckenden Lernens unter Berücksichtigung bedeutsamer förderlicher Lernprinzipien (*Popp* 1979, 79 ff.).

7. Zusammenfassung

(1) Wir erinnern uns, daß ein wesentlicher Aspekt zur Definition des Lernens in dem Wort »Verhaltensänderung« lag. Versuchen Sie sich bitte an eine (oder mehrere) Definition (-en) zum Begriff des Lernens zu erinnern (siehe B, IV, 1).

(2) Wir erinnern uns, daß Verhaltensänderungen auch durch Reifung möglich sind. Geben Sie bitte zwei weitere Aspekte an, die auch Verhaltensveränderungen bewirken und die wir aber nicht als »Lernen« bezeichnen (siehe B, IV, 1).

(3) Wir erinnern uns an die Bedeutung des unbedingten Reizes und des neutralen Reizes bei dem Klassischen Konditionieren. Geben Sie bitte den Vorgang des Klassischen Konditionierens an (siehe B, IV, 2, a).

(4) Wir erinnern uns an die Bedeutung des bedingten Reflexes. Was verstehen wir unter einem bedingten Reflex (siehe B, IV, 2, a)?

(5) Für das klassische Konditionieren war das Prinzip der Kontiguität sehr wichtig. Geben Sie bitte an, was man darunter versteht (siehe B, IV, 2, c).

(6) Ein Beispiel für das Prinzip der Kontiguität war die Gleichzeitigkeit von Signalreiz und unbedingtem Reiz. Geben Sie bitte zwei weitere Beispiele an (siehe B, IV, 2, c).

(7) Erläutern Sie bitte am Beispiel des Versuches von *Watson*, was man unter Extinktion (Löschung) versteht (siehe B, IV, 2, e).

(8) Bei den Versuchen, die *Pawlow* mit Hunden durchführte, handelte es sich zunächst um eine Konditionierung erster Art. Geben Sie bitte

ein Beispiel für eine Konditionierung höherer Art an (siehe B, IV, 2, f).

(9) Erläutern Sie bitte am Beispiel eines Versuches (nach *Thorndike* oder *Kellogg*), was man unter dem Lernen am Erfolg versteht (siehe B, IV, 3, b+c).

(10) Wir erinnern uns an das Effektgesetz und an das Frequenzgesetz von *Thorndike*. Geben Sie bitte die Hauptinhalte beider Gesetze an (siehe B, IV, 3, d).

(11) Das Gewohnheitspotential, die Bedürfnisspannung und das Reaktionspotential waren drei wichtige Begriffe (nach *C. L. Hull*). Geben Sie bitte an, was man unter dem Reaktionspotential versteht (siehe B, IV, 3, e).

(12) Durch das Operante Konditionieren (nach *B. F. Skinner*) wurde die Phase des »trial and error« überwunden. Geben Sie bitte an, wodurch dieses möglich war. Geben Sie bitte auch an, worin demzufolge die Bedeutung des Operanten Konditionierens für Lernprogramme liegt (siehe B, IV, 3, f+h).

(13) Reiz-Reaktionsketten bauen auf wichtigen Lernprizipien und Gesetzen des Lernens auf. Erinnern Sie sich bitte an zwei wichtige Lernprinzipien und an zwei wichtige Lerngesetze (siehe B, IV, 4, a).

(14) Bei dem Lernen durch Einsicht war die gesamte Situation überschaubar. Geben Sie bitte noch vier weitere wesentliche Aspekte des Lernens durch Einsicht an (siehe B, IV, 5, b).

(15) *Katona* führte Versuche mit Zahlenreihen durch. Es wurden die Vorteile einsichtigen Lernens erläutert. Geben Sie bitte einen Vorteil einsichtigen Lernens (gegenüber dem nur Auswendiglernen) an (siehe B, IV, 5, c).

(16) Versuchen Sie bitte die Bedeutung des Modellernes an einem Beispiel zu erläutern (siehe B, IV, 6, b).

8. Weiterführende Literatur

Bergius, R.: Einleitung: Begriffe, Prinzipien, Methoden. In: Hdbch. d. Psychol. Bd. 1,2. Hogrefe, Göttingen 1964, 3–36.
– Übungsübertragung und Problemlösen. In: Hdbch. d. Psychol. Bd. 1,2. Hogrefe, Göttingen 1964, 284–326.
Bredenkamp, K.; Bredenkamp, J.: Lernen und Gedächtnis. In: Steckbrief der Psychologie. UTB 37. Quelle & Meyer, Heidelberg, 1977³, 76–92.

Correll, W.: Lernpsychologie. Auer, Donauwörth, 1970[10].
– Programmiertes Lernen und schöpferisches Denken. E. Reinhardt, München, 1971[6].
Eyferth, K.: Lernen als Anpassung des Organismus durch bedingte Reaktionen. In: Hdbch. d. Psychol. Bd. 1,2. Hogrefe, Göttingen 1964, 76–118.
Foppa, K.: Lernen, Gedächtnis, Verhalten. Kiepenheuer & Witsch, Köln–Berlin 1965.
Gagné, R. M.: Die Bedingungen des menschlichen Lernens. Schroedel, Hannover–Darmstadt–Dortmund–Berlin 1975[4].
Hofstätter, P.-R.: Psychologie. Fischer Lexikon Nr. 6. Fischer, Frankfurt a. M., 607.–621. Tsd., 1977.
Klausmeier, H.-J., Ripple, R.-E.: Moderne Unterrichtspsychologie Band 1: Lernen und menschliche Fähigkeiten. UTB 275. E. Reinhardt, München–Basel 1973.
Müller, K.: Denken und Lernen als Organisieren. In: Hdbch. d. Psychol. Bd. 1,2. Hogrefe, Göttingen 1964, 118–147.
Seiß, R.: Allgemeine Psychologie. Klinkhardt, Bad Heilbrunn 1974.
Sinz, R.: Lernen und Gedächtnis. UTB 358. Fischer, Stuttgart 1974.
Tausch, R. und Tausch, A.: Erziehungspsychologie. Hogrefe, Göttingen 1977[8].
Vogt, H.-H.: Lernen bei Mensch und Tier. E. Reinhardt, München–Basel 1971.
Wormser, R.: Experimentelle Psychologie. UTB 396. E. Reinhardt, München–Basel 1974.

V. Denken und Sprache

1. Begriff

a) Denken

Wenn wir uns in einer Problemsituation befinden, zu deren Lösung wir weder angeborene Verhaltensweisen (z. B. unbedingter Reflex u.a.), noch erlernte Verhaltensweisen (z.B. bedingter Reflex, Lernen am Erfolg u. a.) gebrauchen können, beginnen wir unser Handeln zu unterbrechen und überlegen (nach *Hofstätter* 1977, 95 f.). Was nun in dieser Phase des Überlegens geschieht, bezeichnen wir als Denken. *Hofstätter* verweist auf *S. Freud*, der in diesem Zusammenhang von einem Probehandeln spricht.

Nach *Hehlmann* (1962, 80 f.) verstehen wir unter Denken die Erkenntnisse des Begreifens, Meinens, Schlußfolgerns, Urteilens.

Es handelt sich also um ein Erfassen von Bedeutungsgehalten und Sinnbeziehungen. *Hehlmann* verweist auf *James*, der in den Denkprozessen eine Art Einschaltung von Zwischengliedern und Umwegen zwischen Reiz und Reaktion, Eindruck und Handeln sah. Nun können

Zusammenhänge auch intuitiv erkannt werden. Die Einsichtgewinnung kann durch das sogenannte Aha-Erlebnis erfolgen. Hier wird die Bedeutung des Lernens durch Einsicht für das Denken deutlich.

Folgende Aspekte sind für den Begriff »Denken« wesentlich:

1. Die Pause des Überlegens
2. Das Probehandeln
3. Erkenntnisakte des Begreifens, Schlußfolgerns, Urteilens
4. Erfassung von Bedeutungsgehalten und Sinnbeziehungen
5. Die Einsichtgewinnung

b) Sprache

Hehlmann (1962, 493) verweist auf *Kainz*, der Sprache untergliedert in Sprachvermögen, Muttersprache, Sprechhandlung und Art des Einsatzes der Sprachmittel. Für die zwischenmenschliche Verständigung ist die Sprache sehr wichtig. In der Sprache und durch die Sprache vollzieht sich gleichzeitig das Denken (*Hehlmann* 1962, 493).

c) Denken und Sprache

Die eben aufgezeigte Beziehung zwischen Denken und Sprache ist nach *Hehlmann* (1962, 80f.) weiter zu vertiefen. Das Denken bleibt weitgehend an Zeichen (Sprache, Schrift, Formeln, Symbole) gebunden. Schließlich ist die Denk- und Sprachentwicklung im Zusammenhang zu sehen. Sie wird durch rationale Angelegenheiten wie die Intelligenz und durch die kulturelle Umwelt wesentlich beeinflußt. Demnach bestehen folgende wesentliche Beziehungen zwischen Denken und Sprache:

1. Denken ist weitgehend an Zeichen (Sprache, Schrift) gebunden.
2. Denken und Sprache sind weitgehend von der Intelligenz (z. B. Allgemeines Wissen, Allgemeines Verständnis u. a.) abhängig.

Ein Beispiel kann den Zusammenhang zwischen Denken und Sprache veranschaulichen (*K. Bühler* 1908): An eine Versuchsperson wurde die Frage gerichtet: Verstehen Sie den Satz: »Soll die Frucht vom Baum dir fallen, darf es nicht die Blüte tun«? Die Antwort »Ja« wurde nach 7,5 Sekunden gegeben. Das dazwischen liegende Erleben wurde folgendermaßen beschrieben: Verständnis war gleich beim Hören da. Hervorgehoben waren die Begriffe Frucht und Blüte. Daran schloß sich der Gedanke der bestehenden Kausalität zwischen beiden an. Das Zeitverhältnis war auch bedeutsam (nach *Rohracher* 1971, 352).

Folgende wesentliche Zusammenhänge werden nochmals durch das Beispiel verdeutlicht:

1. Pause des Überlegens (7,5 sec)
2. Verständnis des Inhaltes
3. Begriffe wie Frucht und Blüte
4. Gedanke der Kausalität (Sinnbeziehung)
5. Bedeutung des Zeitverhältnisses

2. Wesentliche Beziehungen zwischen Denken und Sprache

a) Begriffsbildung

Nach *Kainz* (1964, 573 ff.) sind folgende wesentliche Aspekte für die Begriffsbildung wichtig:

1. Wesentlich sind die Beziehungen zwischen Gegenstand – Begriff – Wort.
2. Die Gewinnung von Erstbegriffen erfolgt vorsprachlich am konkreten Anschauungsmaterial.
3. Begriffe sind unanschauliche Denkgebilde, in denen bestimmte Gegebenheiten der Wirklichkeit zusammengefaßt werden.
4. Die Versprachlichung der Begriffe ist bedeutsam für Denkvorgänge.
5. Das Wort ist Träger von Begriffs- aber auch von Beziehungsgehalten.

Nach *Kaminski* (1964, 438) ist für die Begriffsbildung ebenfalls das Assoziieren (Gegenstand – Begriff – Wort) wichtig. Ball, Kreis, Faß und Perle sind deshalb ähnlich, weil die Assoziation »rund« naheliegt. Ball, Kreis, Faß und Perle haben demnach auf der begrifflichen Ebene etwas Gemeinsames, dem die Verbalreaktion »rund« folgt bzw. entspricht.

b) Verschiedene Standpunkte zu den Beziehungen zwischen Denken und Sprache

Nach *Kainz* (1964, 564 ff.) sind folgende drei Standpunkte bedeutsam:

(1) Identitätsstandpunkt:

Hier wird angenommen, daß Denken und Sprache nicht zwei verschiedene Funktionen, sondern wesensgleich sind. Sie bilden nach dieser Auffassung eine einzige psychische Aktivität. Denken ist demnach ein stilles, nicht verlautbares und mitgeteiltes Sprechen. Sprechen ist lautgewordene Denkarbeit (*Kainz* 1964, 564 f.).

(2) Dualistischer Standpunkt:

Demnach sind Denken und Sprache zwei wesensverschiedene psychische Aktivitäten. Die Sprache dient hier als Mittel für den Ausdruck des Denkens oder des Gedachten. Nach diesem Standpunkt liegt beim Denken etwas anderes vor als ein inneres Sprechen. Die Erkenntnise werden intuitiv gewonnen und erst nachträglich mit Hilfe der Sprache formuliert (*Kainz* 1964, 565).

(3) Standpunkt der Leistungssymbiose:

Dieser dritte Standpunkt ist eine selbständige Theorie, die besagt, daß Denken und Sprache zwar zwei unterschiedliche psychische Funktionen sind. Sie sind aber prozeßstrukturell wie genetisch aneinander gebunden (*Kainz* 1964, 566). Denken und Sprache fördern sich gegenseitig, entwickeln sich miteinander und heben sich so auf ihre spezifisch menschliche Leistungshöhe (*Kainz* 1964, 566).

Die Tatsache, daß diese drei Standpunkte bedeutsam sind, wird nun bei der Darstellung der Vollzugsformen des Denkes deutlich.

c) Bedeutung der Sprache für die Vollzugsformen des Denkens

Nach *Kainz* (1964, 598 ff.) sind folgende vier Vollzugsformen des Denkens unter Berücksichtigung der Bedeutung der Sprache wichtig:

(1) Das wortsprachlich gestützte Denken:

Hier wird die Sprache maximal verwendet. Das wortsprachliche Denken ist eine wesentliche Vollzugsform des Denkens. Hier bewegt sich das Denken in dem begrifflich-kategorialen Bereich (*Kainz* 1964, 598).

Als Beispiel für das wortsprachlich gestützte Denken ist das Auffinden und Herstellen von Sinnbeziehungen zu nennen. Wenn eine Versuchsperson den Satz »Soll die Frucht vom Baum dir fallen, darf es nicht die Blüte tun« (*Rohracher* 1971, 352) versteht, so kann sie den Denkvorgang mit Hilfe der Sprache verbalisieren. Sie kann angeben, daß sie die Begriffe Frucht und Blüte als Akzente erlebte. Sie verbalisiert, daß sie beim Denken die Kausalität zwischen den Begriffen Frucht und Blüte erkannte. Schließlich kam ihr auch der Gedanke, daß die Zeitverhältnisse bedeutsam wären (*Rohracher* 1971, 352).

(2) Durch ein Symbolsystem gestütztes Denken:

Nach *Kainz* (1964, 599 f.) kann die Wortsprache für das Denken unzulänglich werden. Dieser Umstand kommt dann vor, wenn die Symbole der Wortsprache nicht mehr genügend exakt sind.

Es wird dann ein Symbolsystem übersprachlicher Art zu verwenden sein. Es gibt Gedankeninhalte, die sich leichter in Formeln oder Gleichungen, als sprachlich ausdrücken lassen.

Nach *Kainz* (1964, 600) ist eine Differentialgleichung für das Denken eines Physikers ökonomischer als ein wortsprachlicher Satz.

(3) Wortloses Denken:

Nach *Kainz* (1964, 600) kann auf die Sprachverwendung dann verzichtet werden, wenn die Anschauung – auch ohne die Sprache – als Fundament für das Denken vorhanden ist.

Kainz (1964, 603) führt hierfür Zeichen auf elektrischen Geräten an, die dem Fachmann alles Wünschenswerte anzeigen:

$1° = 10$ mA bedeutet beispielsweise, daß ein Teil der Skala zehn Milliampere entspricht (*Kainz* 1964, 603). Damit bekommt der Fachmann wesentliche Hinweise für die Verwendung dieses Gerätes und seine Bedeutung für physikalische Denkvorgänge.

(4) Reines Denken:

Beim reinen Denken wird sowohl auf die Sprache als auch auf die Anschauungsstützen verzichtet. Nach *Kainz* (1964, 604) überschauen wir auch Zusammenhänge ohne Vorstellungen und Worte. Alle Beziehungen sind uns bewußt, aber der Name fehlt. *Kainz* (1964, 604) verweist auf den Begriff des Vorstellungsschemas, den *K. Bühler* prägte.

3. Das Modell des Denkens (Struktur des Intellekts) nach Guilford

a) Wesentliche Ansatzpunkte des Modells

(1) Die begriffliche Erläuterung des Denkens und der Sprache erbrachten die Bedeutung der Intelligenz für beide Bereiche. Sowohl sprachliches Verständnis als auch logisches Denkvermögen u. a. basieren auf der Intelligenz.

(2) Die Analyse der Struktur des Intellekts und damit des Denkens erbringt nach *Guilford* drei wesentliche Aspekte:

1. Die Denkinhalte
2. Die Denkoperationen
3. Die Denkprodukte (nach *Klausmeier* und *Ripple* 1973, 106 ff.)

(3) Dieses Modell erbringt beispielsweise bei der differenzierten Analyse der Denkinhalte den semantischen Aspekt. Bereits damit ist die Bedeutung dieses Modells für das Denken, die Sprache, die Intelligenz und eben für den Intellekt nachgewiesen.

(4) Eine weitere wesentliche Leistung dieses Modells besteht in der Tatsache, daß drei Intelligenztypen mit vier Typen der Denkinhalte direkt verglichen werden (siehe B, V, 3, b).

b) Das Modell des Denkens nach Guilford

Wie aus der Abbildung 23 ersichtlich wird, werden als grundlegende Komponenten des vorliegenden Modells (nach *Guilford* und *Hoepfner*) fünf Denkoperationen, vier Denkinhalte und sechs Denkprodukte gebildet (nach *Klausmeier* und *Ripple* 1973, 106).

Es ergeben sich nach *Guilford* demnach 5 × 4 × 6 = 120 Fähigkeiten, von denen die meisten bereits nachgewiesen werden konnten (*Klausmeier* und *Ripple* 1973, 106 ff.).

(1) Denkinhalte:

Dabei handelt es sich (nach *Klausmeier* und *Ripple* 1973, 107 f.) um Informationsklassen oder Informationstypen, die der Organismus unterscheiden kann.

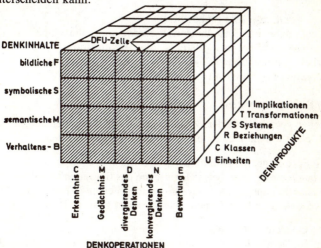

Abb. 23: Modell der Struktur des Intellekts (nach *Guilford* und *Hoepfner* 1966, 3)

F – Bildlich (figural)

Hierbei handelt es sich um konkrete Information (z. B. in Form von Bildern). Die Information über bildliche Inhalte erfolgt direkt durch Hören, Sehen usw. (nach *Klausmeier* und *Ripple* 1973, 87 ff.).

S – Symbolisch (symbolic)

Die Information erfolgt durch Zeichen, die für sich betrachtet keine Bedeutung besitzen: Es handelt sich dabei um Buchstaben, Zahlen, Noten u. a. Hier wird in dem System von *Guilford* ebenfalls die Bedeutung der Zeichen für das Denken und die Sprache ersichtlich (siehe B, V, 1, c).

M – Semantisch (semantic)

Bedeutungen, denen bestimmte Wörter zugeordnet werden, sind wichtige Informationen für verbales Denken und verbale Kommunikation. Für die semantische Analyse von Wörtern eignet sich die Methode des Polaritätsprofils (nach *Hofstätter* 1971, 14 ff.). Dabei werden Begriffe oder Namen mit Hilfe einer Reihe von Gegensatzpaaren (Polaritäten) beurteilt. Es werden z. B. die Begriffe »Masse« und »Persönlichkeit« mit Gegensatzpaaren wie »weich/hart«, »passiv/aktiv« u. a. unter Zuhilfenahme siebenstufiger Ratingskalen beurteilt (*Hofstätter* 1971, 14 f.).

B – Verhaltensmäßig (behavioral)

Es geht dabei um Einstellungen, Wünsche, u. a., die wir bei anderen Menschen und bei uns feststellen. Bedeutsam sind hier auch nichtverbale Informationen, die das Verhalten von uns und anderen Menschen beeinflussen (*Klausmeier* und *Ripple* 1973, 87 ff.).

(2) Denkoperationen

Hier ist gemeint, was der Organismus mit den Daten der Information tut, eben welche Denkoperationen durchgeführt werden.

C – Erkenntnis (cognition)

Es handelt sich dabei beispielsweise um das Begreifen und Verstehen (*Klausmeier* und *Ripple* 1973, 106 f.). Begreifen und Verstehen sind für das Denken und die Sprache äußerst wichtig (siehe B, V, 1, c).

M – Gedächtnis (memory)

Das Gedächtnis hat die Funktion der Speicherung des Gelernten. Bei der Reproduktion wird erkennbar, wieviel von dem Gelernten noch vorhanden ist (siehe B, III, 1).

D – Divergierendes Denken (divergent production)
Hier liegt die Betonung auf der Erzeugung neuer Informationen auf Grund gegebener Information. Das divergierende Denken ist besonders für kreatives (schöpferisches) Verhalten bedeutsam.

N – Konvergierendes Denken (convergent production)
Hier liegt der Schwerpunkt auf der Erreichung des besten konventionellen Ergebnisses auf Grund der vorgegebenen Information. Für die Bezeichnungen »weiß, schwarz, blau, rot« läßt sich der Oberbegriff der Farbe durch konvergierendes Denken finden. Im Unterschied dazu würde divergierendes Denken für die Bezeichnung »schwarz« neue Informationen selbst finden, wie beispielsweise »Schornsteinfeger, Nacht, Finsternis«, abstrakte Begriffe wie »Würde, Trauer« u. a.

E – Bewertung (evaluation)
Es handelt sich dabei um die Beurteilung und Bewertung von Informationen nach Richtigkeit, Güte und Erwünschtheit (*Klausmeier* und *Ripple* 1973, 107).

(3) Denkprodukte

U – Einheiten (units)
Einheiten sind Ganzheiten. »2« ist eine symbolische Einheit und »Fußball« ist eine semantische Einheit (*Klausmeier* und *Ripple* 1973, 87 ff.).

C – Klassen (classes)
Umfassende Begriffe stellen Klassen dar. »Vögel« und »Säugetiere« enthalten viele einzelne Einheiten (*Klausmeier* und *Ripple* 1973, 87 ff.).

R – Relationen (relations)
Bei den Relationen werden Beziehungszusammenhänge erkannt. Die durch 8 bezeichnete Menge ist beispielsweise größer als die durch 4 bezeichnete Menge. Die Relationen sind für das Denken und die Sprache sehr wichtig (siehe B, V, 1, c).

S – Systeme (systems)
Die arabischen Zahlengesetze sind ein symbolisches System. Die Gesetze der Informationsübermittlung in Sätzen sind ein semantisches System.

System ist demnach die umfassendste Kategorie. »3« und »8« sind Einheiten; ungerade Zahlen sind Klassen; »3« verhält sich zu »6« wie »5« zu »10« zeigt eine Beziehung (relation) an; assoziative und kommunikative Gesetze sind Teile eines Systems (*Klausmeier* und *Ripple* 1973, 87 ff.).

T – Transformationen (transformations)
Bekannte Informationen werden verändert, modifiziert oder neu definiert. Wenn man einen Satz aus der Form des Aktivs in die Form des Passivs bringt, ist eine Transformation nötig (z. B. »Der Lehrer lobte den Schüler« wird transformiert in »Der Schüler wurde vom Lehrer gelobt«.). Transformationen sind für die Schulung des Denkens und für die Beziehung zwischen Denken und Sprache sehr wichtig.

I – Implikationen (implications)
Wenn man einem im Überblick vorhandenen Plan noch notwendige Details hinzufügt, um ihn erfolgreich durchführen zu können, handelt es sich um eine Implikation semantischen Inhalts (nach *Klausmeier* und *Ripple* 1973, 88 ff.).

(4) Bedeutsamer typologischer Vergleich

Die Bedeutung des Modells von *Guilford* für das Denken besteht vor allem in dem Vergleich der vier Inhaltstypen des Denkens mit drei Intelligenztypen (nach *Klausmeier* und *Ripple* 1973, 110).

1. Konkrete Intelligenz wird mit den bildlichen Inhalten des Denkens verbunden.
2. Abstrakte Intelligenz bezieht sich auf Fähigkeiten, die mit symbolischen und semantischen Inhalten des Denkens in Beziehungen stehen. Hierher gehört das Erkennen von Wörtern, das Verständnis verbaler Begriffe und die Fähigkeit, mit Zahlen umgehen zu können.
3. Soziale Intelligenz bezieht sich auf Verhaltensinhalte. Damit ist beispielsweise das Verstehen des eigenen und fremden Verhaltens gemeint (*Klausmeier* und *Ripple* 1973, 110).

Die Bedeutung des Modells von *Guilford* liegt in der Tatsache begründet, daß wesentliche Beziehungen zwischen Denken, Intelligenz und Sprache aufgezeigt werden. Für das Denken und die Sprache ist demnach die Intelligenz ein sehr wichtiger Aspekt.

4. Bedeutung der Synthese der Lerntheorien für das Denken

a) *Begründung des Zusammenhanges zwischen Lernen und Denken*

Die begriffliche Analyse des Denkens erbrachte wichtige Aspekte wie die Pause des Überlegens, das Probehandeln, die Einsichtgewinnung u. a. Diese Gesichtspunkte sind auch bei dem Lernen durch Einsicht in gleicher Weise vorzufinden. Da nun auch andere Lerntheorien vergleichbare Aspekte enthalten, ist die Synthese der Lerntheorien für das Denken von großem Interesse.

b) Die Analyse des Denkaktes nach J. Dewey

J. Dewey benennt folgende fünf Schritte des Denkaktes:

1. Man begegnet einer Schwierigkeit;
2. sie wird lokalisiert und präzisiert;
3. Ansatz einer möglichen Lösung;
4. logische Entwicklung der Folgen des Ansatzes;
5. weitere Beobachtung und experimentelles Vorgehen führen zur Annahme oder Ablehnung (*Correll* 1970, 44).

c) Die Synthese der Lerntheorien und ihre Bedeutung für das Denken

(1) Die Begegnung mit einer Schwierigkeit war bei allen Lerntheorien (Klassisches Konditionieren, Lernen am Erfolg und Lernen durch Einsicht) vorhanden.

(2) Die Lokalisierung und Präzisierung der Schwierigkeit war bei dem Lernen am Erfolg und dem Lernen durch Einsicht vorhanden. Es handelte sich dabei vorwiegend um die Tatsache, an das Futter heranzukommen. Bei dem Klassischen Konditionieren sprechen wir von einem blinden Lernen. Die Versuchshunde *Pawlows* wußten nichts von dem Lernvorgang. Das Problem, an das Futter heranzukommen, war also nicht vorhanden.

(3) Der Ansatz einer möglichen Lösung war ebenfalls bei dem Lernen am Erfolg und bei dem Lernen durch Einsicht vorhanden. Hier wurden jeweils Versuche unternommen, das Ziel zu erreichen.

(4) Logische Entwicklung der Folgen des Ansatzes besteht nun bei dem Lernen am Erfolg in der realen Bewährung in der Situation. Bei dem Lernen durch Einsicht besteht sie in der vorgestellten Bewährung durch Abschätzen des Entwurfes am bisherigen Erfahrungsschatz. (*Correll* 1970, 49).

(5) Die Verifikation des Handelns und damit des Lösungsweges ist dem kritischen Lernen oder dem Denk-Lernen vorbehalten (*Correll* 1970, 50). Die Synthese der Lerntheorien ist damit im Denk-Lernen vollzogen. Hierher gehört natürlich das Lernen durch Einsicht. Das Durch-

schauen der Struktur eines Lernproblems erleichtert die Umstrukturierung und damit den Transfer.

Die Bedeutung der Synthese der Lerntheorien für das Denken besteht in der Tatsache des kritischen Lernens oder Denk-Lernens. Kritisches Lernen ist auch von der Intelligenz her erklärbar und begründbar.

5. Denken – Sprache – Intelligenz – Lernen

Folgende Thesen dienen der Präzisierung der erläuterten Zusammenhänge:

(1) Es bestehen wesentliche Beziehungen zwischen dem Denken und der Sprache. Das Denken ist nämlich weitgehend an Zeichen (Sprache, Schrift, u. a.) gebunden.

(2) Eine wesentliche Beziehung zwischen Denken und Sprache wird bei der Begriffsbildung deutlich. Dabei sind die Beziehungen zwischen Gegenstand – Begriff – Wort wichtig. Die Gegenstände »Ball, Kreis, Faß, Perle« ergeben auf der begrifflichen Ebene etwas Gemeinsames, dem die Verbalreaktion »rund« folgt.

(3) Bei den Beziehungen zwischen Denken und Sprache sind verschiedene Standpunkte möglich. Bedeutsam sind der Identitätsstandpunkt, der dualistische Standpunkt und der Standpunkt der Leistungssymbiose.

(4) Eine strukturelle Erhellung des Denkens ergab nach *Guilford* fünf Denkoperationen, vier Denkinhalte und sechs Denkprodukte. Die Teilaspekte (120 Fähigkeiten) dieses Modells weisen immer wieder auf den Zusammenhang zwischen Denken und Sprache hin.

(5) Ein weiterer wesentlicher Aspekt des Modells nach *Guilford* besteht im Vergleich von Intelligenztypen mit Inhaltstypen des Denkens. Hier wird die Bedeutung der Intelligenz für das Denken und die Sprache erkennbar.

(6) Die Analyse des Denkaktes nach *Dewey* und die Synthese der Lerntheorien nach *Correll* erbringen den interessanten Vergleichspunkt des Denk-Lernens.

(7) Für das Denken ist demnach das kritische Lernen (oder einsichtige Lernen), das zum Beispiel das Erkennen der Struktur des Problems zum Ziele hat, sehr wichtig.

(8) Für den Zusammenhang von Denken und Sprache ist demnach die Berücksichtigung der Intelligenz und des kritischen Lernens (Denk-Lernens) sehr wichtig.

6. Zusammenfassung

(1) An dem Satz »Soll die Frucht vom Baum dir fallen, darf es nicht die Blüte tun« wurden wesentliche Aspekte des Denkens aufgezeigt. Es handelte sich zunächst um eine Pause des Überlegens (7,5 sec). Geben Sie bitte noch drei wesentliche Aspekte des Denkens an, die an diesem Satz deutlich wurden (siehe B, V, 1, c).

(2) Um die Beziehungen zwischen Denken und Sprache zu erläutern, wurden verschiedene Standpunkte erschlossen und aufgezeigt. Dabei handelte es sich zum Beispiel um den Identitätsstandpunkt. Geben Sie bitte zwei weitere wesentliche Standpunkte an (siehe B, V, 2, b).

(3) Eine grundlegende Komponente des Modells des Denkens nach *Guildford* waren die Denkoperationen. Geben Sie bitte zwei weitere Grundkomponenten an (siehe B, V, 3, b).

(4) Für die Bezeichnung »schwarz« kann man neue Informationen wie »Schornsteinfeger, Nacht, Finsternis u. a.« selbst finden. Geben Sie bitte an, ob es sich dabei um konvergierendes oder divergierendes Denken handelt (siehe B, V, 3, b).

(5) Bei den Denkprodukten wurden beispielsweise Einheiten, Klassen und Relationen unterschieden. Erläutern Sie bitte diese Unterschiede an Beispielen (siehe B, V, 3, b).

(6) Eine wesentliche Leistung des Modells nach *Guilford* bestand in dem Vergleich von Intelligenztypen mit Inhaltstypen des Denkens. Geben Sie bitte an, mit welchen Denkinhalten abstrakte Intelligenz verglichen wurde (siehe B, V, 3, b).

(7) Geben Sie bitte die fünf Schritte des Denkaktes nach *J. Dewey* an (siehe B, V, 4, b).

(8) Bei der Synthese der Lerntheorien nach *Correll* bestand der vierte Schritt in der logischen Entwicklung der Folgen des Ansatzes. Dabei war ein wesentlicher Aspekt die reale Bewährung in der Situation, den *H. Roth* in vergleichbarer Weise als Bewährung der Lösung in der Praxis, (*Roth* 1973, 225) bezeichnet. Geben Sie bitte an, welche Lerntheorie diesem wesentlichen Aspekt entspricht (siehe B, V, 4, c).

(9) Begründen Sie bitte unter der Verwendung der Gegenstände »Ball, Kreis, Faß und Perle« den Zusammenhang von Denken und Sprache (siehe B, V, 5).

(10) Nehmen Sie bitte Stellung zu dem Satz »Denken ist auch ohne Sprache möglich« (siehe B, V, 2, c).

7. Weiterführende Literatur

Correll, W.: Lernpsychologie. Auer, Donauwörth, 1970[10].
Hehlmann, W.: Wörterbuch der Psychologie. Kröner, Stuttgart, 1962[2].
Hofstätter, P.-R.: Gruppendynamik. Rowohlt, 131.–148. Tsd., Hamburg, 1971.
Kainz, F.: Das Denken und die Sprache. In: Hdbch. d. Psychol. Bd. 1,2. Hogrefe, Göttingen, 1964, 566–617.
Kaminski, G.: Ordnungsstrukturen und Ordnungsprozesse. In: Hdbch. d. Psychol. Bd. 1,2. Hogrefe, Göttingen, 1964, 373–493.
Klausmeier, H.-J. und *Ripple, R.-E.:* Moderne Unterrichtspsychologie. Band 1: Lernen und menschliche Fähigkeiten. UTB 275. E. Reinhardt, München–Basel, 1973.
Rohracher, H.: Einführung in die Psychologie. Urban & Schwarzenberg, Wien–München–Berlin, 1971[10].
Roth, H.: Pädagogische Psychologie des Lehrens und Lernens. Schroedel, Hannover–Berlin–Darmstadt–Dortmund, 1973[14].

VI. Anlage und Umwelt

1. Begriff

a) Anlage

Unter dem Begriff der Anlage verstehen wir mit *Hehlmann* (1962, 20) angeborene Bereitschaften (Dispositionen). Dabei handelt es sich um Bereitschaften, die den physischen und den psychischen Bereich betreffen. Es kann sich also um Dispositionen zu wissenschaftlichen, künstlerischen oder anderen Leistungen handeln.

b) Umwelt

Unter Umwelt verstehen wir den Lebensraum, der ein Lebewesen umgibt. Dieser Lebensraum stellt zugleich den Daseinsrahmen und die äußeren Entwicklungsbedingungen eines Lebewesens dar (*Hehlmann* 1962, 555).

c) Anlage und Umwelt

Nach *Hofstätter* lassen sich Unterschiede zwischen Individuen auf zwei wesentliche Ursachen zurückführen. Es handelt sich einmal um Unterschiede der ererbten Anlagen und einmal um Unterschiede der umgebenden Umwelt.

Die Abschätzung der relativen Wertigkeit von Anlage und Umwelt ist nach *Hofstätter* (1977, 19) deshalb so wichtig, da die erzieherische, heilpädagogische und psychotherapeutische Arbeit davon wesentlich beeinflußt wird. Eine Überbetonung der Faktoren der Vererbung würde eine Beeinflussung durch die Umwelt erheblich einschränken.

Nach *Hofstätter* (1977, 19 f.) sind zu diesem Problem zwei wesentliche Standpunkte anzuführen:

(1) Der milieutheoretische Optimismus:

Hier wird ein wesentlicher Einfluß der Vererbung nur für anatomische und physiologische Merkmale angenommen. Das Verhalten wird weitgehend abhängig von der Umwelt gesehen. Hier wird dem Erziehen, dem Lernen, u. ä. ein großer Einfluß auf Verhaltensänderungen zugeschrieben. Dieser milieutheoretische Optimismus wird vor allem von Anhängern der Lerntheorien geteilt. Hier handelt es sich vor allem um die Anhänger von Reiz-Reaktionsmodellen. Ein spezielles Beispiel wären Vertreter des Klassischen Konditionierens wie zum Beispiel *J. B. Watson*. Es handelt sich hierbei um Vertreter des Behaviorismus. Hier stehen bedingte Reflexe und eben milieutheoretischer Optimismus im Mittelpunkt der Lehre.

(2) Der milieutheoretische Pessimismus:

Für ihn stehen die ererbten Anlagen im Mittelpunkt. Die Bedeutung der Umwelt als eine Möglichkeit der Einflußnahme auf das Verhalten wird als nicht wesentlich angesehen.

Durch die Formulierung dieser beiden einander entgegengesetzten Standpunkte, wird die Bedeutung von Anlage und Umwelt deutlich. Es wird daher jetzt nötig, die Frage zu prüfen, ob ein begründeter Zusammenhang zwischen Anlage und Umwelt besteht.

2. Begründung des Zusammenhanges von Anlage und Umwelt

a) Entwicklungspsychologischer Aspekt

Dabei bedeutet Entwicklung eine Entfaltung und Differenzierung individueller Vorgegebenheiten in der Begegnung mit den dafür bedeutsamen Faktoren der Außenwelt (*Th. Scharmann* 1972, 535). Es wird demnach ein Zusammenhang zwischen individuellen Vorgegebenheiten und den für diese bedeutsamen Faktoren der Außenwelt aufgezeigt.

In vergleichbarer Weise sieht *Thomae* (1972, 10) den Zusammenhang von Angelegtheiten und von entsprechenden Bedingungen in der Umwelt. Dabei handelt es sich um Reifungsvorgänge und um Lernvorgänge.

Hier wird nun eine spezielle Betrachtung von Anlage und Umwelt unter dem Aspekt der Reife von Interesse sein.

b) Aspekte der Reife

Thomae (1972, 9) weist auf die Bedeutung der Reife besonders für das Kindesalter hin. Gerade hier haben wir deutliche Hinweise auf endogen veranlaßte Funktionsreifungen.

Schraml (1964, 876 f.) weist darauf hin, daß sich die Beurteilung der sozialen Reife bei Jugendlichen (z. B. Eidesfähigkeit, Ehemündigkeit u. a.) auf den Vergleich mit ermittelten Leistungskriterien stützt. Leistungskriterien sind wesentlich durch Umwelteinflüsse bestimmt, während die soziale Reife wesentlich von der Anlage abhängt. So wird hier die Notwendigkeit einer zusammenhängenden Betrachtung von Anlage und Umwelt aufgezeigt.

c) Aspekt des Schicksals

Heinelt (1964, 772 f.) verweist auf *Szondi*, der unter dem Schicksal das Zusammentreffen endogener und exogener Faktoren versteht. Die individuelle Triebnatur steht beispielsweise der sozialen und mentalen Umwelt gegenüber. Dabei sind individuelle Triebe natürlich der Anlage zuzuschreiben.

3. Empirische Befunde zum Zusammenhang von Anlage und Umwelt

a) Zwillingsforschung

Man kann nun eineiige Zwillinge (EZ), die ja gleiche Anlage besitzen mit zweieiigen Zwillingen (ZZ) vergleichen, die einander nicht ähnlicher zu sein brauchen als Geschwister. Hier kann man vor allem die Wertigkeit der Anlage in ihrer Beziehung zur Umwelt messen.

Man kann nun eineiige Zwillinge trennen und die Umwelt möglichst verschieden gestalten (z. B. Adoptivkinder in verschiedenen Familien). Dabei tritt aber nach *Hofstätter* (1977, 22) das Problem der Bestimmung der »Verschiedenheit« der Umwelt auf. Eine weitere Möglichkeit besteht nun, in dem man die Umwelteinwirkung bei eineiigen Zwillingen experimentell variiert.

Correll (1970, 98 f.) verweist hier auf ein Experiment von *A. Gesell*. Der eine eineiige Zwilling wurde im Alter von 46 Wochen täglich 10 Minuten lang im Treppensteigen und im Spielen mit Holzklötzchen unterrichtet. Der andere Zwilling wurde nicht unterwiesen. Erst nach sechs Wochen wurde dieser Zwilling in gleicher Weise unterwiesen. Nach weiteren zwei Wochen waren die Leistungen beider Kinder sowohl im Treppensteigen als auch im Spielen mit Holzklötzchen gleich. Obwohl der erste Zwilling erheblich länger gelernt hatte (Umwelt) holte der andere Zwilling auf. Er hatte also inzwischen die nötige Reife (Anlage) für diese Fertigkeiten im motorischen Bereich bekommen. Der erste Zwilling wurde demzufolge in einem Stadium unterrichtet, wo die Reife noch nicht ganz vorhanden war. Dieser Versuch von *Gesell* läßt folgende wesentlichen Aspekte erkennen:

1. Die Bedeutung der Umwelt läßt sich durch den Lernerfolg nachweisen.
2. Die Bedeutung der Anlage wird durch die voranschreitende Reifung erkennbar.
3. Durch das Aufholen des Leistungsrückstandes wird die Bedeutung von Anlage (Reifung) und Umwelt (Lernen) erkennbar.
4. Nach *Gesell* geht Übung in das Wachstum ein. Die Übung übersteigt aber nicht die Reife (*Correll* 1970, 98).

Correll verweist in diesem Zusammenhang auf Versuche von *Strayer*, die im sprachlichen Bereich direkt vergleichbare Ergebnisse erbrachten. (*Correll* 1970, 98 f.).

b) Bedeutung angeborener Auslösemechanismen (AAM)

(1) Begriff:

Nach *Sinz* (1976, 40) löst, bei taktiler Reizung der Mundpartie durch die Brustwarze, ein angeborener Auslösemechanismus bei einem Säugling Saug- und Schluckbewegungen als Endhandlungen aus. Es handelt sich demnach um einen angeborenen Auslösemechanismus, der Informationen schnell verarbeitet und der die informativ aufgenommenen Merkmale auf ihre Verhaltensrelevanz filtert. Stimmt nun die gefilterte Information mit der manifest vorhandenen Information überein, so wird eine reizbezogene Verhaltensweise ausgelöst. Die manifeste Information entstammt dem Artgedächtnis und ist in einer neuronalen rezeptorischen Schaltung gespeichert (*Sinz* 1976, 40).

Für angeborene Auslösemechanismen haben nun sogenannte Schlüsselreize eine wesentliche Bedeutung. Nach *Hehlmann* (1962, 458) verstehen wir unter einem Schlüsselreiz einen signalartigen Reiz, der einen angeborenen Auslösemechanismus auslöst. Es ergibt sich demnach folgende Beziehung: Schlüsselreiz – Angeborener Auslösemechanismus (AAM) – Verhalten.

Dieser Zusammenhang wird an zwei Beispielen deutlich:

1. Schlüsselreiz : Eier im Nest des Vogels
   AAM : Auslösung des Beginns des Brütens
   Verhalten : Brüten
2. Schlüsselreiz : Warnruf des Artgenossen
   AAM : Auslösung des Beginns der Flucht
   Verhalten : Flucht

(nach *Hehlmann* 1962, 458)

(2) Angeborene Auslösemechanismen und ihre Bedeutung für tierisches Verhalten:

Wir können beobachten, daß ein Stichling auf den Zusammenhang »rote Bauchseite« mit Rivalenkampf antwortet. Wenn nur der tatsächliche Rivale diese Merkmale trägt und wenn der Stichling in seiner Einzelentwicklung diesen Rivalen nie gesehen hat, dann ist das Kampfverhalten phylogenetisch angelegt und vererbt. Es entspricht also der Anlage. Durch den Schlüsselreiz der roten Bauchseite wird über den AAM das Kampfverhalten ausgelöst. Die Folge davon ist das Verhalten »Kampf« (*Sinz* 1976, 43). Der letzte Beweis für das Vorhandensein des AAM ist der Versuch mit Attrappen. Tatsächlich gelingt es auch hier, das Kampfverhalten des Stichlings auszulösen.

In vergleichbarer Weise läßt sich das sogenannte »Sperren« gegen den Altvogel bei jungen Amseln nachweisen. Dieser Vorgang tritt jeweils auf, wenn sich der Altvogel dem Nest nähert. Dabei bildet die Größe des Kopfes im Verhältnis zur Größe des Rumpfes den Schlüsselreiz. In vergleichbarer Weise gelingt wiederum der Attrappenversuch (*Sinz* 1976, 43).

Folgende bedeutsamen Aspekte der AAM für das Verhalten von Tieren sind erkennbar:

1. AAM lösen biologisch zweckmäßiges und angepaßtes Verhalten bei Tieren aus.
2. Dabei entspricht der AAM der Anlage, die auf Grund der Stammesgeschichte entstanden ist.
3. Der Schlüsselreiz, der über den AAM das Verhalten auslöst, entspricht der Umwelt.
4. Der Zusammenhang von Schlüsselreiz und AAM und seine Bedeutung für das Verhalten sind wesentlich für die Betrachtung von Anlage und Umwelt.
5. AAM ermöglichen (nach *Sinz* 1976, 40 f.) artspezifische Erkennungsvorgänge von Reizmustern.
6. Dabei ist die Formkonstanz sogenannter auslösender Merkmale des Sexualpartners, des Freßfeindes oder des Beuteobjektes (nach *Sinz* 1976, 40 f.) sehr wichtig.
7. Durch die Tatsache, daß die Reizfilter der AAM auf die Formkonstanz auslösender Merkmale eingestellt sind (*Sinz* 1976, 41) wird durch die vorliegenden Forschungen ein wesentlicher Beitrag zum Problem von Anlage und Umwelt geleistet.

(3) Angeborene Auslösemechanismen und menschliches Verhalten:

Nach *Sinz* (1976, 54 ff,) sind AAM auch für menschliches Verhalten bedeutsam. *Sinz* verweist auf die bis ins Detail gehende Übereinstimmung des Ausdrucksverhaltens flirtender Samoanerinnen, Französinnen, Japanerinnen, Afrikanerinnen und südamerikanischen Indianerinnen. Die Zeitlupenaufnahmen ließen erkennen, daß das flirtende Mädchen die Person seines Interesses zunächst anlächelt, dann mit einer schnellen Bewegung die Augenbrauen hebt, wobei sich der Augenschlitz kurz erweitert. Nun hat der Mensch aber die Möglichkeit, sein Verhalten zu modifizieren. Das am Ausdrucksverfahren erkennbare Flirten wird sicher zunächst durch AAM eingeleitet. Es wird aber dann zu Modifikationen des Verhaltens durch die Sprache und andere bedeutsame Aspekte der menschlichen Kultur (Sitte, Bräuche, Riten, u. a.) kommen.

Bedeutsam ist hier eben die Tatsache, daß menschliches Verhalten dynamisch ist, wobei in dem vorliegenden Fall den AAM eben eine auslösende Funktion zukommt.

Ein weiteres wesentliches Beispiel wird von *Tinbergen* (1972, 199 f.) erwähnt. Hier erweisen sich AAM als wesentlich, für die Auslösung des menschlichen Pflegeverhaltens. Es handelt sich dabei um das sogenannte »Kindchen-Schema« (nach *Lorenz* 1943). *Tinbergen* (1972, 199 f.) verweist nun auf das Ergebnis der Studie von *Lorenz* (1943) und stellt fest, daß das »Kindchen-Schema« Schlüsselreize enthält, auf die der Entschluß zum elterlichen Pflegeverhalten folgt. Dabei ergibt sich folgende Beziehung:

1. Schlüsselreize : Kurzes Gesicht unter hoher Stirn – rundlich vorstehende Backen – relativ große Augen – runde Formen – kurze Finger – tolpatschige Bewegungen
2. AAM : Auslösung elterlichen Pflegeverhaltens
3. Verhalten : Elterliches Pflegeverhalten

Nach *Hofstätter* (1977, 52 f.) hat das »Kindchen-Schema« auch eine generelle Bedetung für menschliches Verhalten. Es löst beispielsweise Sympathieverhalten, Liebkosungen, Fürsorge, Beschützung u. ä. aus. Für die Richtigkeit dieser Schlußfolgerung führt *Tinbergen* (1972, 199 f.) folgende drei Belege an:

1. Die Puppen sind dem angeborenen Auslöseschema angepaßt.
2. Die Filmindustrie hat ein optimales Kleinkind entwickelt.
3. Schoßtiere (also kleine Tiere) werden auch Sympathieverhalten, Liebkosungen, Fürsorge, Beschützung u. ä. erfahren, da sie dem angeborenen Auslösemechanismus (*Hofstätter* 1977, 52 f.) entsprechen.

4. Bedeutung und Problematik der Betrachtungsweise von Anlage und Umwelt

a) Bedeutung von Anlage und Umwelt

(1) Die Betrachtung angeborener Auslösemechanismen (AAM) erbrachte wesentliche Zusammenhänge zwischen Anlage und Umwelt.

(2) Schlüsselreize (Umwelt) können über angeborene Auslösemechanismen (Anlage) Verhalten (als Folge des Zusammenwirkens von Anlage und Umwelt) auslösen.

(3) Die erwähnten Untersuchungen mit Zwillingen erbrachten ebenfalls den Nachweis eines Zusammenhanges im Sinne eines Zusammenwirkens von Anlage und Umwelt.

(4) Dabei wurde für die Anlage der wesentliche Aspekt der Reife deutlich.

(5) Für die Umwelt wurde der wichtige Aspekt des Lernens erkennbar.

(6) Es gelang der Nachweis, daß bei nahezu vorhandener Reife durch Lernen ein Leistungsvorsprung zu erreichen ist.

(7) Es gelang aber auch der Nachweis, daß dieser Vorgang bei vorhandener Reife (eineiiger Zwilling) sich wieder ausgleicht.

(8) Über die wesentlichen Aspekte der Reife und des Lernens gelang der Nachweis eines Zusammenwirkens von Anlage und Umwelt.

(9) Dieser Zusammenhang wird durch den wichtigen Aspekt der Lernreife (*Correll* 1970, 100 ff.) ausgedrückt. Die Lernreife bedeutet eben die Reife für neue Lerninhalte (z. B. das Erlernen des elementaren Rechnens, das Erlernen der Grundrechenarten, das Erlernen der Bruchrechnung u. a.).

(10) Dabei wirken Anlage und Umwelt immer zusammen. Denn jeder erlernte Aspekt kam ja durch ein Zusammenwirken von Lernreife und erneutem Lernen zustande.

(11) Bedeutsam ist nun für den Lehrenden die Kenntnis der jeweiligen Lernreife der Lernenden.

b) Problematik von Anlage und Umwelt

(1) Gerade die Feststellung der jeweiligen Lernreife ist von vielen Faktoren wie sprachliche Reife, angemessenem Erfahrungswissen, Präzision der Wahrnehmung, soziale und emotionale Anpassungsfähigkeit u. a. (*Correll* 1970, 100 f.) abhängig.

(2) Ferner ist die Intelligenz ein wesentlicher Faktor für die Lernreife. Sie ist aber ebenso wie die sprachliche Reife, ein angemessenes Erfahrungswissen u. a. von der Umwelt beeinflußbar. Man kann sein Erfahrungswissen durch Lernen vermehren und wird unter Berücksichtigung anderer Faktoren wie des einsichtigen Lernens von Zahlenreihen u. a. seine Intelligenz verändern.

(3) Ein weiteres Problem ist die Festlegung der Wertigkeit von Anlage und Umwelt, die bereits bei Zwillingsuntersuchungen bei verschiedenen Bereichen (z. B. Körpergröße, Intelligenz u. a.) verschieden ausgeprägt ist.

(4) Dieses Problem wird aber besonders deutlich, wenn man erwägt, daß die überwiegende Zahl der Menschen eben keine Zwillinge sind. Die Feststellung der Wertigkeit von Anlage und Umwelt ist deshalb ein schwieriges Problem, da die Versuchsgruppen mit eineiigen Zwillingen, die wirklich eine verschiedene Umwelt erlebten, schwer zu

bekommen sind. Ferner ist im Moment auch die Feststellung der Verschiedenheit der Umwelt noch schwierig.

(5) Zur Überwindung des Problems des allgemeinen Zusammenhanges von Anlage und Umwelt bietet sich der bereits erwähnte Gesichtspunkt der Lernreife (nach *Correll*) an.

(6) Die von *Correll* (1970, 101 ff.) erwähnten vier wesentlichen Aspekte (zur Lernreife), nämlich die physische Gesundheit, die emotionale Stabilität, die intellektuelle Entwicklung und die bisherige Lernerfahrung sind durch Beobachtung und standardisierte Untersuchungsverfahren feststellbar.

(7) Dabei ist es aber wichtig, sich der Bedeutung des Problems von Anlage und Umwelt bewußt zu bleiben. Für spezielle Forschungsvorhaben werden sich immer wieder Fragestellungen wie »AAM« oder Zwillingsuntersuchungen u.a. ergeben.

(8) Für die Allgemeine Psychologie wird das Anlage-Umwelt-Problem wichtig für bedeutsame allgemeine Bereiche wie Wahrnehmung, Lernen, Motivation, Aggression u. a.

(9) Unter dem Gesichtspunkt verschiedenartiger Theorienbildungen (z. B. Erklärung der Aggression von der Anlage oder Umwelt her) wird das Problem von Anlage und Umwelt immer bedeutsam sein.

5. Zusammenfassung

(1) Zur allgemeinen Feststellung der Wertigkeit von Anlage und Umwelt wurden die Standpunkte des milieutheoretischen Optimismus und des milieutheoretischen Pessimismus genannt. Geben Sie bitte die wesentlichen Aspekte dieser Standpunkte an (siehe B, VI, 1, c).

(2) Im Rahmen der Zwillingsforschung werden zu dem vorliegenden Problem eineiige Zwillinge zu Untersuchungen herangezogen. Begründen Sie bitte dieses Vorgehen (siehe B, VI, 3, a).

(3) Der Zusammenhang zwischen Schlüsselreiz, angeborenem Auslösemechanismus (AAM) und Verhalten wurde an Beispielen erläutert. Versuchen Sie bitte diesen Zusammenhang an einem Beispiel zu erläutern (siehe B, VI, 3, b).

(4) Es wurde erläutert, daß Attrappen für die Erforschung eines angeborenen Auslösemechanismus (AAM) bedeutsam sind. Erläu-

tern Sie bitte diese Bedeutung von Attrappen an Hand eines Tierversuches (siehe B, VI, 3, b).

(5) AAM haben wesentliche Bedeutung für das Verhalten von Tieren. Sie lösen beispielsweise biologisch zweckmäßiges und angepaßtes Verhalten bei Tieren aus. Geben Sie bitte drei weitere Aspekte an (siehe B, VI, 3, b).

(6) Ein Schlüsselreiz, der dem »Kindchen-Schema« zukommt, war das kurze Gesicht unter hoher Stirne. Geben Sie bitte hierzu noch vier weitere Aspekte an (siehe B, VI, 3, b).

(7) Geben Sie bitte an, welches menschliche Verhalten speziell durch das »Kindchen-Schema« ausgelöst wird (siehe B, VI, 3, b).

(8) Nun hat das »Kindchen-Schema« auch eine allgemeine Bedeutung für menschliches Verhalten. Es löst zum Beispiel Sympathie aus. Geben Sie bitte zwei weitere Aspekte hierzu an (siehe B, VI, 3, b).

(9) Um diese allgemeine Bedeutung des »Kindchen-Schemas« zu begründen wurden Belege angeführt. Ein solcher Beleg besteht in der Tatsache, daß die Puppen dem angeborenen Auslöseschema angepaßt sind. Geben Sie bitte zwei weitere Belege an (siehe B, VI, 3, b).

6. Weiterführende Literatur

Correll, W.: Lernpsychologie. Auer, Donauwörth, 1970[10].
Hehlmann, W.: Wörterbuch der Psychologie. Kröner, Stuttgart, 1962[2].
Heinelt, G.: Bildwahlverfahren. In: Hdbch. d. Psychol. Bd. 6. Hogrefe, Göttingen, 1964, 770–799.
Hofstätter, P.-R.: Psychologie. Fischer Lexikon Nr. 6. Fischer, Frankfurt a. M., 607–621. Tsd., 1977.
Scharmann, Th.: Die individuelle Entwicklung in der sozialen Wirklichkeit. In: Hdbch. d. Psychol. Bd. 3. Hogrefe, Göttingen, 1972[2], 535–585.
Schraml, W.: Das psychodiagnostische Gespräch (Exploration und Anamnese). In: Hdbch. d. Psychol. Bd. 6. Hogrefe, Göttingen, 1964, 868–901.
Sinz, R.: Lernen und Gedächtnis. UTB 358. Fischer, Stuttgart 1976[2].
Thomae, H.: Entwicklungsbegriff und Entwicklungstheorie. In: Hdbch. d. Psychol. Bd. 3. Hogrefe, Göttingen, 1972[2], 3–21.
Tinbergen, N.: Instinktlehre, Parey, Berlin–Hamburg, 1972[5].

VII. Prägung

1. Begriff

In einer sensiblen Phase kann ein spezifisch erregter Auslösemechanismus auf spezifische Merkmale (Schlüsselreize) ansprechen. Die Folgen dieser Prägung sind gleichbleibende Verhaltensweisen (z. B. das Nachlaufen von Jungvögeln hinter der Mutter). Die Folge einer solchen Prägung ist ein Verhalten, das irreversibel ist (*Sinz* 1976, 94).

Thomae (1972, 241) verweist auf *Lorenz*, für den Prägung ein einmaliger, irreversibler Vorgang ist, der im Leben von Individuen sehr frühzeitig stattfindet.

Folgende wesentliche Aspekte kennzeichnen den Begriff der Prägung:

1. Eine sensible Phase (z.B. kurz nach der Geburt).
2. Spezifisch auslösende Merkmale (Schlüsselreize).
3. Irreversibilität bzw. Löschungsresistenz des einmal geprägten Verhaltens.
4. Prägung ist demnach ein einmaliger Vorgang (nach *Sinz* 1976, 94 und *Thomae* 1972, 241).

2. Bedeutung der Prägung für das Verhalten von Tieren

a) *Vorgang der Objektprägung*

Nach dem Ausschlüpfen erblicken die jungen Vögel üblicherweise in erster Linie ihre Vogelmutter. Nun wurde beobachtet, daß größere bewegliche Objekte kurz nach dem Ausschlüpfen Folgereaktionen auslösen (*Sinz* 1976, 95). Diese Folgereaktionen sind besonders bei Gänsen, Enten und Dohlen zu beobachten (*Hofstätter* 1977, 250).

Die Folgereaktionen bestehen im »Hinter-der-Mutter-Herlaufen«. Dieses »Hinter-der-Mutter-Herlaufen« ist nun bei diesen Jungvögeln festgelegt. Es handelt sich demnach um eine Objektprägung. Nun stellte man durch Beobachtung neben der Nachfolgereaktion noch zwei wesentliche Aspekte fest. Die Objektprägung gelingt nur in einer bestimmten Zeit nach der Geburt. Die Objektprägung ist auch in bezug auf andere Lebewesen möglich. *Lorenz* beobachtete beispielsweise, daß ihm junge Gänschen kurz nach dem Schlüpfen folgten, die ihn als ersten erblickt hatten.

Durch Beobachtung sind demnach drei wesentliche Aspekte bei der Objektprägung festzustellen:

1. Die Folgereaktion (»Hinter-der-Mutter-Herlaufen«).
2. Objektprägung ist auch gegenüber anderen Lebewesen möglich.

3. Objektprägung ist nur in einer bestimmten Zeit nach dem Ausschlüpfen möglich (z. B. bei den Gänschen am ersten Tag).

b) Versuche zur Objektprägung mit Attrappen

Die Objektprägung in der natürlichen Umwelt erfolgt durch Reize, die von den Artgenossen oder sonstigen bedeutsamen Objekten ausgehen (*Nickel* 1973, 66). Nun ist natürlich die Tatsache von Interesse, ob eine experimentelle Prägung (*Nickel* 1973, 66) leicht gelingt. Dabei bieten sich Versuche mit Attrappen an.

Sinz verweist auf Versuche, die E. *Hess* mit Entenküken durchführte (*Sinz* 1976, 96 ff.). Dabei wurden die kleinen Stockenten von *Hess* (1959) mit einer Apparatur experimentell geprägt. Die Versuche wurden von der ersten bis zur 35. Stunde nach dem Schlüpfen durchgeführt. Dabei erwies sich der Zeitraum zwischen der neuten und der 17. Stunde als optimal.

Die Apparatur erlaubte es dem kleinen Entlein einen Rundgang zu machen. Dabei folgte es einer Stockerpel-Attrappe. Diese Attrappe sandte über ein eingebautes Mikrophon Lockrufe aus und wurde wie ein Reitschultier im Innenkreis herumbewegt. Außen herum verlief der Weg, den das Entenküken benutzte (*Sinz* 1976, 96 ff.).

Nach Abschluß dieser experimentellen Prägungsphase wurde das Entenküken in eine dunkle Schachtel gebracht, damit es nun nicht von anderen äußeren Einflüssen beeinflußt wurde.

Nach angemessener Zeit wurde nun das Entenküken wieder in die Apparatur gebracht. Dort konnte es jetzt zwischen einer Stockerpel-Attrappe und zwischen einer Stockenten-Attrappe wählen. Die Stockerpel-Attrappe sandte den bekannten Lockruf »go, go, go . . .« aus, während die Stockenten-Attrappe den natürlichen Lockruf einer Entenmutter aussandte. Erwartungsgemäß folgte das Entenküken der Attrappe des Stockerpels und nicht der Attrappe der Stockente. Damit war bewiesen, daß eine Prägung experimenteller Art stattgefunden hatte. Das Entenküken folgte sogar auch dann der Attrappe der Stockente nicht, wenn diese bewegt wurde und wenn die Attrappe des Stockerpels, auf die es geprägt worden war, sich nicht bewegte.

Aus diesem bedeutsamen Versuch lassen sich folgende wesentliche Aspekte ableiten:

(1) Die kleine Ente wird nach dem Schlüpfen von allen Außenreizen ferngehalten (dunkle Kiste). Damit ist nur die experimentelle Prägung möglich.

(2) Das Entenküken erfährt die Prägung auf die Attrappe des Enten-Vaters und zwar auf experimentelle Weise. Damit wird dann der Vergleich des Verhaltens zur Enten-Mutter möglich.

(3) Die Tatsache, daß das Entenküken nach erfolgter Prägung der Attrappe des Enten-Vaters nachläuft, obwohl jetzt auch die Attrappe der Enten-Mutter mit natürlichem Lockruf geboten wird, beweist eindeutig die Wirkung der erfolgten Prägung.

(4) Wenn man nun die Attrappe des Enten-Vaters stillstehen läßt und wenn man nur die Attrappe der Enten-Mutter bewegt, so bleibt das Entenküken bei der Attrappe des Enten-Vaters und folgt der Enten-Mutter nicht. Hier folgt unter Hinzunahme dieser Versuchsbedingung eine weitere Bestätigung der erfolgten Prägung.

(5) Damit ist die experimentelle Prägung eindeutig bewiesen. Es wird auch durch das Verweilen des Entenkükens bei dem Enten-Vater die Bedeutung der Prägung für das Verhalten des Jungtieres in neuen Situationen aufgezeigt (*Sinz* 1976, 98).

c) *Motorische Prägung*

(1) Begriff:

Junge Vögel werden in einer sensiblen Phase durch das Hören von Gesängen geprägt. Die jungen Vögel werden durch die Art des Gesanges und durch seinen Inhalt in wesentlicher Weise geprägt. Wir sprechen mit *Sinz* (1976, 100 f.) von einer motorischen Prägung.

(2) Untersuchung 1:

Sinz (1976, 101) verweist auf die Untersuchung von *O. Heinroth*. Hier waren junge Nachtigallen (12 Tage alt) mit Schwarzplättchen in einem Raume zusammen. Die jungen Nachtigallen beherrschten nur den Bettellaut. Sie hatten Gelegenheit, dem Gesang der Schwarzplättchen eine Woche zuzuhören. Als die Nachtigallen im folgenden Jahr zu singen begannen, sangen sie wie Schwarzplättchen (*Sinz* 1976, 101). Diese Tatsache wurde durch die Tonbandaufnahmen eindeutig bewiesen. Demnach hatte eine motorische Prägung stattgefunden.

(3) Untersuchung 2:

Werden junge Zebrafinken-Männchen von japanischen Mövchen aufgezogen, so hören die Zebrafinken-Männchen den Gesang des Stiefvaters noch bevor sie selber singen können.

Prägung 125

Wenn ein Zebrafinken-Männchen nach etwa 35 Tagen nur noch den Gesang von Artgenossen hört, so singt es doch wie ein Mövchen. Der genaue Nachweis ist durch ein Klangspektogramm möglich (*Sinz* 1976, 101), Auch hier gelang der Nachweis einer motorischen Prägung in einer frühen, sensiblen Phase der jungen Zebrafinken-Männchen.

Sinz (1976, 101) verweist auf *Immelmann*, der nun sogar bei den üblicherweise stummen Weibchen der Zebrafinken die motorische Prägung nachweisen konnte. Durch Zugabe von männlichen Geschlechtshormonen konnten auch die erwachsenen Weibchen singen. Auch sie sangen wie Mövchen und reproduzierten damit, was sie in der frühen sensiblen Phase ebenfalls gehört hatten.

(4) Bedeutung der motorischen Prägung:
Es gelang der Nachweis der Bedeutung der Prägung für erstaunliche Gedächtnisleistungen bei Singvögeln wie Nachtigallen und Zebrafinken. Dabei hat die motorische Prägung auch eine sehr wichtige Bedeutung für die Art des Singens.

d) Prägung im ökologischen und im sozialen Bereich

(1) Untersuchungen zur Prägung im ökologischen Bereich:
Zuerst wird die Untersuchung von *Burghardt* sich mit der Nahrungsprägung befassen. Junge Schnappschildkröten wurden zuerst mit Fleisch, dann mit Fisch oder Würmern gefüttert. Die Vorliebe für die zuerst bekomme Art der Nahrung blieb im Sinne einer Nahrungsprägung erhalten (nach *Sinz* 1976, 102).

Sinz verweist (nach *Sinz* 1976, 102) auf die Untersuchung von *Hasler*, wobei junge Lachse, die gekennzeichnet worden waren, von den Laichplätzen ihrer Jugendzeit weit weg gebracht wurden. Die Tiere kehrten sicher zu diesen Plätzen zurück und ließen damit eine Orts- und Heimatprägung erkennen (*Sinz* 1976, 102). Dabei ist von Interesse, daß die jungen Lachse auf den Geruch ihres Heimatgewässers geprägt wurden (*Sinz* 1976, 102).

(2) Untersuchung zur Prägung im sozialen Bereich:
Sinz verweist auf die Untersuchung von *Immelmann*, die dieser mit australischen Zebrafinken durchführte. Er beobachtete, daß es bei den Zebrafinken mehr aggressive als nicht-aggressive Männchen gab. *Immelmann* führte nun Austauschexperimente durch. Dabei wurden junge Männchen, die friedliche Eltern hatten, solchen Eltern zur Aufzucht gegeben, die aggressiv waren.

Durch die Prägung des sozialen Verhaltens in der frühen sensiblen Phase wurden nun auch diese Männchen der Zebrafinken aggressiv. Dagegen blieben die Männchen, die bei den friedlichen Eltern verblieben waren, weniger aggressiv.

Durch diese Untersuchung wird deutlich, daß das aggressive Verhalten der jungen Zebrafinkenmännchen nicht angeboren war. Es entstand durch Prägung in der Zeit nach dem Schlüpfen (*Sinz* 1976, 103).

(3) Bedeutung der Prägung im ökologischen und im sozialen Bereich:

Es gelang sowohl der Nachweis der Nahrungs- wie der Orts- und Heimatprägung. Dabei ist besonders die Orts- und Heimatprägung bei Lachsen so wichtig, da sie nach Jahren die richtigen Laichplätze wieder auffinden müssen.

Bei australischen Zebrafinken gelang der wichtige Nachweis, daß aggressives Verhalten nicht angeboren war, sondern durch Prägung entstand. Aus dieser Sicht wird das Verhalten der Eltern der Zebrafinken sehr bedeutsam. Hängt doch davon das Verhalten der jungen Zebrafinken wesentlich ab. Dieses Forschungsergebnis ist sehr bedeutsam und wird auch als wichtiger Beitrag zur Aggressionsforschung zu werten sein.

3. Prägung und menschliches Verhalten

a) *Experimentelle Arbeiten zur frühkindlichen Prägung*

Ausgangspunkt war für diese Untersuchungen die Tatsache, daß für Säuglinge und Kleinkinder eine feste Bindung an eine Vertrauensperson sehr wichtig ist (*Sinz* 1976, 106). Diese Vertrauensperson ist in der Regel die Mutter.

(1) Untersuchung 1:

Thomae (1972, 262 f.) verweist auf die Studie von *R. Spitz*. 34 Säuglinge wurden in den ersten sechs Monaten von ihrer Mutter sehr gut versorgt. Danach wurden die Kinder von Pflegerinnen versorgt. Den kleinen Kindern kam dabei nur das unbedingt notwendige Maß an Zuwendung zu.

Die Folgen waren Weinerlichkeit, körperlicher Entwicklungsrückstand und schwere Depression (anaklitische Depression).

Wurde nach drei bis vier Monaten dieser Zustand der Frustration beendet, so normalisierte sich die Entwicklung der Kinder wieder.

Dauerte der frustrierende Zustand aber an, so wurde die Entwicklungshemmung irreversibel.

(2) Untersuchung 2:

Hier geht es um den von *R. Spitz* so bezeichneten »Hospitalismus«. Es handelt sich um eine ausgeprägte Form der Frustration. Wegen der Überlastung des Pflegepersonals waren in dem Kinderheim außer der körperlichen Pflege keine sozialen Kontakte mehr möglich. Die Folgen waren Passivität und ein Entwicklungsrückstand von zwei bis drei Jahren (zum Ende des vierten Lebensjahres). Bei einer Kontrollgruppe in einem anderen Kinderheim konnten die Kinder von ihren Müttern versorgt werden. Dort verlief die Entwicklung normal (*Thomae* 1972, 263).

b) Bedeutung der frühkindlichen Prägung

(1) Die Untersuchungen zeigen, daß in der sensiblen Phase des ersten Lebensjahres (im besonderen) eine feste Bindung an die Mutter nötig ist.

(2) Ist diese feste Bindung zeitweise nicht vorhanden, so sind schwere Verhaltensstörungen und Entwicklungshemmungen die Folge.

(3) Nach spätestens vier Monaten muß die fehlende Bindung überwunden werden. Fehlt die Mutterbindung weiter, so wird die Entwicklungshemmung irreversibel.

(4) Diese Ergebnisse zeigen, daß frühkindliche Prägungen die menschliche Persönlichkeit nicht endgültig beeinflussen müssen.

(5) Gegebene Prägungen müssen nicht unverändert erhalten bleiben (*Thomae* 1972, 264).

(6) Diese wesentliche Feststellung besagt, daß auch im Bereich der Prägung Modifikationen menschlichen Verhaltens möglich sind.

c) Prägung in der Familie

Thomae (1972, 266 ff.) verweist auf die Untersuchung von *H. Hetzer*, wobei nun die Gepflegtheit / Ungepflegtheit des Kindes mit wesentlichen Aspekten des sprachlichen Entwicklungsstandes beispielsweise verglichen wird. Dabei wird nun die Gepflegtheit bzw. Ungepflegtheit prägend wirken. Der sprachliche Entwicklungsstand wird also durch die Gepflegtheit bzw. Ungepflegtheit in entscheidender Weise beeinflußbar.

Die Untersuchung erbrachte folgende wesentliche Ergebnisse:

1. Gepflegte Kinder verfügten im Alter von einem Jahr über 7 Worte. Ungepflegte Kinder verfügten noch über kein einziges Wort.
2. Im Alter von einem Jahr und sechs Monaten verfügten die gepflegten Kinder über 49 Worte, die ungepflegten über 4 Worte.
3. Im Alter von zwei Jahren verfügten die gepflegten Kinder über 216 Worte, die ungepflegten Kinder über 27 Worte.
4. Im Alter von acht bis elf Monaten gebrauchten gepflegte Kinder zu 65 % sinnvolle Worte, bei den ungepflegten Kindern war diese Art des Wortgebrauches noch nicht festzustellen.
5. Im Alter von zwölf bis vierzehn Monaten gebrauchten gepflegte Kinder zu 91 % sinnvolle Worte, ungepflegte Kinder zu 40 %.
6. Im Alter von achtzehn bis vierundzwanzig Monaten gebrauchten sowohl gepflegte als auch ungepflegte Kinder zu 100 % sinnvolle Worte (*Thomae* 1972, 267).

Bedeutung dieser Untersuchung:

1. Besonders in der sensiblen Phase des ersten Lebensjahres ist der prägende Einfluß (Gepflegtheit / Ungepflegtheit) auf die Lernvorgänge (sprachliches Lernen) des kleinen Kindes wichtig.
2. Dieses Ergebnis stimmt mit den Befunden von *R. Spitz* über die Notwendikeit der festen Mutterbindung gerade in dieser Zeit überein.
3. Die These von *H. Thomae*, daß gegebene frühkindliche Prägungen die menschliche Persönlichkeit nicht endgültig beeinflussen müssen, wird ebenfalls bestätigt. Das Gebrauchen von sinnvollen Worten gelingt den Kindern, die als ungepflegt bezeichnet wurden, bereits mit zwei Jahren ebenso gut wie den gepflegten Kindern.
4. Auch der quantitative Wortschatz wird bei den ungepflegten Kindern zu erweitern sein. Die Möglichkeit der Modifikation menschlichen Verhaltens ist hierbei ebenfalls gegeben.

4. Zusammenfassung

(1) Wir erinnern uns an den Vorgang der Objektprägung bei Tieren. Ein wesentlicher Aspekt bestand in dem »Hinter-der-Mutter-Herlaufen«. Geben Sie bitte einen weiteren wesentlichen Aspekt der Objektprägung bei Tieren (Gänsen, Enten, Dohlen u. a.) an (siehe B, VII, 2, a).

(2) Es war nun auch eine Objektprägung mit Hilfe von Attrappen möglich. Erinnern Sie sich bitte an den Versuch von *E. Hess* mit den Entenküken (siehe B, VII, 2, b).

(3) Geben Sie bitte an, wie *E. Hess* in seinem Versuch mit den Entenküken den Tatbestand der Objektprägung nachgewiesen hat (siehe B, VII, 2, b).

(4) Wir erinnern uns an die Bedeutung der motorischen Prägung. Geben Sie bitte eine Untersuchung zur motorischen Prägung an (siehe B, VII, 2, c).

(5) Versuchen Sie bitte anzugeben, wie *Immelmann* am Beispiel der Zebrafinken die motorische Prägung nachweisen konnte (siehe B, VII, 2, c).

(6) Wenn Ihnen noch ein Beispiel einer ökologischen oder einer sozialen Prägung bei Tieren einfällt, geben Sie es bitte an (siehe B, VII, 2, d).

(7) Wir erinnern uns an die Bedeutung der frühkindlichen Prägung beim Menschen. Versuchen Sie bitte die Bedeutung der frühkindlichen Prägung für die menschliche Persönlichkeit anzugeben (siehe B, VII, 3, b).

(8) Begründen Sie bitte mit Hilfe von Forschungsbefunden, warum geprägtes menschliches Verhalten beeinflußbar ist (siehe B, VII, 3, c).

5. Weiterführende Literatur

Hofstätter, P.-R.: Psychologie. Fischer Lexikon Nr. 6. Fischer, Frankfurt a. M., 607.–621. Tsd., 1977.
Nickel, H.: Entwicklungspsychologie des Kindes- und Jugendalters. Bd. 1. Huber, Bern–Stuttgart–Wien, 1973².
Sinz, R.: Lernen und Gedächtnis. UTB 358. Fischer, Stuttgart 1976².
Thomae, H.: Entwicklung und Prägung. In: Hdbch. d. Psychol. Bd. 3. Hogrefe, Göttingen, 1972², 240–312.

VIII. Kommunikation

1. Begriff

Der Begriff der Kommunikation ist durch folgende wesentliche Aspekte zu kennzeichnen:

(1) Kommunikation bedeutet in der Regel einen Austausch von Information zwischen zwei oder mehreren Partnern. Diese Tatsache wird (nach *Graumann* 1972, 1117) auch als Interaktion bezeichnet.

(2) Diese Gleichsetzung von Kommunikation und Interaktion wird folgendermaßen begründet: »Damit aber, daß das Wort Interaktion unabhängig vom Inhalt oder Prozeß der Übermittlung auf die bloße Tatsache hinweisen (kann), daß eine Person mit einer anderen kommuniziert hat«, setzt *Homans* Interaktion dem heutigen Begriff der Kommunikation gleich, der verbale und nichtverbale Formen umfaßt; ähnlich *Bales* (1955) und *Hare* (1960) (nach *Graumann* 1972, 1117 f.).

(3) *Graumann* (1972, 1119) verweist auf *Stevens* (1950), der Kommunikation einer Unterscheidungsreaktion gleichsetzt. Im Sinne der behavioristischen Verhaltensanalyse ist diese Definition und damit begriffliche Gleichsetzung etwas weit gefaßt (*Graumann* 1972, 1119). Wesentlich ist hier aber auf jeden Fall der Aspekt der Diskrimination (Unterscheidungsfähigkeit). Wenn man mit mehreren Menschen (Partnern) Informationen austauscht, so sollten die Informationen von den jeweiligen Partnern unterscheidbar (diskriminierbar) sein.

(4) *Maletzke* (1972, 1512) weist auf den wichtigen Gesichtspunkt der Bedeutungsvermittlung hin. In diesem Zusammenhang ist das Verhältnis von Kommunikation und Sprache wichtig. Dabei ist Sprache immer Kommunikation. Es gibt aber auch nichtverbale Formen der Kommunikation (*Maletzke* 1972, 1512).

(5) Nach *Maletzke* (1972, 1512 f.) werden noch drei wesentliche Arten der Kommunikation der begrifflichen Analyse unterzogen. Zunächst handelt es sich um die direkte gegenüber der indirekten Kommunikation. Dabei findet die direkte Kommunikation von Angesicht zu Angesicht statt. Wesentliche Formen der indirekten oder mittelbaren Kommunikation sind die Schrift, das gedruckte Wort, der Film, die Schallplatte, das Fernsehen, u. a.

Es handelt sich ferner um die gegenseitige oder einseitige Kommunikation. Ein Beispiel für die gegenseitige Kommunikation ist das Gespräch. Bei der einseitigen Kommunikation ist der eine Partner ein ständig Aussagender und der andere Partner ein ständig Aufnehmender. Beispiele dafür sind ein Vortrag, eine Vorlesung, die Aufnahme von Informationen durch die Massenmedien. Schließlich handelt es sich um private oder öffentliche Kommunikation. Bei der privaten Kommunikation ist die Übermittlung der Information an eine bestimmte Person oder mehrere eindeutig bezeichnete Personen gerichtet. Öffentliche Kommunikation richtet sich an jeden, der den Willen hat, sich der Aussage zuzuwenden (*Maletzke* 1972, 1512 f.).

2. Modelle zur Kommunikation

a) *Kommunikationsmodell nach Shannon und Weaver*

Das vorliegende Modell in Abb. 24 stellt die lineare Übermittlung von Informationen dar. Bei diesem Modell ist nun die technische Übertragung der Information bedeutsam. Dabei ist natürlich die Genauigkeit der Informationsübermittlung vom Sender zum Empfänger wichtig.

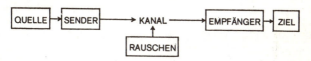

Abb. 24: Kommunikationsmodell nach *Shannon* und *Weaver* (1949) (nach *Graumann* 1972, 1155)

Da es bei der Übertragung von Signalen immer wieder zu unerwarteten Hinzufügungen kommt, sprechen wir in diesem Zusammenhang von einem Rauschen (*Graumann* 1972, 1156). Das Modell von *Shannon* und *Weaver* ist sehr wichtig für die Informationstheorie (siehe B, VIII, 3).

b) *Modell der Kommunikationseinheit nach Osgood*

Osgood geht nun von dem Modell nach *Shannon* aus. Im Mittelpunkt des Modells von *Osgood* steht nun der Mensch als Kommunikationseinheit. Dabei werden Aspekte wie Quelle, Sender, Empfänger, Ziel u. a. ebenfalls verwendet und sind in diesem Zusammenhang sehr bedeutsam. Wichtig ist nun der Aspekt der Dekodierung bzw. der Kodierung.

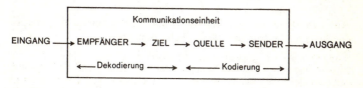

Abb. 25: Der Mensch als Kommunikationseinheit (nach *Osgood* 1965, 2; nach *Graumann* 1972, 1166)

Die vorliegende Kommunikationseinheit zeigt nun den Eingang von Information über den Empfänger zum Ziel. Hier ist der Vorgang der Dekodierung wichtig. Über den Sender, von der Quelle ausgehend, ist nun die Übermittlung von Information möglich. Dabei handelt es sich hierbei (siehe Abb. 25) um eine individuelle Kommunikationseinheit. Für eine Kommunikation im sozialen Bereich ist zumindest eine Quelleneinheit und eine Zieleinheit erforderlich (*Graumann* 1972, 1166).

Die angegebene Kommunikationseinheit (siehe Abb. 25) kann nun psychologisch folgendermaßen erläutert werden: Dem »Eingang« entsprechen »Reize«; dem »Empfänger« entspricht »Rezeption und Wahrnehmung«; »Ziel und Quelle« entsprechen »Kognition (Bedeutung, Einstellung u. ä.)«; dem »Sender« entspricht »motorische Organisation und Abfolge«; dem »Ausgang« entspricht die »Reaktion« (nach *Graumann* 1972, 1166).

c) Das A-B-X-Modell nach Newcomb

Das A-B-X-Modell nach *Newcomb* kann nun ebenfalls einen wesentlichen Beitrag zu einer Theorie der Kommunikation leisten. Es handelt sich dabei um die Übermittlung einer Nachricht von A über X an B. Dabei tritt A mit B in eine sogenannte Ko-Orientierung ein. Diese Zusammenhänge werden aus der Abbildung 26 ersichtlich:

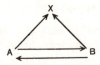

Abb. 26: Schematische Darstellung des minimalen A-B-X-Systems (nach *Newcomb* 1953, 394; nach *Graumann* 1972, 1176)

Aus dem A-B-X-Modell nach *Newcomb* ergeben sich für eine Theorie der Kommunikation drei wesentliche Aspekte:

1. Die Orientierung gegenüber Umweltobjekten ist für Menschen notwendig.
2. Dabei kann man sich gleichzeitig an der Orientierung anderer gegenüber diesen Objekten orientieren.
3. Die Orientierung von A über X wird nun durch die Ko-Orientierung mit B im Sinne weiterer Informationen bestätigt, erweitert oder auch verändert (nach *Graumann* 1972, 1176).

3. Informationstheorie – Kommunikationstheorie

a) Begriff

(1) Nach *Hofstätter* (1977, 182) sind zu treffende Entscheidungen mit einem Ausmaß an Ungewißheit belastet. Das Äquivalent dafür ist die Größe der Information, die für eine sichere Entscheidung erforderlich wäre.

(2) *C. E. Shannon* (1948) hat nun den einer Meldung entsprechenden Informationsbetrag mit »H« bezeichnet.

(3) Er kommt zu einer Theorie der Information, die er auch als Kommunikationstheorie bezeichnet (*Hofstätter* 1977, 182).

(4) Diese Theorie der Kommunikation ist deshalb so bedeutsam, da sich alle menschlichen Akte als Enscheidungen angesichts von Ungewißheit auffassen lassen (*Hofstätter* 1977, 182).

b) Wesentliche Inhalte der Kommunikationstheorie

(1) Informationsgehalt:

C. E. Shannon hat nun den Informationsbetrag »H« der Messung zugänglich gemacht. Dabei ist die Größe »H« zunächst in Abhängigkeit von der Anzahl »N« der zur Verfügung stehenden Alternativen zu sehen. Ferner ist noch die Wahrscheinlichkeit (p_i) der einzelnen Alternativen zu beachten (*Hofstätter* 1977, 182). Gilt es zum Beispiel eine Seite einer Münze sicher zu bestimmen, so sieht man sich zwei Möglichkeiten der Entscheidungen (N = 2) gegenüber. Es kann sich nämlich um die Seite mit der »Zahl« und um die Seite mit dem »Adler« handeln. Um dieses festzustellen, genügt eine Frage: Handelt es sich um die Zahl? Damit steht nun durch die Antwort »ja« fest, daß es sich um die Zahl handelt. Die Antwort »nein« ergibt natürlich die Information »Adler«, die vorher festgelegt worden war.

Shannon spricht nun in diesem Falle (eine Frage, die zur richtigen Information führt) von der Notwendigkeit einer Informationseinheit (*Hofstätter* 1977, 182 f.).

In diesem Beispiel handelt es sich um zwei Möglichkeiten der Entscheidung, also N = 2. Die Wahrscheinlichkeit der beiden Alternativen (p_i) ist gleich.

Nach *Herrmann* (1964, 645) gilt nun folgende Beziehung bei gleichwahrscheinlichen Alternativen:

$$2 H_1 = N \quad \text{(Gleichung 1)}$$
$$H_1 = \text{ld } N \quad \text{(Gleichung 2)}$$

Nun gibt *Shannon* den H-Werten die Einheit »bit« (von binary digit) als Bezeichnung. Der gleichwahrscheinlichen Alternativenzahl 2 entspricht nun 1 bit. Die obige Gleichung (2) ergibt dann $H_1 = 1$ bit.

(2) Bedeutung der informationstheoretischen Analyse des Sprechens und des Sprachverständnisses:

Hofstätter (1977, 185 f.) verweist auf die Analyse von *G. A. Miller* (1951). Ein wesentlicher Aspekt dieser Analyse ist die Tatsache, daß ein Sprecher des Englischen 39 verschiedene Sprachlaute (Phoneme) in einem Durchschnittstempo von 12,5 Lauten pro Sekunde verwendet. Nun erzeugt der Sprecher Informationen, die der Hörer übernimmt. Es handelt sich dabei um $H = 12,5 \log_2 39$ bit = 66 bit. Dabei gilt für die Umrechnung der Logarithmen folgende Beziehung: $\log_2 N = 3,322 \times \log_{10} N$ (*Hofstätter* 1977, 183).

Bedeutsam ist nun die Tatsache, daß das Lesen der Wörter eines griechischen Textes von einem Anfänger etwa in dem Tempo von 9 bit pro Sekunde erfolgt. Wenn man die Tatsache berücksichtigt, daß das theoretische Maximum bei 66 bit pro Sekunde liegt, so ist diese Messung sehr bedeutsam (*Hofstätter* 1977, 185).

Neben der Analyse des Sprechens ist nun auch die Analyse des Sprachverständnisses wichtig. Eine Leistung von 33 bit pro Sekunde steht dem Maximum von 66 bit pro Sekunde beispielsweise gegenüber.

Für die Analyse des Sprachverständnisses ist nun der Begriff der Redundanz wichtig. Redundanz wird nach *Herrmann* (1964, 646) folgendermaßen definiert:

$$\text{Redundanz (C)} = 100 \times \left(1 - \frac{H_1 \text{ (emp.)}}{H_1 \text{ (max.)}}\right) \%;$$

in unserem Beispiel ist die

$$\text{Redundanz} = 100 \left(1 - \frac{33}{66}\right) \% = 50 \%.$$

Dabei ist H_1 (emp.) der tatsächliche Informationsgehalt, H_1 (max.) ist der maximal mögliche Informationsgehalt. Nun ist die Informationsausnutzung der sogenannte Gegenprozentsatz der Redundanz. In dem vorliegenden Beispiel ist die Vorgabe der Information und die Ausnutzung der Information gleich (50 %).

Nun ist die genaue Messung der Redundanz deshalb wichtig, da eine hohe Redundanz (also die Vorgabe von mehr Information als unbedingt nötig wäre) die Intention hat, das Verständnis zu sichern, Mißverständnisse auszuschalten und das Behalten zu erleichtern (*Hofstätter* 1977, 185 f.).

(3) Einkanalige und mehrkanalige Kommunikation:

Das Kommunikationsmodell von *Shannon* und *Weaver* enthielt den Kanal als Übermittler der Information zwischen Sender und Empfänger (siehe Abb. 24). Bei der einkanaligen Kommunikation werden die Informationen zum Beispiel im auditiven Kanal übermittelt. Der Empfänger kann diese Informationen dann hören.

Bei der mehrkanaligen Kommunikation kann der Empfänger zum Beispiel über den auditiven Kanal hören und über den visuellen Kanal sehen. Solche Arten der Information können nun einseitig sein. Es ist aber auch die Möglichkeit der zweiseitigen Information gegeben (z. B. Telefon u. a.). So sind Kommunikationsmodelle nicht nur für die Kommunikationstheorie wichtig. Sie sind beispielsweise für die Wahrnehmung im visuellen, optischen, taktilen Bereich u. a. wichtig.

4. Wesentliche Aspekte der Kommunikation

a) *Sprache und Kommunikation*

(1) Sprache als Kommunikationsmittel:

Neben der informationstheoretischen Analyse des Sprechens und des Sprachverständnisses (siehe B, VIII, 3, b) ist die Sprache auch allgemein als Mittel der Kommunikation zu betrachten. Hier ist die Sprachtheorie von *K. Bühler* im Sinne des Organon-Modells wichtig. *Bühler* stellt nun drei sematische Funktionen des (sprachlichen) Zeichens heraus *(Graumann* 1972, 1197):

1. Durch die Ausdrucksfunktion ist das Zeichen Symptom eines inneren Zustandes des Senders.
2. Durch die Appellfunktion ist das Zeichen Signal für den Empfänger.
3. Durch die Darstellungsfunktion wird das Zeichen zum Symbol für Gegenstände oder Sachverhalte (*Graumann* 1972, 1197).

Für die sprachliche Kommunikation von zwei Menschen ist es wichtig, daß Sender und Empfänger beim Sprechen sich gegenseitig abwechseln. Wir sprechen von zweiseitiger Kommunikation.

(2) Sprachliche Kommunikation und soziales System:

Graumann (1972, 1208 ff.) verweist auf *B. Bernstein*, der bei seinen Untersuchungen verschiedene linguistische Kodes erhob. Es handelt sich um den elaborierten Kode und um den restringierten Kode. Bei dem restringierten Kode ist ein Zurückbleiben der sprachlichen Entwicklung und damit der sprachlichen Ausdrucksfähigkeit festzustellen.

Nach *Graumann* (1972, 1208 f.) ist die weitgehende Entsprechung zwischen sozialer Rollenstruktur und Kommunikationsmustern wichtig. *Graumann* (1972, 1208) verweist auf die Untersuchungen von *Bernstein* (1970) und *Oevermann* (1968 und 1970), die die Bedeutung der beruflichen Rollen der Eltern, der intrafamilialen Interaktionsmuster im Sozialisationsprozeß und besonders der mütterlichen Einstellung zur sprachlichen Kommunikation mit Kindern erkennen lassen. Dabei ist die sprachliche Kommunikation auch für das Gesamtverhalten von Kindern wichtig.

b) Kommunikation im nichtsprachlichen Bereich

In der interaktionalen nichtsprachlichen Kommunikation sind folgende zwei Aspekte wesentlich:

(1) Die Blickrichtung und der Blickkontakt:

Nach *Graumann* (1972, 1229 ff.) zeigt die Blickrichtung und der Blickkontakt (z. B. Sympathiebekundung) den Grad des Engagements in der Kommunikation an.

(2) Mimik, Gestik und Pantomimik:

Durch Mimik, Gestik und Pantomimik werden Informationen über den Zustand der jeweiligen Person ausgedrückt. Diese sind für die Kommunikation bedeutsam (z. B. ein freundlicher Gesichtsausdruck u. ä.).

c) Kommunikation im sozialen Bereich

(1) Für die Kommunikaton von Gruppen sind Aspekte wie die Rollendifferenzierung, das gemeinsame Ziel (u. a.) nach *Th. Scharmann* (1966, 44. ff.) wichtig. Dabei kann das gemeinsame Ziel einer jugendlichen Freizeitgruppe im Feiern eines Geburtstages bestehen. Es ergeben sich nun Rollen wie »das Geburtstagskind«, »der Organisator (des Geburtstages)«, »der Unterhalter (beim Geburtstag)« u. a.

(2) Durch die verbale und nichtverbale Kommunikation ergeben sich bei entsprechender Dauer des Zusammenseins diese Rollen (nach *Graumann* 1972, 70).

(3) Wenn nun eine Gruppe entsteht, so ist für die weitere Kommunikation der Zusammenhalt der Mitglieder (z. B. sich in einer Woche wieder treffen u. a.) wichtig.

(4) Dabei ist nach *Weiß* (1972, 35) die gegenseitige Wertschätzung der Gruppenmitglieder der Kommunikation förderlich.

(5) Nach *Scharmann* (1966, 94 ff.) ist nun bei kleinen Gruppen, die nach der Methode der Gruppenfertigung arbeiten, ein wesentlicher Zusammenhang zwischen der Häufigkeit der Interaktionen und der Leistung zu sehen. Dabei wurde die Hypothese bestätigt, daß sich unter den Versuchsteilnehmern eine Rangordnung hinsichtlich der spontan erfolgten Kontakte zu den übrigen Mitgliedern der Gruppe ergeben würde. Ferner wurde bestätigt, daß diese Rangordnung einen wesentlichen Einfluß auf die Leistung hatte.

(6) Nach *Scharmann* (1966, 94 ff.) ragte jeweils ein Teilnehmer mit durchschnittlich etwa 250 Interaktionen heraus, während es der letzte Teilnehmer im Durchschnitt auf etwa 45 Interaktionen bringt.

(7) Bei Gruppen mit hoher und mittlerer Leistung verteilt sich die Interaktionsaktivität gleichmäßiger auf die Versuchsteilnehmer, als bei Gruppen mit niedriger Leistung (*Scharmann* 1966, 99).

(8) Für die Kommunikation im sozialen Bereich sind nun auch Arbeit und Spiel bedeutsam.

(9) Dabei ist für die Kommunikatiopn im Spiel die Spielregel wichtig. Sie dient beispielsweise einer sinnvollen Begrenzung übermäßiger Aktivität (*Rüssel* 1972, 516).

(10) Besonders bei Spielen in der Gruppe wird die Kommunikation sprachlicher wie nichtsprachlicher Art wichtig.

(11) Der fließende Übergang zur Arbeit kann im Rahmen einer Freizeitgruppe oder im Rahmen des Beisammenseins in der Schulklasse erfolgen. Hier wird der Gesichtspunkt der Steuerung der Interaktionen bedeutsam. Bei der Arbeitsgruppe bedingt das gemeinsame Ziel eine Art der Kommunikation, die sich an Spielregeln orientiert und zu Regeln im Arbeitsverhalten führen wird.

(12) Mit der wachsenden Freizeit in der modernen Industriegesell-

schaft wird nun neben dem Spiel und der Arbeit auch die Bedeutung der Massenkommunikation zu sehen sein.

(13) Dabei geht die Massenkommunikation aus von der Presse, von Filmen, vom Fernsehen, vom Hörfunk u. a. Dabei handelt es sich bei der Massenkommunikation um folgende vier wesentliche Faktoren: Der Kommunikator, die Aussage (das Kommuniqué), das Medium, den Rezipienten oder das Publikum (nach *Maletzke* 1972, 1515).

(14) Bei der einseitigen Massenkommunikation können sich Wirkungen einstellen im Verhalten, im Wissen, in den Meinungen, im emotionalen Bereich, in der Tiefe der Persönlichkeit (nach *Maletzke* 1972, 1527).

(15) Dabei ist psychologisch besonders wichtig, daß durch die Massenkommunikation das Verhalten der Menschen beeinflußt wird. Einmal beeinflussen die Massenmedien durch die Zuwendung der Menschen die Freizeitstruktur. Zum anderen werden durch die Inhalte der Aussagen Verhaltensänderungen hervorgerufen (*Maletzke* 1972, 1527f.).

5. Zusammenfassung

(1) Wir erinnern uns, daß ein wesentlicher Aspekt zur Kennzeichnung des Begriffes der Kommunikation der Austausch von Informationen ist. Geben Sie bitte einen weiteren Aspekt an (siehe B, VIII, 1).

(2) Wir erinnern uns an das Kommunikationsmodell von *Shannon* und *Weaver*. Ein wesentlicher Aspekt dabei war dabei der Sender. Geben Sie bitte die anderen Aspekte an (siehe B, VIII, 2, a).

(3) Bei dem Modell der Kommunikationseinheit nach *Osgood* war der Sender für die Kodierung wichtig. Geben Sie bitte einen wesentlichen Aspekt für die Dekodierung an (siehe B, VIII, 2, b).

(4) Ein wesentlicher Aspekt für die Kommunikationstheorie ist die Information. Nun erzeugt ein Sprecher Information, die der Hörer übernimmt. Geben Sie bitte an, um wie viele bit es sich dabei handeln kann, die auf Grund der gemessenen Information sich ergeben (siehe B, VIII, 3,b).

(5) Für die Analyse des Sprachverständnisses erwies sich der Begriff der Redundanz als wichtig. Geben Sie bitte an, was man unter Redundanz versteht (siehe B, VIII, 3, b).

(6) Die Sprache ist nun ein wichtiges Kommunikationsmittel. *Bühler* akzentuiert drei wesentliche semantische Funktionen des (sprachlichen) Zeichens. Hier ist zunächst die Ausdrucksfunktion zu nennen. Geben Sie bitte die beiden anderen Funktionen an und versuchen Sie diese kurz zu erläutern (siehe B, VIII, 4, a).

(7) Für die Kommunikation im nichtsprachlichen Bereich ist die Blickrichtung und der Blickkontakt bedeutsam. Geben Sie bitte zwei weitere wesentliche Aspekte an (siehe B, VIII, 4, b).

(8) Für die Kommunikation von Gruppen ist das gemeinsame Ziel wichtig. Geben Sie bitte einen weiteren wesentlichen Aspekt an (siehe B, VIII, 4, c).

(9) Wir erinnern uns an die Interaktionsaktivität in Gruppen. Geben Sie bitte an, wann diese Interaktionsaktivität ziemlich gleichmäßig auf die Gruppenmitglieder verteilt ist (siehe B, VIII, 4, c).

(10) Ein wesentlicher Faktor bei der Massenkommunikation ist der Kommunikator. Geben Sie bitte noch drei wesentliche Aspekte an (siehe B, VIII, 4, c).

6. Weiterführende Literatur

Graumann, C.-F.: Interaktion und Kommunikation. In: Hdbch. d. Psychol. Bd. 7,2. Hogrefe, Göttingen 1972, 1109–1263.
Herrmann, Th.: Informationstheoretische Modelle zur Darstellung der kognitiven Ordnung. In: Hdbch. d. Psychol. Bd. 1,2. Hogrefe, Göttingen 1964, 641–671.
Hofstätter, P.-R.: Psychologie. Fischer Lexikon Nr. 6. Fischer, Frankfurt a. M., 607.–621. Tsd., 1977.
Maletzke, G.: Massenkommunikation. In: Hdbch. d. Psychol. Bd. 7,2. Hogrefe, Göttingen 1972, 1511–1539.
Rüssel, A.: Spiel und Arbeit in der menschlichen Entwicklung. In: Hdbch. d. Psychol. Bd. 3. Hogrefe, Göttingen 1972[2], 502–535.
Scharmann, Th.: Persönlichkeit und Gesellschaft. Hogrefe, Göttingen 1966.
Weiß, C.: Pädagogische Soziologie IV. Klinkhardt, Bad Heilbrunn, 1972[7].

IX. Gefühle

1. Begriff

(1) Gefühle – Emotionen

Gefühle sind nun ebenso wie Lernen, Denken u. a. einer begrifflichen Analyse zugänglich. Dabei ist zunächst zu den Begriffen »Gefühle« und »Emotionen« Stellung zu nehmen. Nach *Hofstätter* (1977, 128 ff.) und nach *Reykowski* (1973, 15 ff.) ist eine gleiche Verwendung der Bezeichnungen »Gefühle« und »Emotionen« angemessen. Wenn wir also bespielsweise das Gefühl der Freude erleben, so handelt es dabei gleichzeitig um eine Emotion.

(2) Wesentliche begriffliche Aspekte:

Es ist günstig, von der begrifflichen Bedeutung des Wortes »fühlen« auszugehen. Mit *Hehlmann* (1962, 153) verstehen wir unter »fühlen« eine Qualität des Erlebens. Es handelt sich dabei um ein Erleben im Sinne des Angemutetwerdens oder Gestimmtseins (*Hehlmann* 1962, 153). Dieser wesentliche Ausgangspunkt leitet zu folgenden wesentlichen begrifflichen Aspekten der Gefühle über:

1. Gefühle sind Grundphänomene des Erlebens. Sie sind ein Ausdruck der Anlagebestimmtheiten der Persönlichkeit (*Hehlmann* 1962, 153).
2. Bei den Gefühlen handelt es sich um seelische Zustände (*Rohracher* 1971, 449).
3. Diese seelischen Zustände treten ohne Mitwirkung des Bewußtseins als umittelbare Reaktionen auf ein äußeres oder inneres Geschehen auf (*Rohracher* 1971, 450).
4. Dabei handelt es sich um unmittelbare Reaktionen des Organismus, des Trieblebens oder der Persönlichkeit (*Rohracher* 1971, 450).
5. Dabei werden Gefühle meistens in einer sprachlich nicht genau gefaßten Form als angenehm oder unangenehm erlebt (*Rohracher* 1971, 450).
6. Deshalb ist die begriffliche Erfassung verschiedener Gefühlsarten wesentlich:
    a) Empfindungsbedingte Gefühle wie Wärme, Wohlgeschmack u.a.
    b) Triebbedingte Gefühle wie Lust, Unlust, Angst, bzw. Neid, Eifersucht u. a.
    c) Persönlichkeitsbedingte Gefühle wie religiöse Gefühle, ethische Gefühle, ästhetische Gefühle, Sympathie- und Mitgefühle, Takt- und Anstandsgefühle u. a. (*Rohracher* 1971, 453).

Die genannten Aspekte lassen die zentrale Bedeutung der Gefühle als einer Qualität des Erlebens erkennen.

2. Dimensionen der Gefühle

Die begriffliche Analyse erbrachte bereits den wesentlichen Hinweis auf die bedeutsamen Aspekte der Lust bzw. der Unlust. Dieser wesentliche Aspekt taucht nun bei dem Versuch, Dimensionen der Gefühle anzugeben, immer wieder an erster Stelle auf. *Hehlmann* (1962, 155) und *Reykowski* (1973, 15 ff.) verweisen auf die bedeutsame Einteilung der Gefühle in drei Dimensionen. Dabei ist nach *Wundt* (1910) folgende Dreiteilung bedeutsam:

> Dimension 1 : Lust/Unlust
> Dimension 2 : Erregung/Beruhigung
> Dimension 3 : Spannung/Lösung

Dabei wird nun die Dimension 1 »Lust/Unlust« auch von *Hofstätter* (1977, 130), von *Morf* (1970, 46 f.), von *Remplein* (1966, 151), von *Rohracher* (1971, 453) u. a. als wesentlich erwähnt.

Die Dimension 2 »Erregung/Beruhigung« wird von *Hofstätter* (1977, 130) u. a. als wesentlicher Aspekt erachtet.

Die Bedeutung der Dimension 3 »Spannung/Lösung« wird von *Morf* (1970, 47) aus der Sichtweise der Tiefenpsychologie her begründet.

Dabei soll nicht unerwähnt bleiben, daß die Dimensien 2 »Erregung/Beruhigung« und die Dimension 3 »Spannung/Lösung« auch kritischen Betrachtungen unterzogen wurden. Gerade diese beiden Dimensionen können aber durch empirische Belege in ihrer Bedeutsamkeit bestätigt werden.

Nach *Rohracher* (1971, 459) kann man theoretisch an jedem Affekt eine Erregungs- und eine Spannungskomponente unterscheiden. *Rohracher* verweist auf ein Experiment von *W. Traxel* und *S. Becher* (1957). Danach ließen sich Zusammenhänge zwischen den Angaben zu der subjektiven Stärke eines Gefühls und den objektiven Schwankungen des Hautwiderstandes nachweisen. Dabei läßt sich die Spannungskomponente eines Affektes mit der Registrierung der Mikrovibration des menschlichen Körpers erfassen, die Erregungskomponente kann aus der psychogalvanischen Reaktion (d. h. der Änderung der Gewebefeuchtigkeit) her erklärt werden.

Nun ist es wichtig, »Gefühle« auch unter dem Gesichtspunkt der Theorienbildung zu betrachten.

3. Gefühlstheorien

(1) Theorie nach *K. Lange* und *W. James*:

Lange sieht nun eine wesentliche Ursache der Gefühle in der Verengung bzw. Erweiterung der Blutgefäße. Als Beweis führt er an, daß sich einerseits durch chemische Mittel wie zum Beispiel Opium bestimmte Gefühlszustände erzeugen lassen; andererseits können bestehende Affekte zum Beispiel durch Brom in ihrer Stärke herabgesetzt werden (*Rohracher* 1971, 488). Ferner ist der Beitrag von *James* bedeutsam. Er gibt an, daß die willentliche Unterdrückung der vegetativen Begleiterscheinungen (z. B. Erröten, Erblassen, erhöhte Atemfrequenz, erhöhte Pulsfrequenz u. a.) des Gefühls auch das Gefühl selbst nicht voll zur Auswirkung kommen lassen, ja es sogar zum Verschwinden bringen. Nach *Rohracher* (1971, 489) ist die Theorie von *James-Lange* wichtig, wenn sie auch in Teilaspekten heute noch problematisch ist.

(2) Theorie nach *J. Watson*:

Während nun *James* und *Lange* die Ursache für Gefühle in physiologischen Veränderungen sehen, steht bei *Watson* eine spezifische Form der Reaktion im Mittelpunkt. *Watson* spricht als Behaviorist von angeborenen Reaktionsmustern, die nun durch Lernvorgänge im Verlauf des Lebens Veränderungen erfahren. Dabei sind aber für *Watson* die Reaktionen der inneren Organe bedeutsam. Nach *Reykowski* (1973, 18 ff.) bleibt *Watson* im allgemeinen bei dem Konzept von *James-Lange*. Er schließt aber die introspektiven Elemente aus.

(3) Die psychoanalytische Theorie:

Reykowski (1973, 21 ff.) verweist auf *S. Freud*, wonach die Quelle der Gefühle die biologischen Triebe sind. Sie sind nach dem Modell von *Freud* dem »Es« zuzuordnen. Im »Es« befinden sich demnach die emotional-triebhaften Kräfte. *Freud* spricht hier von dem »Lustprinzip«. Neben dem Gefühl der Lust, das bei der Triebbefriedigung erkennbar wird, sind nun nach der psychoanalytischen Theorie weitere Gefühle erklärbar. Im Bereich des »Über-Ich« (Gewissen) sind nun »Gefühle wie der Stolz, die Schuld, die Scham wie auch die sogenannten Gewissensbisse« festzustellen (*Reykowski* 1973, 21 f.). Das »Ich« wird nun als ein Mechanismus gesehen, der die Gefühle regelt. Dabei kann das »Ich« im Sinne des Realitätsprinzipes« auch eine Quelle für Gefühle sein (*Reykowski* 1973, 22).

Demnach sind nach *Reykowski* (1973, 21 f.) aus der psychoanalytischen Theorie folgende Thesen für die Gefühle bedeutsam:

1. Gefühle haben ihre Ursache in den biologischen Funktionen.
2. Gefühle regeln menschliches Tun und Verhalten. Psychische Störungen können ihre Ursache in Unregelmäßigkeiten im Ablauf der Gefühle haben.
3. Sowohl das »Es« (Lustprinzip), das »Ich« (Realitätsprinzip) und auch das »Überich« (z. B. Gefühl des Stolzes, u. a.) sind in ihrem Zusammenwirken für das menschliche Verhalten wichtig. Die Bedeutung des Gefühles der Lust u. a. wird hier deutlich.

(4) Die Schichtentheorie von *Ph. Lersch*:

Die Gefühle spielen bei der Schichtentheorie der Persönlichkeit von *Ph. Lersch* eine wesentliche Rolle. *Lersch* unterscheidet im Rahmen seiner *Theorie* zwei wesentliche Regionen der Persönlichkeit: Es handelt sich dabei zunächst um den «endothymen Grund«. Dieser umfaßt das Lebensgefühl, das Selbstgefühl, Affekte und Strebungen (nach *Rohracher* 1971, 492). Bei der zweiten Region der Persönlichkeit handelt es sich um den »personellen Oberbau«. Hier sind die intellektuellen Funktionen (z. B. Denken u. a.) und der Wille zuzuordnen. Schließlich konzipiert *Lersch* noch als tragenden Unterbau eine dritte Schicht, die er den »Lebensgrund« nennt (*Hehlmann* 1962, 293).

Wesentlich für eine Theorie der Gefühle ist nach dem System von *Lersch* der endothyme Grund. Hier ist das Lebensgefühl und das Selbstgefühl wichtig.

Sowohl die begriffliche Analyse, die Dimensionen als auch die Gefühlstheorien ergeben drei wesentliche Aspekte, die im folgenden behandelt werden. Es handelt sich dabei um die Aktivierung von Gefühlen, die Gefühle als Organisator des Verhaltens und die Gefühle und kognitiven Prozesse (nach *Reykowski* 1973, 77 ff.).

4. Die Aktivierung von Gefühlen

a) *Bedeutung natürlicher (unbedingter) emotionaler Reize*

Nach *Reykowski* (1973, 17 ff.). bewirkt die dauernde Einwirkung eines positiven (angenehmen) Reizes ein Nachlassen des entsprechenden Gefühles. Bei einem Wechsel des Reizes oder auch bei einer Unterbrechung kann der angenehme Zustand wieder hervorgerufen werden. Für die Aktivierung von Gefühlen gehen aus dieser Tatsache zwei wesentliche Gesichtspunkte hervor:

144 Gefühle

1. Ein Wechsel des Reizes oder eine Unterbrechung wirkt im Sinne einer Aktivierung.
2. Eine dauernde Einwirkung des Reizes hat ein Nachlassen des entsprechenden Gefühls im Gefolge.

Dabei verstehen wir unter natürlichen (unbedingten) Reizen Faktoren, die Gefühle deshalb hervorrufen können, weil der Organismus dafür eine angeborene Empfindlichkeit besitzt (*Reykowski* 1973, 77).

(1) Emotionale Wertigkeit der Sinnesreize:

Reykowski (1973, 78) verweist auf einen Vergleich der kognitiven (z. B. Wahrnehmung) mit der affektiven Komponente (z. B. Gefühle u. a.) bezogen auf die Sinnesreize, der auf *H. Piéron* (1950) zurückgeht. Dabei sind drei wesentliche Ergebnisse festzuhalten:

1. In den Bereichen des Sehens, Hörens und Tastens überwiegt die kognitive gegenüber der affektiven Komponente.
2. Bezogen auf die Aspekte »warm«, »kalt« und »schmecken« sind beide Komponenten gleich ausgeprägt.
3. Ein deutliches Überwiegen der affektiven gegenüber der kognitiven Komponente war bei den Aspekten des Riechens, des Gleichgewichtes, des Stechens, des Kneifens und des Verbrennens festzustellen.

Die Abhängigkeit der Gefühle von der Reizqualität wurde von *P. T. Young* festgestellt. Es zeigte sich ein hoher Zusammenhang bei den Beurteilungen verschiedener Gerüche durch verschiedene Altersgruppen. Nach *Reykowski* (1973, 79) wird dadurch bewiesen, daß sich das Vorzeichen der durch die untersuchten Substanzen hervorgerufenen Emotionen im Alter nicht ändert. Ferner wurde nach *Reykowski* (1973, 79) festgestellt, daß der affektive Wert (d.h. die Fähigkeit, Gefühle von bestimmten Vorzeichen und bestimmter Intensität zu bewirken) im akustischen Bereich von der Höhe und der Intensität der Töne abhängt.

(2) Bedeutung der Reizstärke:

Nach *Reykowski* (1973, 80 ff.) rufen starke Reize, die plötzlich auftreten und dabei auch noch schnell anwachsen, negative Reaktionen hervor. Dabei verweist *Reykowsky* (1973, 81) auf eine Untersuchung von *E. Franus*. Hier wurde festgestellt, daß kleine Kinder sich vor relativ großen Tieren und vor Tieren, die sich rasch nähern und starke Laute abgeben, fürchten. Die Untersuchung von *E. Franus* (1963) zeigt, daß die emotionale Reaktion davon abhängt, mit welcher Stärke gereizt wurde. Dabei ist nach *Reykowski* (1973, 82) auch der Aspekt der Erfahrung bedeutsam.

(3) Veränderungen des homeostatischen Gleichgewichtes:

Die Bedeutung des homeostatischen Gleichgewichtes für die Gefühle liegt nach *Reykowski* (1973, 90) in folgenden fünf Aspekten:

1. Wenn nun das Gleichgewicht durch einen Mangel an Nahrung nicht mehr gegeben ist, entsteht das Gefühl des Hungers. Dabei liegen chemische Veränderungen und Magenbewegungen beispielsweise zugrunde.
2. Die Veränderung des osmotischen Druckes in den Geweben ist eine Ursache für die Entstehung des Gefühles des Durstes.
3. Die Veränderung der Sauerstoffverhältnisse im Blut kann ein Gefühl der Aktivität oder aber auch der Benommenheit zur Folge haben.
4. Mit der Ausschüttung von Sexualhormonen sind Veränderungen des sexuellen Interesses und der sexuellen Erregung verbunden.
5. Mit der Füllung der Blase oder des Darmes können Gefühle der Unlust bis zu einem unbestimmten Bauchschmerz verbunden sein (*Reykowski* 1973, 90).

(4) Bedeutung der natürlichen emotionalen Reize:

Sie sind zunächst wichtig für primäre Regelungsprozesse wie eben in den Bereichen des Kreislaufes, des Stoffwechsels u. a. Ferner werden negative Faktoren zu Schmerz, Angst und Vermeidung führen. Positive Einwirkungen wie Wärme, Weichheit u. a. werden zur Kontaktnahme mit anderen Individuen führen (nach *Reykowsky* 1973, 96 f.).

b) Die emotionale Konditionierung

Durch den Vorgang des Konditionierens (siehe B, IV, 2, a) können nun neutrale Reize zu emotionalen Reizen werden. *Reykowski* (1973, 97) weist wie *Ewert* (1965, 254) in diesem Zusammenhang auf die Bedeutung emotional bedingter Reflexe hin.

Ein Beispiel für diesen Vorgang ist die Untersuchung von *S. Epstein* (1962), auf die *Reykowski* (1973, 107 ff.) verweist. Bei dieser Untersuchung sind folgende wesentlichen Aspekte zu erwähnen:

(1) Methode:

Es wurden 16 Fallschirmspringer und 16 sonstige Personen jeweils mit einem Assoziationstest untersucht. Dabei wurden einerseits angsterzeugende Wörter wie »getötet«, »verwundet«, »Angst« u. a. verwendet. Andererseits wurden Wörter verwendet, die mit der Situation des Absprunges in Beziehung standen, also z. B. »Himmel«, »Sturz«, Leine« u. a. Daneben wurde die galvanische Hautreaktion registriert.

(2) Ergebnisse:

1. Bei den Fallschirmspringern war die emotionale Reaktion um so größer, je enger der Zusammenhang der Wörter mit der Situation des Absprunges war.

146 Gefühle

2. Bei der Kontrollgruppe der Nichtspringer war die emotionale Reaktion (in Form der Zunahme der elektrischen Hautleitung) auf die angsterzeugenden Wörter bezogen.
3. Bei den Fallschirmspringern stieg die Angst an den Tagen der Absprünge beträchtlich.

(3) Interpretation der Ergebnisse:

Nach *Reykowski* (1973, 108 f.) wird deutlich, daß die Empfindlichkeit für emotionale Reize bei den Menschen sich erheblich erhöht, die sich in Situationen befinden (z. B. Fallschirmspringen), die sie emotional stimulieren. Dabei zeigt sich sogar, daß Reize, die dem Faktor der Angst weiter entfernt waren, eine emotionale Reaktion auslösen können. Sie müssen nur der emotionalen Situation näher sein (z. B. Fallschirmspringen).

(4) Bedeutung der emotionalen Konditionierung:

Auf den natürlichen und sicher nicht gerade angenehmen Reiz des Absprunges ist die Reaktion ein zunächst (bis zum Öffnen des Fallschirmes dauerndes) unangenehmes Gefühl der Angst. Durch Kontiguität mit den Aspekten des Himmels, des Sturzes, der Leine u. a. kann nun dieses unangenehme Gefühl der Angst durch Erinnerung an diese Gegebenheiten mit Hilfe ehemals neutraler Sprachbezeichnungen ausgelöst werden. Dabei wirkt die erneute Absprungsituation ebenfalls nach dem Prinzip der Kontiguität.

c) Gefühle und Einstellungen

Für den Aspekt der Aktivierung eines Gefühles ist in diesem Zusammenhang die Beziehung zwischen Einstellungen und Signalen wichtig. Signale sind in diesem Zusammenhang beispielsweise optische Reize, die wir wahrnehmen können.

Reykowski (1973, 125) weist in diesem Zusammenhang auf die Untersuchung von *E. E. Berlyne* (1957) hin. In diesem Experiment wurden tachistoskopisch verschiedene Serien von Abbildungen gezeigt. Die erste Serie bestand aus sieben Tierabbildungen und sieben Vogelabbildungen. Bei den Tierabbildungen waren die Bildchen 2 und 4, bei den Vogelabbildungen die Bildchen 3 und 5 sogenannte Konfliktbildchen. Das bedeutet, daß es sich bei den Konfliktbildern um Tiere oder Vögel handelte, die es in Wirklichkeit nicht gibt (*Reykowski* 1973, 125). Die Versuchspersonen konnten die Bilder jeweils 0,14 sec. durch Knopfdruck auslösen und beleuchtet sehen. Dabei konnte der

Knopf beliebig oft gedrückt werden. Die Anzahl des Knopfdrückens war nun das Maß für das Interesse an den Bildern. Das wesentliche Ergebnis war nun, daß die Konfliktbilder wesentlich länger angesehen wurden, als die anderen Bilder. Dieser Versuch, der nach *Reykowski* (1973, 127) in Übereinstimmung mit anderen Versuchsergebnissen steht, läßt folgende wesentlichen Ergebnisse erkennen:

(1) Wenn man das Bild eines nicht existierenden Tieres als ungewöhnlich (konfliktartig) auffaßt, so müssen sehr klare Erwartungen und Einstellungen über das Aussehen der Tiere vorhanden sein.

(2) Für die Entstehung eines positiven Gefühles ist demnach eine Divergenz zwischen Einstellung (richtiges Tier) und Wahrnehmung (Tier, das es so in der Wirklichkeit nicht gibt) günstig. Wir sprechen nach *Reykowski* (1973, 127) von einem Divergenzoptimum.

(3) Es besteht in einem optimalen Unterschied des Signales, in unserem Falle in einem wahrnehmbaren Unterschied, der aber nicht bedrohlich wirkte. So entsteht eine positive Emotion.

(4) Unterscheidet sich das Signal zu sehr, so entsteht der emotionale Eindruck »unangenehm, gefährlich u. a.« (*Reykowski* 1973, 127).

5. Bedeutung der Gefühle für das Verhalten

a) Empirische Studien

(1) *Reykowski* (1973, 152 f.) verweist auf eine Studie von *S. Schachter*, die die Bedeutung der Gefühle für das Verhalten erkennen läßt. In einer Gruppe hatte man starke Angst erzeugt. 63 % dieser Versuchspersonen wollten eine anschließende Wartezeit in Gesellschaft verbringen. Aus der Gruppe, bei der man nur schwache Angst erzeugt hatte, äußerten diesen Wunsch nur 33 % der Teilnehmer.

(2) *Malewska* (1965) konnte zeigen, daß Kinder, bei denen man das Gefühl der Bedrohung feststellen kann, mehr Aggressivität gegenüber anderen zeigten (*Reykowski* 1973, 155).

b) Gefühle – Verhalten

(1) Gefühle können das Verhalten beeinflussen. Das Gefühl der Bedrohung kann beispielsweise gesteigerte Aggressivität im Gefolge haben.

148 Gefühle

(2) Nach *Reykowski* (1973, 157) ist dabei auch die Intensität der Gefühle wichtig.

6. Gefühle und kognitive Prozesse

a) Empirische Studien

(1) *Reykowski* (1973, 162 f.) weist auf den wichtigen Gesichtspunkt der Wahrnehmungsabwehr hin, der in einer Untersuchung von *McGinnies* deutlich wird. Es handelte sich um sogenannte Tabuwörter, also unanständige Wörter. Dabei ergab sich, daß diese Wörter länger exponiert werden mußten, um erfaßt zu werden. Die galvanische Hautreaktion war bei diesen Wörtern auch größer (*Reykowski* 1973, 162 f.).

(2) Ein Experiment von *J. C. Beam* (1955) läßt die Bedeutung der Gefühle für das Lernen erkennen (*Reykowski* 1973, 166 f.). Es zeigte sich nämlich, daß unter Bedrohung das Lernen von sinnlosen Silben erheblich schwieriger war, als unter neutralen Bedingungen.

b) Gefühle – kognitive Prozesse

(1) Es gelang der Nachweis, daß kognitive Prozesse emotionalen Einflüssen unterliegen können (*Reykowski* 1973, 178 f.).

(2) Dabei ist aber der Einfluß der emotionalen Faktoren nicht zu überschätzen.

(3) Die Stärke des Einflusses der Gefühle hängt von deren Intensität ab (*Reykowski* 1973, 179).

7. Zusammenfassung

(1) Versuchen Sie bitte wesentliche Gefühlsarten begrifflich zu erfassen (siehe B, IX, 1).

(2) Eine wesentliche Dimension der Gefühle ist Erregung/Beruhigung. Geben Sie bitte zwei weitere wesentliche Dimensionen der Gefühle an (siehe B, IX, 2).

(3) Gefühle sind in der psychoanalytischen Theorie bedeutsam. Geben Sie bitte an, welches Prinzip (eines Gefühles) im Modell von *S. Freud* dem »Es« zukommt (siehe B, IX, 3).

(4) Welche Gefühle würden Sie bitte dem »Über-Ich« nach dem Modell von *Freud* zuordnen (siehe B, IX, 3).

(5) Für die Aktivierung von Gefühlen sind natürliche emotionale Reize bedeutsam. Geben Sie bitte zwei Beispiele an, bei denen die affektive gegenüber der kognitiven Komponente überwiegt (siehe B, IX, 4, a).

(6) Wenn das homeostatische Gleichgewicht durch einen Mangel an Nahrung nicht gegeben ist, entsteht Hunger. Geben Sie bitte zwei entsprechende Beispiele an (siehe B, IX, 4, a).

(7) Für den Vorgang der emotionalen Konditionierung sind neutrale und emotionale Reize bedeutsam. Geben Sie bitte am Beispiel der Untersuchung von *Epstein* (Fallschirmspringer!) an, wie neutrale Reize die Bedeutung von emotionalen Reizen erlangen können (siehe B, IX, 4, b).

(8) Für die Entstehung eines Gefühles können die Wahrnehmung und die Einstellung wichtig sein. Geben Sie bitte unter Berücksichtigung dieser Aspekte die Entstehung eines positiven Gefühles an (siehe B, IX, 4, c).

(9) Es gelang der Nachweis, daß das Gefühl der Bedrohung das Verhalten beeinflußt. Geben Sie bitte an, wie dadurch das Verhalten beeinflußt werden kann (siehe B, IX, 5, a).

8. Weiterführende Literatur

Ewert, O.: Gefühle und Stimmungen. In: Hdbch. d. Psychol. Bd. 2. Hogrefe, Göttingen 1965^2, 229–272.
Hehlmann, W.: Wörterbuch der Psychologie. Kröner, Stuttgart, 1962^2.
Hofstätter, P.-R.: Psychologie. Fischer Lexikon Nr. 6. Fischer, Frankfurt a. M., 607.–621. Tsd., 1977.
Morf, G.: Einführung in die Psychologie. E. Reinhardt, München–Basel, 1970^5.
Remplein, H.: Die seelische Entwicklung des Menschen im Kindes- und Jugendalter. Reinhardt, München–Basel 1966^{14}.
Reykowski, J.: Psychologie der Emotionen. Auer, Donauwörth, 1973.
Rohracher, H.: Einführung in die Psychologie. Urban & Schwarzenberg, Wien–München–Berlin, 1971^{10}.

X. Motivation

1. Begriffe

a) Motiv

Nach *Lückert* (1972, 100 f.) ist für den Begriff des Motivs aus der psychologischen Sicht die dynamische Bedeutung wesentlich. Während bei dem ästhetischen Motivbegriff die in sich gegliederte Einheit des Stoffes wichtig ist, hat der psychologische Motivbegriff direkten Bezug zum Verhalten und Erleben. Nach *Lückert* (1972, 100) ist der Beweggrund bedeutsam, wenn wir vom Motiv des Verhaltens und Erlebens sprechen.

Wir bezeichnen daher mit *Lückert* (1972, 101) das Motiv als ein verhaltens- und erlebnisdeterminierendes Agens. Mit *Lückert* (1972, 101) sind in diesem Zusammenhang drei wesentliche Aspekte des Motivbegriffes festzuhalten:

1. Aktuelles oder geplantes Verhalten und Handeln:
   Es kann sich dabei um Motive des Kommens, Gehens, Wegbleibens, des Angriffs, der Verteidigung, der Flucht, der Stimmabgabe, der Stimmenthaltung, des Vorhabens, der Absicht u. a. handeln
2. Erleben, innere Zuständlichkeiten und innere Regungen:
   Dabei kann es sich um Motive des Traurigseins, der Wut, des Zornes, der Sympathie, der Antipathie, der Verehrung, der Hochachtung, der Abscheu, des Widerwillens u. a. handeln.
3. Damit behält das Motiv als verhaltens- und erlebnisdeterminierendes Agens seinen ursprünglichen psychologischen Sinn als Beweggrund (*Lückert* 1972, 101).

In übereinstimmender Weise nimmt *Hehlmann* (1962, 334 f.) zu dem Begriff des Motives Stellung. So kommen dem Motiv Aspekte wie das Bewegende, das Antriebselement und der Beweggrund für das Handeln zu (*Hehlmann* 1962, 334).

In übereinstimmender Weise stellt *Thomae* (1965, 42) fest, daß Motive Abstraktionen aus dem Aktivitätskontinuum des Organismus (der Persönlichkeit) darstellen.

Rohracher (1971, 495 ff.) betont ebenfalls das Antriebselement als wesentlichen Aspekt eines Motives. Dabei weist er auf die Bedeutung der Entscheidung hin, die ja dann wichtig ist für die Verwirklichung des Antriebselementes im Hinblick auf das tasächliche oder aktuelle Verhalten. Dieser Aspekt ist direkt vergleichbar mit dem aktuellen oder geplanten Verhalten und Handeln, das *Lückert* als wesentlichen ersten Aspekt des Motivbegriffes angibt.

Aus dem bisher Gesagten wird deutlich, daß sich der Begriff des Motivs mit dem unmittelbar-gegenständlichen Aspekt befaßt (nach *Lückert* 1972, 116). Da sich nun die Motivation mit dem gleichen seelischen Sachverhalt wie das Motiv befaßt, wird hier nach *Lückert* (1972, 116) eine genaue begriffliche Abgrenzung erforderlich.

b) Motivation

Die Motivation befaßt sich nun vorwiegend mit dem übergreifend-dynamischen Aspekt (nach *Lückert* 1972, 116). Hier ist nun der Motivationszusammenhang bedeutsam. Er ist nach *Lückert* (1972, 116) dann gegeben, wenn ein seelisches Geschehen verstehbar gemacht worden ist. Dabei wird es sich bei dem seelischen Geschehen vorzugsweise um ein Sichverhalten und Handeln, aber auch um ein Erleben handeln. Demnach ist die Motivation im Vergleich zu dem Motiv der umfassendere Begriff (*Lückert* 1972, 116).

Rohracher (1971, 502) weist ebenfalls auf den dynamischen Aspekt bei dem Begriff der Motivation hin. Dabei weist er auf die Bedeutung der Wahlsituation hin, in der eben die Entscheidungsmöglichkeit gegeben ist. Dabei werden auch frühere Entscheidungen mitberücksichtigt.

Oerter (1973, 96) sieht ebenfalls für den Motivationsbegriff alle die Bedingungen als wesentlich an, die die Aktivität eines Organismus ankurbeln. In gleicher Weise sind die Bedingungen wichtig, die die Variation dieser Aktivität nach Richtung, Quantität und Intensität bestimmen.

Hehlmann (1962, 334 f.) sieht für den Begriff der Motivation ebenfalls die Aspekte der Aktivität und der Dynamik als wesentlich an.

Hebb (1975, 212) betont ebenfalls den Gesichtspunkt der Aktivität für den Begriff der Motivation.

Für *Thomae* (1965, 42) sind ebenfalls die Gesichtspunkte der Aktivität, des Aktivitätskontinuums und die Richtung, Intensität und Form jener Aktivität bedeutsam und kennzeichnen den Begriff der Motivation.

Kruse und *Rogge* (1977, 104) sehen die Begründung und Erklärung des Verhaltens als einen wesentlichen Gesichtspunkt der Motivation.

Demnach lassen sich folgende wesentliche Aspekte für den Motivationsbegriff angeben:

1. Der dynamische Aspekt, der in enger Beziehung zur Entscheidungsmöglichkeit steht.
2. Die Anregung der Aktivität eines Organismus.

3. Die Bedingungen, die die Aktivität nach Richtung, Quantität und Intensität bestimmen.

c) *Trieb*

Da Triebe bei der Theorienbildung zur Motivation eine wesentliche Rolle spielen, ist eine begriffliche Analyse notwendig und günstig. Nach *Lückert* (1972, 51) lassen sich folgende wesentliche Aspekte aufzeigen:

1. Bei der Verwirklichung vitaler Ziele sind Triebe bedeutsam. Sie sind auf diese Ziele gerichtet.
2. Der Trieb ist an vorgegebene Verhaltensmuster gebunden. Der Wille ist dagegen handlungsoffen.
3. Der Lebensträger wird gewissermaßen vom Trieb getrieben.
4. Bei der Triebhandlung erfolgt die Umsetzung in eine motorische Handlung unmittelbar. Es fehlt das Moment der Besinnung.
5. Bei der Triebhandlung ist das Ziel als sogenanntes sensorisches Leitbild gegeben.

Es ist demnach eine begriffliche Unterscheidung von Trieb und Motivation nötig. Dabei können Triebe im Rahmen der Motivation als ein Teilaspekt verstanden werden, der bei der Theorienbildung genau abzugrenzen ist.

d) *Bedürfnis*

Nach *Lückert* (1972, 67 ff.) sind folgende 5 Aspekte bedeutsam:

(1) Das Mangelerlebnis:

Bedürfnisse weisen auf ein energetisches Ursprungszentrum hin (*Lückert* 1972, 67). Je länger nun ein Bedürfnis (z. B. zu schlafen) nicht befriedigt wird, desto größer und intensiver wird das Erlebnis des Mangels.

(2) Das Anmutungsmoment:

Dabei handelt es sich einmal um ein Beeindrucktwerden vom Ziel her. Zum anderen Mal handelt es sich um die Bezogenheit zum Persönlichkeitskern, also zu dem Selbst. Wenn wir das Bedürfnis haben, zu essen, so beeindruckt uns die Zahl der Speisen. Wir beziehen diese aber auch auf die Tatsache, daß wir sie vertragen müssen. Wir stellen demnach die Beziehung zu unserem Selbst her.

(3) Das Antriebsmoment:

Das Antriebsmoment oder die Bedürfnisspannung hängt von der Lockkraft des Zieles, der Schwierigkeit des Weges und dem Reiz des Neuen ab (*Lückert* 1972, 72).

(4) Das Richtungsmoment:

Hier handelt es sich um die Aktualisierung des Bedürfnisses.

(5) Das Gegenstandsmoment:

Neben der Richtung ist nun der Gegenstandsbezug wichtig. Wenn wir das Bedürfnis haben, jemandem eine Freude zu bereiten, dann ist der Gegenstandsbezug auf eine bestimmte Person gegeben.

e) *Schlüsselreiz (cue)*

Nach *Thomae* kann ein bestimmter Schlüsselreiz (cue) ein bestimmtes Motiv wecken bzw. erregen (*Thomae* 1965, 446). So wird der Anblick einer Pastete eine spezielle Art des Appetits auslösen. Ein machtpolitisches oder sexuelles Verlangen wird hier wohl nicht ausgelöst.

2. Theorien zur Motivation

a) *Triebtheorien*

(1) Monothematische Triebtheorien:

Thomae (1965, 418 f.) verweist auf monothematische Triebtheorien, die beispielsweise den Egoismus zur grundlegenden und einzigen Triebfeder menschlichen Handelns benennen und erklären wollen. Wenn man nun das Verhalten und Erleben auf einen sogenannten Urtrieb zurückführen will, so ist dieses Vorgehen bedenklich (*Lückert* 1972, 118 ff.). Das Entbehren der Nahrung, der Liebe, der Anerkennung kann nicht von einer Ursache her abgeleitet werden. Es handelt sich um jeweils eigenständige Aspekte.

Wenn man nun diese Monothematik vom Triebgefüge auf den Motivationsbegriff überträgt, so wäre demnach eine radikale Reduktion des menschlichen Seelenlebens auf ein Grundmotiv die Folge. Ein solches Vorgehen wäre eine unzulässige Simplifikation (*Lückert* 1972, 119).

(2) Polythematische Triebtheorien:

Hierbei wird nun nach Oerter (*1973*, 99 f.) angenommen, daß die Aktivität des Organismus auf die Triebreduktion gerichtet ist. Wir versuchen beispielsweise den Durst zu stillen und unsere Neugier zu befriedigen. Nun werden im Verlaufe der Entwicklung immer mehr Handlungen erworben, die zur Reduktion von Trieben führen. Dabei werden uns immer mehr Ziele bekannt, die zur Triebreduktion führen.

Oerter verweist nun auf die Theorien von *A. H. Maslow* (1954) über die Hierarchie der Motive. Grundlegend sind die biologischen Bedürfnisse. Eine weitere Stufe stellt das Bedürfnis nach Sicherheit dar. Erst dann ist das Bedürfnis nach Liebe in Ansatz zu bringen. Es folgen schließlich Bedürfnisse nach Ansehen und Geltung. Das Verlangen nach Selbstverwirklichung und Selbstgestaltung steht an der Spitze dieser Bedürfnishierarchie. Nach *Maslow* müssen erst die tiefer liegenden Bedürfnisse gestillt worden sein, ehe die sogenannten höheren Bedürfnisse auftauchen. Wem Geborgenheit, Liebe und soziale Anerkennung fehlt, der wird schwerlich sein eigenes Geschick in die Hand nehmen und das Optimum des Möglichen zu erreichen suchen (*Oerter* 1973, 100). Diese sogenannte Theorie der Dominanz der Motive ist für die Entwicklung und die Erziehung wertvoll (*Oerter* 1973, 100).

Thomae (1965, 425 ff.) verweist auf den Aufbau der Person nach *Lersch* und gibt Beispiele für Antriebserlebnisse, die sich auf folgende drei wesentlichen Gesichtspunkte des Modells von *Lersch* beziehen:

1. Sphäre des lebendigen Daseins:
   Es sind Antriebserlebnisse wie der Tätigkeitsdrang, das Genußstreben, die Libido, der Erlebnisdrang festzuhalten.
2. Sphäre des individuellen Selbstseins:
   Hier sind der Selbsterhaltungstrieb, der Egoismus, der Wille zur Macht, der Geltungsdrang, der Vergeltungsdrang und das Eigenwertstreben zu nennen.
3. Sphäre des Übersichhinausseins:
   Der Schaffensdrang, das Interesse, die Liebe zu etwas, normative Strebungen, der künstlerische Drang, metaphysisches Bedürfnis und religiöses Suchen (nach *Thomae* 1965, 426 f.).

Hier wird nun menschliches Seelenleben unter dem Aspekt einer umfassenden Betrachtungsweise gesehen. Damit wird im Bereich der Motivation eine dynamische Betrachtungsweise des Verhaltens und Erlebens möglich.

b) Theorie von der Motivation als Erwartung

Bergius (1965, 854) nimmt Bezug auf die Lerntheorien und stellt fest, daß der Erwartungsmechanismuns (*Hull*) ursprünglich nur assoziativ und verstärkend wirksam sein sollte. Diese Annahme war aber zu ergänzen. Es sind nämlich der antizipierenden Zielreaktion auch motivierende Fähigkeiten zuzusprechen. Eine Steigerung der Aktivität wird durch die Erwartung größerer Belohnung am Ziel bewirkt. Wir sprechen deshalb mit *Bergius* (1965, 854) von der Motivation als Erwartung.

Dabei ist nach *Thomae* (1965, 449) die Zahl der möglichen Motive bestimmt durch die Anzahl der Erwartungen, die vorgefunden werden.

Oerter (1973, 101 f.) verweist in diesem Zusammenhang auf *R. Fuchs* (1963), der die augenblickliche Situation als Ist-Lage und die erwartete, angestrebte Situation als Soll-Lage bezeichnet. Dabei ist nach *Oerter* (1973, 101 f.), der auf *Heckhausen* (1963) verweist, das Erwartungsgefälle wichtig. *H. Heckhausen* sieht nun einen wesentlichen Zusammenhang zwischen dem Erwartungsgefälle und der Motivationsstärke. Das Erwartungsgefälle zwischen gegenwärtiger und angestrebter Lage bestimmt die Motivationsstärke (*Oerter* 1973, 101 f.). Für die Motivation als Erwartung sind demnach nach *Oerter* (1973, 101 ff.) folgende Gesichtspunkte wesentlich:

1. Die Motivation ist darauf gerichtet, den Unterschied zwischen Ist-Lage und Soll-Lage möglichst zu verringern.
2. Dabei sind (im Unterschied zur Triebreduktionstheorie) kognitive Prozesse bedeutsam.
3. Kognitive Person-Umwelt-Bezüge werden sowohl in der Ist-Lage als auch in der Soll-Lage dargestellt (*Oerter* 1973, 101).
4. Dabei werden im kognitiven Bereich die Wahrnehmung, das Lernen, das Denken u. a. eine bedeutsame Rolle spielen.

c) Theorie der inhärenten (intrinsischen) Motivation

Oerter (1973, 102 ff.) verweist auf *G. A. Miller, E. Galanter* und *K. H. Pribram*, die nun die Reglerwirkung, wie sie in einem kybernetischen System stattfindet, auf die Betrachtungsweise der Motivation anwenden. Dabei sind die Aspekte der sensorischen Eingabe und der motorischen Ausgabe wichtig. Nur wird hierbei in Unterscheidung zu der Betrachtungsweise des Reflexes angenommen, daß die Aktivität durch die sensorischen Meldungen geregelt wird (*Oerter* 1973, 102). Demnach wird die motorische Aktivität auf einen Normwert abgestimmt. Diese Zusammenhänge werden nun am Modell der Test – Operate – Test – Exit – Einheit (*Tote*-Einheit) dargestellt und erläutert.

156 Motivation

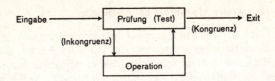

Abb. 27: Darstellung der *Tote*-Einheit (nach *Miller, Galanter* und *Pribram* 1960, 26; nach *Oerter* 1973, 103)

Nach *Oerter* (1973, 103 ff.) läßt sich die *Tote*-Einheit (siehe Abb. 27) am Beispiel des Thermostaten veranschaulichen. Die Prüfung (Test) kommt nun dem Thermometer zu. Das Thermometer spricht auf einen bestimmten Normwert (z. B. 23° Zimmertemperatur) an. Ist die Temperatur niedriger, so bewirkt die Inkongruenz zwischen Eingabewert und Normwert, daß ein Stromkreis geschlossen wird. Die Heizung tritt in Tätigkeit (Operation). Wenn nun die Zimmertemperatur den Normwert wieder erreicht hat, hört die Operation auf (Exit) (*Oerter* 1973, 103 f.). Das folgende Beispiel (der Wurzelhautentzündung eines Backenzahnes) dient nach *Oerter* (1973, 103 f.) der Erläuterung des Prinzipes der inhärenten Motivation:

(1) Kongruenz:

Solange die Reize unter der Schwelle des Schmerzes bleiben, bleibt der Organismus passiv. Es besteht Kongruenz.

(2) Inkongruenz:

Bei Überschreiten des Schwellenwertes setzt die Schmerzempfindung ein. Es beginnt die Aktivität indem Tabletten geschluckt werden oder man zum Zahnarzt geht (Operation).

(3) Exit:

Sobald die Schmerzschwelle nach der Behandlung wieder unterschritten wird, wird die entsprechende Aktivität wieder eingestellt.

Nach *Oerter* (1973, 104) liegt die Bedeutung dieser Theorie in folgenden wesentlichen Aspekten:

(1) Da sich die Motivation von selbst durch den Austauschprozeß zwischen Aktivität und Reizeingabe, zwischen Organismus und Umwelt ergibt, sprechen wir von einer inhärenten (intrinsischen) Motivation.

(2) Dieses Motivationsprinzip reicht von einfachen biologischen Austauschprozessen bis zu komplexen inneren (Denken) und äußeren Verhaltensweisen (*Oerter* 1973, 104).

(3) Dabei ist aber zu betonen, daß dieses Modell in vielen Fällen Motivation erklären kann (*Oerter* 1973, 104 f.). Es kann es demnach nicht in allen Fällen. Diese Tatsache weist eben auf die Bedeutung verschiedener Theorien für die Motivation hin.

d) *Neugierverhalten und Motivationstheorien*

Für das menschliche Verhalten und Erleben ist das Interesse am Neuen bedeutsam. Es handelt sich dabei um das Neugierverhalten (exploratives Verhalten).

Nun ist die Neugier von der Triebreduktionstheorie schwer zu erklären. Sie steigt nicht unbedingt mit der Triebstärke des Hungers. Um sie erklären zu können, wäre die Annahme eines primären Triebes der Neugierde erforderlich. Durch die Theorie der inhärenten Motivation ist die Neugier folgendermaßen zu erklären:

(1) Zur Veranschaulichung und Erklärung der Neugier dient nach *Oerter* (1973, 136 ff.) die *Tote*-Einheit.

(2) Dabei wird die Eingabe von Informationen einem Test (Prüfung) unterzogen. Besteht Kongruenz zwischen Eingabe und Normwert, ist keine Aktivität mehr nötig.

(3) Besteht nun Inkongruenz, so kommt es zur Operation, d. h. wir unternehmen etwas, werden neugierig und damit motiviert.

(4) Wenn ein kleines Kind bisher nur Hunde gesehen hat und diese auch richtig bezeichnet, so besteht Kongruenz.

(5) Begegnet dem Kind nun eine Katze, so wird seine Neugierde geweckt. Die Inkongruenz besteht beispielsweise in der Tatsache, daß die Katze im Unterschied zum Hund klettern kann.

(6) Dabei erfüllen nach *Siddiqi* und *Keil* (1970, 277) die sprachlichen Bezeichnungen zur Erfassung der Neugier in der Wahrnehmung die Bedingungen inkongruenter Reize.

(7) Die Inkongruenz regt nun zur Aktivität an (Operation). Das Kind wird nun explorieren und ist durch die Neugierde motiviert.

(8) Wenn nun Klarheit bei der Unterscheidung zwischen Hund und Katze besteht, ist die Kongruenz wieder hergestellt.

(9) Dabei ist die Theorie der inhärenten Motivation zur Erklärung der Neugierde auch dann in der Lage, wenn das Kind jetzt verschiedene Hunde (z. B. Schäferhunde, Pudel u. a.) sieht und unterscheidet. Dabei wird es sich nach *Oerter* (1973, 142), um mehrere *Tote*-Einheiten handeln.

(10) Dabei wird immer vom Vertrauten ausgegangen. Es werden dann neue Seiten des Vertrauten oder Neuheiten, die noch nicht vertraut sind, zu erschließen versucht (*Oerter* 1973, 142).

3. Methoden zur Motivationsforschung

Bedeutsam für die Methoden der Motivationsforschung sind nach *Graumann* (1965, 130 ff.) die sogenannten A-Variablen (Bedingungen) und die sogenannten C-Variablen (Wirkungen). Dabei kann man Motivation als intervenierende Variable zwischen einem bedingenden Ereignis A und einem bewirkten Verhalten C in Ansatz bringen (*Graumann* 1965, 130).

Es werden nun einige wesentliche methodische Möglichkeiten der Motivationsforschung zuerst am Beispiel der A-Variablen (Bedingungen) und dann am Beispiel der C-Variablen (Wirkungen) aufgezeigt (nach *Graumann* 1965, 130 ff.).

(1) A-Variablen (Bedingungen)

1. Leibnahe Antriebe bzw. Bedürfnisse
Dabei kann es sich um leibnahe Antriebe bzw. Bedürfnisse und ihre Deprivation handeln. Daher wird unter Deprivation der Entzug (beispielsweise) der Nahrung verstanden. Dabei wird nach *Graumann* (1965, 137) die Zeit, die zwischen zwei aufeinanderfolgenden Befriedigungen bzw. zwischen der letzten Befriedigung und der Bestimmung der C-Variablen verstrichen ist, als Determinante für die Antriebsstärke bestimmt.

2. Motivierende Umweltreize
Eine weitere Möglichkeit der Manipulation von A-Variablen ist die Setzung von motivierenden Umweltreizen (*Graumann* 1965, 142). Dabei kann es sich um optische, akustische u. a. Reize handeln. In diesem Zusammenhang ist die Bestimmung der Schwellen, bis zu denen beispielsweise physikalisch definierte Reize aktivieren, von Interesse.

3. Anreize und Aufforderungs-Charaktere
Das methodische Vorgehen entspricht dem ethologischen Attrappenversuch zur Isolierung von Schlüsselreizen. Nach *Graumann* (1965, 146) werden eine Reihe von Gegenständen geboten. Der bevorzugte Gegenstand gilt als bedürfnisbefriedigend.

4. Erworbene Motive

Es handelt sich um sogenannte sekundäre Antriebe oder Motive, die im wesentlichen durch die Sozialisation entstanden sind (*Graumann* 1965, 150 f.). Dabei ist methodisch die Unterscheidung in experimentell induzierte temporäre Motive und in diagnostisch ermittelte relativ überdauernde Motive wichtig. Es kann also methodisch die experimentell induzierte Angst mit der im diagnostischen Test erkennbar werdenden Ängstlichkeit eines Individuums verglichen werden (*Graumann* 1965, 151).

5. Frustrations- und Konfliktbedingungen

Nach *Graumann* (1965, 157) handelt es sich um Reaktionen, die von Reizen ausgelöst werden, die aber jetzt durch eine Barriere daran gehindert werden, ihren üblichen Ablauf zu nehmen. Dadurch wird methodisch das Verhalten so beeinflußt, als ob eine motivierende Variable wirksam geworden wäre (*Graumann* 1965, 157).

(2) C-Variablen (Wirkungen)

Dabei ist nach *Graumann* (1965, 101) bedeutsam, daß C-Variablen als sogenannte motivationale Effekte zu bezeichnen sind. Sie sind mit den Aspekten des Motivationsbegriffes vergleichbar.

1. Bedeutung der Richtung

Es ist zum Beispiel möglich, jemanden, der unbeirrt sein Ziel verfolgt, zu beobachten. Dabei ist nach *Graumann* (1965, 162) von Interesse, ob die Richtung auch dann noch beibehalten wird, wenn Widerstände zu überwinden sind. Es handelt sich also hier nach *Graumann* (1965, 163) um die Konstanz der Richtung.

Die Orientierungsleistungen von Tieren können im Versuch auch experimentell untersucht werden (*Graumann* 1965, 164 f.). Schließlich sind Richtungen des Antriebs auch durch Tests (z. B. TAT) meßbar und feststellbar.

2. Aktivation

Hier sind nach *Graumann* (1965, 170 ff.) ebenfalls die Methoden der Beobachtung, des Experimentes, des Tests u. a. möglich. Dabei ist ein Zusammenhang zwischen Aktivation und Leistung feststellbar (*Graumann* 1965, 171). *Graumann* weist auf die Bedeutung der Aktivations-Grade für die Geschwindigkeit, die Intensität und Koordination von Reaktionen hin. Dabei scheint ein mittlerer Aktivations-Grad optimal zu sein (*Graumann* 1965, 171).

3. Selektion

Dabei kann es sich darum handeln, daß sich unsere Wahrnehmung mehr auf diese als auf jene Reize richtet (*Graumann* 1965, 176). Ein Beispiel dafür sind Wahl-Versuche. Es handelt sich dabei um bevorzugte Zielgegenstände. Es kann zum Beispiel die Veränderung der mittleren Pupillenausdehnung (%) bei weiblichen und männlichen Versuchspersonen bezogen werden auf die Wahrnehmung von »Säugling«, »Mutter mit Kind«, »nackter Mann«, »nackte Frau«, »Landschaft« (*Graumann* 1965, 177).

Schließlich ist auf die multivariate Erfassung von Motivations-Indikatoren hinzuweisen. Dabei ist die Faktorenanalyse bedeutsam (siehe *Graumann* 1965, 178 ff.).

4. Die Bedeutung des Motivationsgewebes

a) Begriff

Nach *Lückert* (1972, 121) ist es notwendig, zur Erklärung und zum Verstehen menschlichen Verhaltens alle erkennbaren Motive zu berücksichtigen. Dabei ist ferner bedeutsam, daß diese Motive verschiedene Wertigkeit besitzen können. Es kann sich also um Haupt- und Mitmotive handeln (*Lückert* 1972, 121).

Häufig ist nun das Hauptmotiv von mehreren Mitmotiven umkleidet. Dabei ist auch das gleichzeitige Vorhandensein mehrerer nahezu gleich bedeutsamer Motive denkbar. Wir sprechen deshalb mit *Lückert* (1972, 121) von einem Motivgewebe. Dabei ist auch die Bezeichnung Motivbündel möglich.

Die Bezeichnung Motivgewebe ist dem dynamisch-ganzheitlichen Aspekt gemäß (*Lückert* 1972, 121). Mit dem Begriff des Motivgewebes wird der Beziehungszusammenhang der Motive ausgedrückt. Dabei ist ebenfalls ein konfliktnahes Spannungsverhältnis möglich.

b) Bedeutung des Motivationsgewebes für menschliches Verhalten

Menschliches Verhalten wird durch Motive bestimmt, die im Begriff des Motivgewebes ihren Niederschlag finden. Dabei wird die Bedeutung des Miteinander der Motive an folgenden Beispielen deutlich (*Lückert* 1972, 121 f.):

(1) Motive für eine sehr gefährliche Bergbesteigung:

1. Neugier, wie es oben am Gipfel aussieht.
2. Der Bergsteiger will einen Mutbeweis erbringen.
3. Er will andere Bergsteiger übertreffen.
4. Der Bergsteiger will den Berg bezwingen, ihn gleichsam besiegen.
5. Dabei ist sein Ziel, dem Koloß gleichsam auf den »Kopf« zu treten.

Dabei werden diese Motive im Sinne des Motivgewebes zusammenwirken und den Bergsteiger aktivieren.

(2) Motive für den Beruf des Schiffsarztes:

1. Ärztliche Berufung.
2. Die Sehnsucht nach dem Meer.
3. Die Neigung, gerne auf Schiffen zu fahren.
4. Der Wunsch, andere Länder kennenzulernen.

Dabei ist nach *Lückert* bedeutsam, daß verschiedene und teilweise sehr unterschiedliche Motive zusammengeschmolzen werden. Dabei ist hier der Unterschied zwischen dem Motiv 1 und den Motiven 2 bis 4 gemeint.

(3) Motive für den Beruf des Kunstkritikers:

1. Die Neigung, sich kritisch auseinanderzusetzen.
2. Das Bedürfnis nach künstlerischer Teilhabe.

Zu diesen wesentlichen und doch auch gegensätzlichen Motiven können nun noch Motive, die sich auf spezielle Bereiche der Kunst (z. B. Musik, Malerei u. a.) beziehen, hinzukommen und aktivierend wirken.

(4) Motive für den Beruf des Dozenten für Lehrerbildung:

1. Psychologische Neigung.
2. Interesse für Pädagogik.

Dabei kann es sich um einen begeisterten (passionierten) Psychologen handeln, dem gleichzeitig pädagogischer Eros zukommt (*Lückert* 1972, 122). Dabei ergibt sich nun eine sehr hohe Motivation für pädagogische Psychologie, für Psychologie generell wie in gleicher Weise für Pädagogik und Erziehungswissenschaft.

Die Bedeutung des Motivationsgewebes für menschliches Handeln und Verhalten liegt eben in der Tatsache begründet, daß der Mensch nicht aus einem Motiv heraus handelt (*Lückert* 1972, 123).

5. Motivwandel und Motivkette

a) *Bedeutung des Motivwandels*

Hier sind mit *Lückert* (1972, 123 ff.) folgende wesentliche Gesichtspunkte zu benennen:

(1) Es kann ein Hauptmotiv durch ein anderes ersetzt werden; es kann aber auch ein Mitmotiv zu einem Hauptmotiv werden.

(2) Es kann demnach beispielsweise ein bewährter Offizier seine schriftstellerische Neigung erkennen.

(3) Wenn nun die Motivation sich in ihr Gegenteil wandelt, so haben wir einen Sonderfall des Motivwandels vor uns. Es kann beispielsweise aus einem Trinker ein Abstinenzler werden.

(4) Wenn das Hauptmotiv in der Tatsache besteht, Diplomat zu werden, so ist ein Mitmotiv, die beiden dazu notwendigen Sprachen zu

erlernen und zu studieren. Wenn sich nun dabei der Beruf des Philologen ergibt, so wurde ein Mitmotiv zu einem Hauptmotiv.

(5) Die Bedeutung des Motivwandels besteht in der Tatsache einer Plastizität des Verhaltens. Es wird dadurch dem Gesichtspunkt der Dynamik im Verhalten ebenfalls Rechnung getragen.

b) Bedeutung der Motivkette

Es werden mit *Lückert* (1972, 130 f.) folgende wesentliche Aspekte benannt:

(1) Bei der Diagnose im Sinne eines Querschnittes vereinigen sich die Motive zu einem Motivgewebe.

(2) Bei der Diagnose mit der Absicht der Betrachtung im Sinne eines Längsschnittes (z. B. Lebenslauf) vereinigen sich die Motive zu einer Motivkette. Dabei kann sich die Betrachtung im Sinne eines Längsschnittes auf einen bestimmten Zeitraum erstrecken (z.B. mehrere Monate, mehrere Jahre).

(3) Die Bedeutung der Motivkette liegt vor allem in der Möglichkeit ihres Vergleiches mit dem Motivgewebe. Dabei ist eben der Vergleich der Querschnitts- und der Längsschnittsdiagnose sehr bedeutsam und sehr wichtig.

6. Die Bedeutung der Leistungsmotivation

a) Begriff

Nach *Heckhausen* (1965, 604) ist für die Leistungsmotivation zunächst ein Gütemaßstab, der für verbindlich gehalten wird, wesentlich. Mit diesem Gütemaßstab wird nun die eigene Tüchtigkeit in Verbindung gebracht.

Für *Wasna* (1973, 8) ist für die Kennzeichnung der Leistungsmotivation ebenfalls die Auseinandersetzung mit einem Gütemaßstab bedeutsam.

Oerter (1973, 154 ff.) verweist auf *McClelland* (1953) und *Heckhausen* (1963), die zwei wesentliche Komponenten der Leistungsmotivation benennen. Es handelt sich dabei um die Hoffnung auf Erfolg und um die Furcht vor Mißerfolg. Die Auseinandersetzung mit dem Gütemaßstab führt nun zur Setzung des Anspruchsniveaus (*Oerter*

1973, 155). Dabei ist eine obere und eine untere Leistungsgrenze von Bedeutung.

Für die begriffliche Erfassung der Leistungsmotivation sind folgende wesentliche Aspekte festzuhalten:

1. Die Auseinandersetzung mit einem Gütemaßstab führt zu einem (aktuellen) Anspruchsniveau.
2. Dieses aktuelle Leistungsniveau besitzt eine obere (viel zu schwer) und eine untere (viel zu leicht) Grenze.
3. Dabei ist die Hoffnung auf Erfolg und die Furcht vor Mißerfolg wichtig.

Die Abbildung 28 dient der bildlichen Darstellung der eben aufgezeigten Zusammenhänge.

Abb. 28: Der Zusammenhang des Anspruchsniveaus mit der Hoffnung auf Erfolg und der Furcht vor Mißerfolg (nach *Oerter* 1973, 155)

Dabei ist bedeutsam, daß das aktuelle Anspruchsniveau genügend Hoffnung auf Erfolg zuläßt. Hier ist auch eine erträgliche Furcht vor Mißerfolg berücksichtigt.

b) *Erstes Auftreten der Leistungsmotivation*

Hier sind folgende wesentliche Gesichtspunkte festzuhalten:

(1) *Wasna* verweist auf *Klamma* (1957). Bei zweijährigen Kindern war bereits die Absicht vorhanden, eine Handlung selbständig auszuführen. Sobald aber größere Schwierigkeiten auftraten, gaben die Kinder schnell auf.

(2) *Oerter* (1973, 157) führt eine Untersuchung von *Heckhausen* und *Roelofsen* (1962) an. Demnach wurden im Alter von 2;3 bis 3;6 erste Anzeichen der Leistungsmotivation festgestellt. Im Alter von 3;7 bis 4;6 wächst der Bezug zu Erfolg und Mißerfolg. Im Alter von 4;7 bis 5;6

waren Leistungsmotivation und Anspruchsniveau deutlich feststellbar (*Oerter* 1973, 157 ff.).

(3) Die Untersuchungen von *Sears* und *Levin* (1973, 81 ff.) bzw. von *Müller* (1973, 90 ff.) bestätigen diese eben angegebenen Ergebnisse.

c) Leistungsmotivation und Streben nach Selbständigkeit

Nach *Winterbottom* wird das Streben nach Selbständigkeit in folgenden Items deutlich (*Winterbottom* 1973, 41):

»Allein essen.
Kleider weghängen und auf sein Eigentum achten.
Sich allein ausziehen und allein zu Bett gehen.
Regelmäßige Pflichten zu Hause übernehmen.«

Auf Grund der Untersuchungen von *Winterbottom* (1973, 41 f.) ergaben sich zwischen der Leistungsmotivation und dem Streben nach Selbständigkeit folgende Zusammenhänge:

(1) Generell gelang der Nachweis, daß sich Mütter von Kindern mit hoher Leistungsmotivation von Müttern von Kindern mit geringer Leistungsmotivation in ihrem Verhalten unterscheiden.

(2) Dabei stellen die Mütter von hochmotivierten Kindern (im Alter bis zu 8 Jahren) mehr Forderungen.

(3) Diese Mütter bewerten die Leistungen ihrer Kinder höher und belohnen sie mehr.

(4) Die Kinder mit niedriger Leistungsmotivation erfahren von ihren Müttern häufiger Beschränkungen und Begrenzungen als Verhaltensziele.

(5) Die Mütter von Söhnen mit hoher Leistungsmotivation schätzen die Selbständigkeit ihrer Söhne auch höher ein (*Winterbottom* 1973, 38).

d) Leistungsmotivation und Risikoverhalten

Nach *McClelland* (1973, 69 ff.) sind folgende Zusammenhänge zwischen Leistungsmotivation und Risikoverhalten nachgewiesen worden:

(1) Personen mit hoher Leistungsmotivation streben eher Tätigkeiten an, die ein gewisses Risiko enthalten, als Personen mit niedriger Leistungsmotivation.

(2) Dabei wurde dieser Zusammenhang bei Männern im Alter von 18 bis 45 Jahren in Deutschland und in Amerika festgestellt.

(3) Bei fünfjährigen Kindergartenkindern und bei Schülern der dritten Grundschulklassen war das Risikoverhalten der Kinder mit hoher Leistungsmotivation gemäßigt.

(4) Bei diesen Versuchsgruppen ließen Kinder mit niedriger Leistungsmotivation entweder kein Risikoverhalten oder ein sehr extremes Risikoverhalten erkennen.

(5) Diese Befunde sprechen nach *McClelland* (1973, 80 f.) dafür, daß Erwachsene mit hoher Leistungsmotivation ein angemessenes Risikoverhalten zeigen, das Aussicht auf Erfolg hat. Erwachsene mit geringer Leistungsmotivation riskieren entweder gar nichts oder sie riskieren zu viel (Lotterie) und haben geringe Erfolgsaussichten.

(6) Die Befunde sprechen auch dafür, daß sich das Risikoverhalten wie die Leistungsmotivation frühzeitig herausbildet und sich in günstiger Weise bei Vorschulkindern und Grundschulkindern im Sinne sozialen Lernens beeinflussen läßt.

e) Die Bedeutung des Wetteifers

(1) Nach *Heckhausen* und *Roelofsen* (1973, 100 ff.) sind Situationen mit dem Charakteristikum des Wetteifers besonders bei kleinen Kindern zur Erfassung von Leistungsaktivitäten sehr günstig.

(2) *Heckhausen* und *Roelofsen* (1973, 119) konnten den Nachweis erbringen, daß bei Kindern (ab 3;6) der Wetteifer vorhanden war. Gleichzeitig wurde bereits der Erfolg bzw. der Mißerfolg erkannt.

(3) Ferner ist bedeutsam, daß bei den Fünf- bis Sechsjährigen sowohl der Wetteifer als die wesentlichen Kennzeichen der Leistungsmotivation festgestellt werden konnten.

(4) Dabei stellt *Wasna* (1973, 120 ff.) im Zusammenhang und in Übereinstimmung zur Arbeit von *Heckhausen* und *Roelofsen* fest, daß auch bei geistig behinderten Kindern die Wetteifersituation sehr wichtig ist.

(5) Die Befunde von *Wasna* stimmen mit den Ergebnissen von *Heckhausen* und *Roelofsen* in wesentlichen Punkten überein. Es zeigte sich lediglich, daß die geistig behinderten Kinder länger in der Wetteifersituation beharren.

f) Erziehungsverhalten und Leistungsmotivation

(1) *Oerter* (1973, 169 ff.) stellt einen generellen Zusammenhang zwischen der Erziehung zur Selbständigkeit und der Leistungsmotivation fest.

(2) Dabei ist aber nach *Oerter* (1973, 167 ff.) zu beachten, daß das Erziehungsverhalten nur ein Aspekt ist, der die Leistungsmotivation beeinflußt.

(3) In Übereinstimmung dazu erbringen Untersuchungen von *Heckhausen* und *Oswald* (1973, 59 ff.) das wichtige Ergebnis, daß mütterliches Anspruchsniveau, Bevorzugung positiver Bekräftigungen und selbständigkeitsfördernde Eingriffe hohe Leistungsziele des Kindes im Gefolge haben.

(4) Bei 40 Mutter-Kind (vier bis fünf Jahre alt) -Paaren zeigte sich ein Zusammenhang zwischen eigenen Zielsetzungen des Kindes, geringer Häufigkeit des Hilfesuchens und zwischen hohem mütterlichen Anspruchsniveau und der Bevorzugung positiver Bekräftigungen (*Heckhausen* und *Oswald* 1973, 69).

7. Hunger und Durst

a) Spontanes Verhalten

(1) Es ist hier zunächst festzuhalten, daß es im Tierversuch gelang, Auswirkungen des Hungers auf das spontane Verhalten nachzuweisen (*Weinert* 1965, 482 ff.).

(2) Dabei war die Aktivität der hungrigen Tiere erheblich größer als die Aktivität der satten Tiere. Dabei maß man die Aktivität entweder in Aktivitätsrädern oder durch Stabilimeter (*Weinert* 1965, 482).

(3) Die Stärke des Nahrungsbedürfnisses wurde durch die Dauer des Futterentzuges bzw. durch den prozentualen Gewichtsverlust bestimmt (*Weinert* 1965, 482).

(4) Dabei ist bedeutsam, daß der Durst im allgemeinen zu einer geringeren Steigerung der Aktivität führt als der Hunger vergleichbarer Ausprägung (*Weinert* 1965, 499).

b) Instrumentelles Verhalten

(1) Von der Lerntheorie her ist bekannt, daß hungrige Ratten häufig einen Hebel drücken, um jedesmal Futter zu bekommen *(Skinner-Box)*.

(2) Nun stellt sich in diesem Zusammenhang aber auch heraus, daß hungrige Ratten erheblich häufiger einen Hebel drücken, um Futter zu bekommen, als dies satte Tiere tun. In vergleichbarer Weise laufen die hungrigen Tiere rascher als die satten Tiere (*Weinert* 1965, 485).

(3) Demnach beeinflußt der Hunger alle mit der Nahrungsaufnahme zusammenhängenden Reaktionen des Organismus (*Weinert* 1965, 485). Damit wird die große Bedeutung der Motivation für das Lernen (siehe B, IV) deutlich.

(4) Im Bereich des instrumentellen Verhaltens entsprechen die vorliegenden experimentellen Ergebnisse (betreffend den Einfluß des Hungers) weitgehend den Ergebnissen aus experimentellen Untersuchungen betreffend den Einfluß des Durstes (*Weinert* 1965, 500).

c) Konsumatorisches Verhalten

(1) Hier geht es beispielsweise um den Zusammenhang zwischen der Stärke des Hungers und Merkmalen der Nahrungsaufnahme.

(2) Nach *Weinert* (1965, 487) waren in Tierversuchen Zusammenhänge zwischen längerem Futterentzug und einer Verkürzung der Latenzzeit zwischen der Darbietung des Futters und dem Beginn des Fressens nachweisbar.

(3) Nach *Weinert* (1965, 500) ließ sich ein Zusammenhang (bei Durst) zwischen der Wasseraufnahme und dem Flüssigkeitsdefizit im Tierversuch nachweisen.

d) Bedeutung des Hungers für kognitive Prozesse

(1) In diesem Zusammenhang kann die Frage gestellt werden, ob wir unsere Umwelt vor dem Essen anders wahrnehmen als danach.

(2) *Weinert* (1965, 494) verweist auf *Osgood,* der im Zustand des Hungers an Stelle von »400D« »FOOD« zu lesen pflegt. Demnach beeinflußt der Zustand des Hungers die menschliche Wahrnehmung.

(3) Eine größere experimentelle Untersuchung von *Sanford* (1936,

1937) verifizierte den Zusammenhang zwischen nahrungsbezogenen Reaktionen in Assoziationsversuchen und dem Hunger der Versuchspersonen. Dabei war ein deutlicher Anstieg nahrungsbezogener Reaktionen bei hungrigen Versuchspersonen festzustellen (*Weinert* 1965, 494).

8. Angst und Furcht

a) Begriff

(1) Unter Angst verstehen wir zunächst ein Gefühl der Enge. Es handelt sich dabei um eine Bedrohung des Subjekts (*Fröhlich* 1965, 516).

(2) Furcht ist dagegen in den meisten Fällen auf ein bestimmtes Objekt, also auf ein eindeutiges »Wovor« beziehbar (*Fröhlich* 1965, 516).

(3) Dabei ist den Wirkungen von Angst und Furcht gemeinsam, daß sie beide zwischen einer die Aktivität fördernden (motivierenden) und einer die Aktivität hemmenden Beeinflussung schwanken (*Fröhlich* 1965, 516).

b) Primäre Angst

(1) *Fröhlich* (1965, 518f.) verweist auf *Watson,* der die Angstreaktion auf laute Geräusche und auf den Verlust des Haltes als angeboren bezeichnet.

(2) *Binet* (1895) stellte bei Befragung von Kindern als ein Hauptmotiv der Angst das Problem der Dunkelheit fest (*Fröhlich* 1965, 518f.). Er bezeichnet die Angst der Kinder vor der Dunkelheit als primäre Angst.

(3) Ferner ist aus dem Bereich der Tiefenpsychologie eine fundamentale Angstquelle zu benennen. *Freud* bezeichnete das »Trauma der Geburt« als eine fundamentale Angstquelle (*Fröhlich* 1965, 518).

c) Angst und Lernen

(1) Hier wird auf das Problem Angst und bedingter Reflex eingegangen. Der Lidschlußreflex ist als biologische Schutzfunktion angeboren.

(2) *Fröhlich* (1965, 541) verweist auf das Angst-Konditionierungs-

experiment von *J. Taylor* (1951). Dabei ist ein Luftstoß der natürliche Reiz, dem die natürliche Reaktion des Lidschlusses folgt.

(3) Wenn nun kurz vor dem Luftstoß ein Lichtzeichen gegeben wird, so entsteht der bedingte Reflex (Lichtsignal – Lidschluß).

(4) *Taylor* konnte nun nachweisen, daß die Extremgruppe der Ängstlichen signifikant häufiger reagierte als die Nicht-Ängstlichen. Die bessere Konditionierbarkeit ängstlicher Versuchspersonen wurde auch in anderen Untersuchungen bestätigt (*Fröhlich* 1965, 541 f.).

d) Angst und Leistungsmotivation

(1) Nach *Fröhlich* (1965, 546) ließ sich ein Zusammenhang zwischen Angst und Leistungsmotivation nachweisen.

(2) Dabei gelang der Nachweis, daß Ängstliche im Wahlverhalten Lösungen mittlerer Schwierigkeit bevorzugen (*Fröhlich* 1965, 546).

9. Zusammenfassung

(1) Wir erinnern uns, daß dem Motiv der unmittelbar-gegenständliche Aspekt zukommt. Geben Sie bitte an, welcher Aspekt der Motivation zukommt (siehe B, X, 1, b).

(2) Zur Kennzeichnung des Begriffes »Bedürfnis« sind die Aspekte des Mangelerlebnisses und des Anmutungsmomentes wichtig. Geben Sie bitte noch drei weitere wesentliche Aspekte an (siehe B, X, 1, d).

(3) Für die Theorie von der Motivation als Erwartung sind die Ist-Lage und die Soll-Lage wichtig. Erläutern Sie bitte unter Verwendung dieser beiden Aspekte den Begriff des Erwartungsgefälles (siehe B, X, 2, b).

(4) Im Rahmen der Theorie der inhärenten Motivation ist die TOTE-Einheit wichtig. Erläutern Sie bitte die TOTE-Einheit an einem Beispiel (siehe B, X, 2, c).

(5) Bei den Methoden zur Erforschung der Motivation sind A-Variablen und C-Variablen wichtig. Geben Sie bitte an, welcher dieser beiden Variablen Sie motivierende Umweltreize zuordnen (siehe B, X, 3).

(6) Mit dem Begriff des Motivgewebes wird der Zusammenhang der Motive ausgedrückt. Erläutern Sie diesen Beziehungszusammenhang von Motiven an einem Beispiel (siehe B, X, 4, b).

(7) Bei dem Motivwandel kann ein Mitmotiv zu einem Hauptmotiv werden. Geben Sie dafür bitte ein Beispiel an (siehe B, X, 5, a).

(8) Für die Leistungsmotivation ist die Auseinandersetzung mit einem Gütemaßstab kennzeichnend. Geben Sie bitte noch zwei weitere wesentliche Aspekte zur Kennzeichnung der Leistungsmotivation an (siehe B, X, 6, a).

(9) Es ergab sich ein Zusammenhang zwischen Leistungsmotivation und Streben nach Selbständigkeit. Versuchen Sie diesen Zusammenhang mit Versuchsergebnissen zu belegen (siehe B, X, 6, c).

(10) Es gelang der Nachweis des Zusammenhanges von Leistungsmotivation und Erziehung zur Selbständigkeit. Erläutern Sie diesen Zusammenhang bitte an einem Beispiel (siehe B, X, 6, f).

(11) Es gelang die Bedeutung des Hungers für instrumentelles Verhalten im Tierversuch nachzuweisen. Geben Sie dafür bitte ein Beispiel an (siehe B, X, 7, b).

(12) Es gelang der Nachweis eines Zusammenhanges zwischen Angst und Leistungsmotivation. Geben Sie bitte dafür ein Beispiel an (siehe B, X, 8, d).

10. Weiterführende Literatur

Bergius, R.: Behavioristische Motivationsbegriffe, In: Hdbch. d. Psychol. Bd. 2. Hogrefe, Göttingen 1965, 817–867.
Fröhlich, W.-D.: Angst und Furcht. In: Hdbch. d. Psychol. Bd. 2. Hogrefe, Göttingen 1965, 513–569.
Graumann, C.-F.: Methoden der Motivationsforschung. In: Hdbch. d. Psychol. Bd. 2. Hogrefe, Göttingen 1965, 123–205.
Hebb, D.-O.: Einführung in die moderne Psychologie. Beltz, Weinheim–Basel, 1975[8].
Heckhausen, H.: Leistungsmotivation. In: Hdbch. d. Psychol. Bd. 2. Hogrefe, Göttingen 1965, 602–705.
Heckhausen, H., Oswald, A.: Erziehungspraktiken und Leistungsverhalten. In: Leistungsmotivation. UTB 280. E. Reinhardt, München–Basel, 1973, 59–69.
Heckhausen, H., Roelofsen, I.: Leistungsmotivation im Wetteifer des Kleinkindes. In: Leistungsmotivation. UTB 280. E. Reinhardt, München–Basel, 1973, 100–120.
Hehlmann, W.: Wörterbuch der Psychologie. Kröner, Stuttgart 1962[2].
Kruse, L., Rogge, K.-E.: Motivation. In: Steckbrief der Psychologie. UTB 37. Quelle & Meyer, Heidelberg, 1977[3], 104-121.
Lückert, H.-R.: Konfliktpsychologie. E. Reinhardt, München–Basel, 1972[6].

McClelland, D.-C.: Risikoverhalten bei Kindern mit hoher und niedriger Leistungsmotivation. In: Leistungsmotivation. UTB 280. E. Reinhardt, München–Basel, 1973, 69–81.
Müller, A.: Entwicklung des Leistungs-Anspruchsniveaus. In: Leistungsmotivation. UTB 280. E. Reinhardt, München–Basel, 1973, 90–100.
Oerter, R.: Moderne Entwicklungspsychologie. Auer, Donauwörth, 1973[13].
Rohracher, H.: Einführung in die Psychologie. Urban & Schwarzenberg, Wien–München–Berlin, 1971[10].
Sears, P.-S., Levin, H.: Anspruchsniveau bei Vorschulkindern. In: Leistungsmotivation. UTB 280. E. Reinhardt, München–Basel, 1973, 81–90.
Thomae, H.: Die Bedeutung des Motivationsbegriffes. In: Hdbch. d. Psychol. Bd. 2. Hogrefe, Göttingen 1965, 3–45.
– Das Problem der Motivarten. In: Hdbch. d. Psychol. Bd. 2. Hogrefe, Göttingen 1965, 415–465.
Wasna, M.: Leistungsmotivation. UTB 280. E. Reinhardt, München–Basel, 1973.
Weinert, F.: Hunger und Durst. In: Hdbch. d. Psychol. Bd. 2. Hogrefe, Göttingen 1965, 465–513.
Winterbottom, M.: Zusammenhang zwischen Leistungsmotivation und Lernerfahrungen beim Streben nach Selbständigkeit. In: Leistungsmotivation. UTB 280. E. Reinhardt, München–Basel, 1973, 29–48.

XI. Aggression

1. Begriffe

a) Aggression

Mit *Lückert* (1972, 298) gehen wir von der Tatsache aus, daß »aggredi« zunächst heißt »an etwas herangehen, angreifen, Berührung suchen mit der Außenwelt, mit dem Gegenstand«.

Hehlmann (1962, 7) weist auf die begrifflichen Aspekte der Angriffslust und des feindseligen Verhaltens hin.

Merz (1965, 571) bezeichnet mit Aggression jene Verhaltensweisen, mit denen die direkte oder indirekte Schädigung eines Individuums (meistens eines Artgenossen) beabsichtigt ist. Dabei umfassen Aggressionen verschiedene Verhaltensweisen, die von körperlichen Angriffen der Schulbuben bis hin zu sorgfältig stilisierten Bosheiten reichen (*Merz* 1965, 571).

Für den Begriff der Aggression sind demnach die Aspekte des Angriffs, des Suchens von Berührung, der direkten oder indirekten Schädigung eines Individuums kennzeichnend.

b) Hauptformen der Aggression

Die Hauptformen der Aggression werden nun nach *Lückert* (1972, 298 ff.) dargestellt. Dabei vermittelt die Abbildung 29 den Überblick und den Zusammenhang.

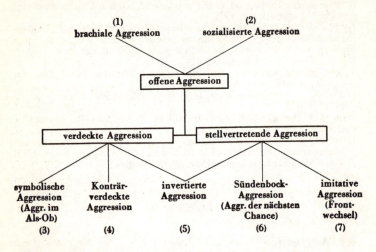

Abb. 29: Hauptformen der Aggression (nach *Lückert* 1972, 299)

Dabei ergeben sich nach *Lückert* (1972, 298 ff.) drei Hauptformen der Aggression mit jeweils spezifischen Formen.

(1) Die offene Aggression

Es handelt sich dabei um den direkten Angriff auf den Bestand und Wert einer Person oder Sache. Dabei wird die Person oder Sache nach *Lückert* (1972, 299) als ein Hindernis der Selbstentfaltung erlebt.

Die brachiale Aggression. Es sind hierunter alle körperlichen Aktionen wie Schlagen, Stoßen, Treten, Zerstampfen, Zerreißen, Beißen u. a. gemeint.

Sozialisierte Aggression. Nach *Lückert* (1972, 300) werden durch die Erziehung Verhaltensnormen übernommen, die die brachiale Gewalt im allgemeinen verurteilen. Es kommt nun zu sozialisierten Aggressionen, wobei die Aggressionen jetzt im verbalen Bereich erscheinen. Dabei kann es sich um offene Aggressionen wie die Drohung, die

Beschimpfung, die Verwünschung und die Verfluchung handeln. Zu der verdeckten Aggression gehören hier nach *Lückert* (1972, 300) das Bewitzeln, Sticheln, Kritisieren, Heruntersetzen und mehr getarnt das Gerüchte-Verbreiten und die anonyme Mitteilung.

(2) Die verdeckte Aggression

Hier ist nach *Lückert* (1972, 300 f.) die Richtung der Aggression weder für den Aggressiven noch für den naiven Außenstehenden klar erkennbar.

Symbolische Aggression. Bei der symbolischen Aggression ist das Aggressionsziel (-objekt) verdeckt. Ein Beispiel dafür wäre, wenn ein Kind für ein anderes Kind, das es nicht leiden kann, ein Grab mit Bausteinen baut. Wenn man nun das Kind fragt, warum es das Grab für den anderen baute, so kann es antworten, daß der andere Mensch böse sei und ihm ein Buch nicht gegeben habe.

Die konträr verdeckte Aggression. Hier ist nach Lückert (1972, 302) auch die Tendenz der Aggression verdeckt. Sie wird im äußeren Verhalten eventuell sogar in ihr Gegenteil verwandelt. Dabei kann eine verzärtelnde, überängstliche Erziehung der Ausdruck einer verborgenen Ablehnung sein.

Die invertierte Aggression. Nach *Lückert* (1972, 303) kann man diese Art der Aggression schon bei Kindern in einer Art von Vorform beobachten. Es handelt sich dabei um die Verweigerung der Nahrungsaufnahme. Diese Verweigerung ist gegen das eigene Wachstum gerichtet. Hier tritt nach *Lückert* (1972, 304) die Eigenperson als stellvertretendes Angriffsobjekt leidend in Aktion. Dabei ist der extremste Fall dieser invertierten Aggression der Selbstmord.

(3) Die stellvertretende Aggression

Nach *Lückert* (1972, 304 f.) kann ein Vater eine Zurechtweisung durch einen Vorgesetzten erfahren haben. Er läßt jetzt seinen Ärger an seiner Familie aus. Der abgewiesene Freier zündet ein Haus an. Hier wird dann die symbolische Entsprechung von Liebe und Feuer erkennbar und bedeutsam.

Die Aggression der nächsten Chance (Sündenbock). Nach *Lückert* (1972, 305) wird in der Kettenrache die Ermordung eines Angehörigen durch einen Mord an dem erstbesten Menschen, der dem Rächer begegnet, gerächt. In einer milderen Form dieser Art der Aggression kann ein unbeteiligter Mensch einen Affektausbruch eines anderen

Menschen über sich ergehen lassen, ohne den Zusammenhang zu verstehen.

Die imitative Aggression. Nach *Lückert* (1972, 305 f.) ist es möglich, daß die Gefangenen in einem Lager nach längerer Gefangenschaft das Verhalten ihrer Bewacher imitieren, d. h. übernehmen. Sie verhalten sich demnach neu hinzukommenden Gefangenen gegenüber genauso, wie sich die Wachmannschaften ihnen gegenüber verhalten.

c) Frustration

Nach *Lückert* (1972, 167) und nach *Hehlmann* (1962, 153) kommen der Frustration folgende wesentliche Aspekte zu:

1. Ein Hindernis, das eine unmittelbare Befriedigung eines Bedürfnisses unmöglich macht.
2. Die Folge ist für den Menschen ein unangenehmer Spannungszustand.
3. Vereitelung, Versagung und Nichterfüllung kennzeichnen die Frustration.

d) Frustrationstoleranz

Mit *Lückert* bezeichnen wir folgende wesentlichen Aspekte der Frustrationstoleranz (*Lückert* 1972, 184 ff.):

1. Jeder Mensch hat ein bestimmtes Maß an Widerstandskraft, eine verschieden große Belastungsfähigkeit entwickelt.
2. Hierfür sind die frühkindlichen Erfahrungen bedeutsam.
3. Besonders wichtig ist hierfür auch die Erziehung.
4. Durch eine angemessene Erziehung wird das Ertragen von Beschränkung, Vereitelung, Aufschub u. a. vorbereitet und erleichtert. Ein solcher Mensch besitzt dann eine hohe Frustrationstoleranz.

2. Theorien

Nach *Popp* (1974a, 91) wird das Zusammenleben von Menschen immer wieder durch das aggressive Verhalten von Individuen oder Gruppen beeinträchtigt und erschwert. Die Psychologie beschäftigte sich deshalb schon seit längerer Zeit mit den Ursachen der Aggression. Dabei wurden verschiedene Theoriensysteme entwickelt, um Aggressionen erklären zu können. Aus der Vielzahl vorliegender Theoriensysteme werden zwei wesentliche herausgegriffen, dargestellt und einander gegenübergestellt.

a) Aggression als Trieb

Mit *Lückert* (1972, 295) und mit *Merz* (1965, 573 f.) verweisen wir auf das Modell von *S. Freud*. *Freud* stellt dem Lebenstrieb (Eros) den Todestrieb (Thanatos) gegenüber. Nach *Merz* spricht nun Freud von einer angeborenen Neigung des Menschen zur Aggression (zum »Bösen«). Dabei führt *Freud* diese Neigung zur Aggression auf den Todestrieb zurück (*Merz* 1965, 573). Nach *Fromm* (1974, 15) und nach *Merz* (1965, 573) wird nun zur Vermeidung der direkten Triebbefriedigung, eben der Selbstvernichtung, der Todestrieb nach außen gerichtet. Es entsteht Aggression und Destruktion.

b) Aggression als Reaktion

Nach *Merz* (1965, 576) ist die Frustrations-Aggressions-Hypothese von *Dollard, Doob, Miller, Mowrer* und *Sears* (1939) für empirische Untersuchungen zum Problem der Aggression sehr bedeutsam geworden. Die Frustrations-Aggressions-Hypothese besagt in ihrer ursprünglichen Form folgendes:

1. Aggression ist immer die Folge einer Frustration.
2. Frustration führt immer zu irgendeiner Form von Aggression (*Dollard, Doob, Miller, Mowrer* und *Sears* 1972, 9; *Merz* 1965, 577).

Diese ursprüngliche Fassung des Zusammenhanges zwischen Frustration und Aggression wurde dann nach *Merz* (1965, 577) von *Miller* (1941), *Sears* (1941) u. a. in folgender Weise modifiziert:

1. Durch Frustrationen werden verschiedene Arten von Reaktionen verursacht. Eine davon ist Aggression.
2. Demnach ist die Aggression eine mögliche Form der Frustration.

Dabei ist generell von Interesse, daß die Aggression als eine mögliche Reaktion auf eine Frustration gesehen wird.

Die Gegenüberstellung dieser beiden Theorien der Aggression wird nach der Darstellung wesentlicher Befunde der Aggressionsforschung vorgenommen. Diese Gegenüberstellung ergibt sich in optimaler Weise bei den Ausführungen zur Bedeutung der psychologischen Aggressionsforschung (siehe B, XI, 7 a–c).

3. Die Bedeutung der Aggressionsrichtung

a) Wesentliche Richtungen der Aggression

S. Rosenzweig hat nun – aufbauend auf die Frustrations-Aggressions-Hypothese – drei Richtungen der Aggression konzipiert. Diese drei Richtungen der Aggression sind sowohl empirisch als auch tiefenpsychologisch begründet (*Lückert* 1972, 168 ff.; *Popp* 1974a, 91 f.). Die Aggression kann zunächst extrapunitiv sein. Sie richtet sich also gegen das frustrierende Hindernis (Person oder Gegenstand). Die Aggression kann aber auch intropunitiv sein; sie richtet sich also gegen das Individuum. Schließlich kann die Aggression impunitiv sein. Der Angriff wird dabei unterlassen, das Hindernis wird bagatellisiert, es wird vesucht, das Hindernis zu umgehen u. a.

S. Rosenzweig hat nun den *Rosenzweig* P-F-Test entwickelt, der nun eine exakte Messung der angegebenen Richtungen der Aggression ermöglicht. Dabei wird jeweils der Reaktionstyp mit berücksichtigt (Dominanz des Hindernisses, Überwiegen des Bezuges auf das Ich, Betonung der Lösung der problematischen Situation).

Nach *H. Hörmann* und *W. Moog* (1957) liegt eine deutsche Bearbeitung für Erwachsene und nach *E. Duhm* und *J. Hansen* (1957) liegt ebenfalls eine deutsche Bearbeitung für Kinder vor. Dabei werden den Versuchsteilnehmern jeweils 24 Bildsituationen zur persönlichen Entscheidung vorgelegt. Jede dieser Bildsituationen enthält eine Frustration.

b) Empirische Studien

(1) *Lückert* (1972, 169 f.) verweist auf eine empirische Studie von *F. P. Gatling* (1950). Hier führten Jugendliche im Alter von 10 bis 13 Jahren 10 Zusammensetzspiele durch. Bei den Jugendlichen handelte es sich um eine Gruppe von Delinquenten und um eine Gruppe von Normalen. Die Tabelle 4 läßt die Ergebnisse der Untersuchung erkennen.

Tabelle 4: Zahl der Antworten der zwei Gruppen bezogen auf die Richtungen der Aggression (nach *Lückert* 1972, 169).

Antworten	Delinquenten	Normale
Intropunitive	50 Antworten	162 Antworten
Extrapunitive	189 Antworten	88 Antworten
Impunitive	11 Antworten	0 Antworten

Die Untersuchung läßt folgende wesentliche Ergebnisse erkennen:
1. Es gelang der Nachweis der drei Richtungen der Aggression.
2. Bei den Delinquenten überwogen die Antworten bezogen auf die extrapunitive Richtung der Aggression.
3. Bei den Normalen überwogen die Antworten bezogen auf die intropunitive Richtung der Aggression.

(2) Die empirische Studie von *M. Popp* (1974a) befaßt sich mit der Stabilität der Aggressionsrichtung. Es wurden folgende wesentlichen Aspekte untersucht:

1. Die intropunitive und die extrapunitive Richtung der Aggression.
2. Dabei wurden Frustrationen gegenüber 100 Gymnasiasten im Alter von 17 bis 19 Jahren vorgegeben. Es handelte sich um Frustration durch übergeordnete, gleichgeordnete und untergeordnete Personen.
3. Dabei wurde die Stabilität der Aggressionsrichtung untersucht.

Dabei ergaben sich folgende wesentliche Ergebnisse:

1. Die intropunitive und die extrapunitive Richtung der Aggression konnte nachgewiesen werden.
2. Unter Berücksichtigung der drei Frustrationsbereiche gelang der generelle Nachweis der Stabilität der Aggressionsrichtung.

c) Bedeutung der Aggressionsrichtung

(1) Es gelingt der Nachweis, Aggression als Reaktion auf Frustrationen in verschiedenen Bereichen zu sehen.

(2) Dabei sind drei Richtungen der Aggression nachgewiesen worden. Sie wurden jeweils in Beziehung zu den entsprechenden Frustrationen gesehen.

(3) Die Stabilität der Aggressionsrichtung weist über den Aspekt der Frustration auf die wesentliche Bedeutung der Umwelt hin. Aggression wie auch die Richtung der Aggression werden in direkter Abhängigkeit von der Umwelt zu sehen sein.

4. Aggression und Lernen

a) Modellernen

(1) Empirische Studien

Die empirische Studie von *M. Charlton, E. Liebelt, J. Sültz* und *A. M. Tausch* befaßt sich mit den Auswirkungen von Verhaltensmodellen aus einem Fernsehwestern auf Gruppenarbeitsverhalten und die Aggressionsbereitschaft von Grundschülern. Nach *Charlton, Liebelt, Sültz* und *Tausch* (1974, 164f.) wurden den Schülern des 3. Schuljahres vier Teilfilme vorgeführt. Es handelte sich dabei um Teilfilme mit aggressivem bzw. kooperativem Modellcharakter. Es wurden zwei Experimentalgruppen und zwei Vergleichsgruppen gebildet.

Nach *Charlton, Liebelt, Sültz* und *Tausch* (1974, 169 ff.) ergaben sich folgende wesentliche Ergebnisse, die sich auf den Bereich der Aggression beziehen:

1. Es zeigten sich signifikante Veränderungen der Aggressionsbereitschaft der Schüler in Abhängigkeit zur Filmdarbietung.
2. Nach der Wahrnehmung unbestrafter aggressiver Verhaltensmodelle aus einem Fernsehwestern erhöht sich die Aggressionsbereitschaft der Schüler. Dabei ändert sich die Aggressionsbereitschaft entsprechend den wahrgenommenen Verhaltensmerkmalen in den Modellsituationen.
3. Nach der Wahrnehmung bestrafter aggressiver Verhaltensmodelle aus einem Fernsehwestern vermindert sich die Bereitschaft der Schüler zur Aggression (*Charlton, Liebelt, Sültz* und *Tausch* 1974, 173).
4. Diese Verminderung der Aggressionsbereitschaft geht aber zu Lasten einer vermehrt ernsten – bedrückten affektiven Stimmungslage (*Charlton, Liebelt, Sültz* und *Tausch* 1974, 174).
5. Durch diese Ergebnisse wird die große Bedeutung des Modellernens für die Aggressionsbereitschaft erkennbar.

Die empirische Studie von *H.-J. Schwartz, J. Eckert* und *R. Bastine* (1971) untersuchte ebenfalls die Auswirkungen aggressiver Modelle auf das Verhalten jugendlicher Zuschauer. Dabei handelte es sich um den Spielfilm »Saat der Gewalt«. Die Versuchsgruppe bestand aus 148 Berufsschülern. Es ergaben sich folgende wesentliche Ergebnisse:

1. Das dargestellte Aggressionsverhalten wird auch hier exakt oder in generalisierter Art von den Wahrnehmenden übernommen (*Schwartz, Eckert* und *Bastine* 1971, 314).
2. Dabei erwies sich für die Steigerung des aggressiven Verhaltens – bedingt durch das Modell – die Veränderung der Selbstwahrnehmung als bedeutsam.

Tausch und *Tausch* (1973, 52) verweisen auf die empirische Studie von *Bandura, Ross* und *Ross* (1963). Dabei wurden 96 Kindergartenkinder in 4 Gruppen eingeteilt. Die Gruppen A bis C wurden mit aggressiven Verhaltensmodellen konfrontiert (Gruppe A beobachtete einen aggressiven Erwachsenen, Gruppe B beobachtete den gleichen aggressiven Erwachsenen in einem Film; Gruppe C beobachtete eine als Katze kostümierte Figur aus einem Zeichentrickfilm mit katzenartigen Bewegungen und gleichen aggressiven Akten). Die Gruppe D war die Kontrollgruppe ohne Wahrnehmung eines aggressiven Modells.

Es zeigten sich nach einer nachträglichen Frustration folgende Ergebnisse:

Aggression 179

1. Die Kinder der experimentellen Gruppen A bis C zeigten fast doppelt so viele aggressive Akte wie die Kontrollgruppe.
2. Dabei waren die aggressiven Akte der experimentellen Gruppen A bis C denen des Modells sehr ähnlich.
3. Besonders hier gelingt der Nachweis sehr deutlich, daß Frustrationen das Verhalten auslösen, das vorher von anderen Personen gelernt wurde (*Tausch* und *Tausch* 1973, 52).

(2) Bedeutung dieser Studien

Nach *Tausch* und *Tausch* (1973, 49 f.) führt die Wahrnehmung des Verhaltens von Modellen zur Verhaltensänderungen bei anderen Personen. Dabei ist nach *Tausch* und *Tausch* (1973, 49 f.) der sogenannte Carpenter-Effekt wichtig, wonach wahrgenommene Bewegungen bei einem Modell (z. B. einem Hochspringer) entsprechende Arm- und Beinbewegungen bei den Zuschauern bedingen. Die Bedeutung der angegebenen Studien liegt nun in der Tatsache begründet, daß die Wahrnehmung aggressiven Modellverhaltens zu aggressiven Verhaltensweisen führt. Damit wird die Theorie der Aggression als Reaktion belegt.

b) Bekräftigungslernen

(1) Empirische Studien

Tausch und *Tausch* (1973, 82 f.) verweisen auf die empirische Studie von *Siegel* und *Kohn* (1959). Hier wurden die Aggressionen von jeweils zwei zusammen spielenden Jungen erfaßt. Es handelte sich jeweils um einen älteren von jeweils zwei zusammen spielenden Jungen im Alter von 4 bis 5 Jahren. 9 Jungenpaare spielten in Gegenwart eines erlaubenden, interessierten und akzeptierenden Erwachsenen, der aber keinen Kontakt aufnahm. 9 Jungenpaare spielten in Abwesenheit eines Erwachsenen. Es ergaben sich folgende wesentlichen Ergebnisse:

1. In Gegenwart des erlaubenden Erwachsenen stieg die Aggression der älteren gegenüber den jüngeren Jungen an.
2. Dort, wo die Jungen alleine spielten, nahm die Aggression des älteren Jungen ab.
3. Daraus folgt, daß ein gewährender Erwachsener das aggressive Verhalten der Kinder verstärkt.
4. Dieses Ergebnis wird durch Untersuchungen von *Yarrow* (1948) bestätigt (nach *Tausch* und *Tausch* 1973, 83).

Tausch und *Tausch* (1973, 83) verweisen auf die empirische Studie von *Walters* und *Brown* (1963). Dabei wurden siebenjährige Jungen für das Schlagen einer großen Spielgruppe im Verhältnis 1:6 intermittierend verstärkt (also jedes sechste Mal). In anschließenden körperlichen Wettstreitspielen und in freien Spielsituationen mit jeweils gleichaltrigen Kindern zeigten die Kinder, die verstärkt worden waren, einen deutlichen Anstieg ihrer Aggressionen. Dabei stießen sie mit den Füßen, zerrten oder knufften. Die Kontrollgruppe, deren Verhalten nicht in der angegebenen Weise verstärkt worden war, zeigte kein wesentliches Ansteigen der Aggression (*Tausch* und *Tausch* 1973, 83).

(2) Bedeutung dieser Studien

1. Es zeigt sich das wichtige Ergebnis, daß ein Gewährenlassen von aggressivem Verhalten verstärkend wirken kann.
2. Dabei bezieht sich das Gewährenlassen auf einen Erwachsenen, der eben das aggressive Verhalten von Kindern erlaubt, indem er eben nicht eingreift.
3. Bei der direkten Verstärkung des aggressiven kindlichen Verhaltens zeigt sich eine deutliche Steigerung des aggressiven kindlichen Verhaltens danach.
4. In Übereinstimmung zum Modellernen wird auch bei dem Bekräftigungslernen die Theorie der Aggression als Reaktion bestätigt.

5. Aggression und Frustration

a) Begründung für den Zusammenhang

Dabei sind nach *Merz* (1965, 577) folgende zwei wesentlichen Aspekte bedeutungsvoll:

(1) Durch Frustrationen werden verschiedene Arten von Reaktionen verursacht. Eine davon ist die Aggression.

(2) Demnach ist die Aggression eine mögliche Folge der Frustration.

b) Beispiele für diesen Zusammenhang

Nach *Dollard, Doob, Miller, Mowrer* und *Sears* (1972, 20 ff.) zeigen folgende auf Beobachtungen und Erhebungen basierenden Einzelfälle den Zusammenhang von Frustration und Aggression an und veranschaulichen ihn:

Beispiel 1:
1. Voraussetzungen
   a) Ein Collegestudent fuhr zu einer entfernten Stadt, um ein bedeutendes Baseballspiel zu besuchen.
   b) Er wird dabei von einem Mädchen begleitet, deren Wertschätzung ihm bedeutsam war.

2. Frustrationen
   a) Plötzlich wird er von einem Verkehrspolizisten angehalten und getadelt, er wäre wie ein Anfänger gefahren.
   b) Der Ton der Sirene und das Verhalten des Polizeibeamten mißfielen dem jungen Mann.
3. Aggressionen
   a) Nachdem der junge Mann weiterfahren durfte, begann er über das Verhalten des Polizeibeamten zu schimpfen.
   b) Er erzählte dem Mädchen, daß die Polizei dieses Staates bekannt sei für ihr brutales Verhalten.
   c) Beim Autofahren schaltete er die Gänge geräuschvoll und ließ sich von keinem anderen Auto überholen.

Beispiel 2:
1. Voraussetzungen
   a) Ein junger Mann, der Musik liebte, besucht ein Konzert.
   b) Das Programm war vielversprechend, und er erwartete einen sehr schönen Abend.
2. Frustrationen
   a) Ein Mann, der vor ihm saß, rutschte während des Konzertes auf seinem Platz hin und her.
   b) Als auch noch das Quietschen des Sitzes dabei hörbar wurde, wurde der junge Mann sehr ärgerlich.
3. Aggressionen
   a) Er sprach den Störenfried in sehr scharfer Weise an.
   b) Er empfahl schließlich, in diesem Falle ins Foyer zu gehen, wobei seine Antwort Sarkasmus ausdrückte.

Diese Fallstudien veranschaulichen den Zusammenhang von Frustration und Aggression. Auch hier ist die Aggression wieder als Reaktion zu erklären.

6. Die Hemmung der Aggression

Mit *Merz* (1965, 592 ff.) sind folgende wesentlichen Gesichtspunkte festzuhalten:

(1) Gegen Personen mit höherem Rang wird weniger Aggression gezeigt als gegen Personen mit niedrigerem Rang.

(2) Dieses Ergebnis stimmt mit den Befunden der empirischen Studie von *Popp* (1974a, 96) überein. Es gelang hier der Nachweis, daß extrapunitive (nach außen gerichtete) Reaktionen gegenüber übergeordneten Personen erheblich geringer sind, als intropunitive Reaktionen.

(3) Übereinstimmung besteht in der Tatsache, daß eine Aggressions-

hemmung gegenüber den Eltern, besonders gegenüber der Mutter besteht (*Merz* 1965, 594).

(4) Die Hemmung der Aggression wird aufgehoben, und es wird dann ein Ansteigen der Aggression festgestellt, wenn die soziale Umwelt das aggressive Verhalten billigt oder wenn es dem einzelnen gelingt, anonym zu bleiben.

(5) Die gehemmte Aggression führt auch häufig zu Angriffen gegen andere Personen oder zu anderen Handlungen (*Merz* 1965, 597). Diese Tatsache zeigte sich in dem angegebenen Beispiel, als der von dem Polizeibeamten frustrierte und in seiner Aggression gehemmte junge Mann dann andere Handlungen ausführte. Er schaltete kräftig, daß man die Gänge hörte, erhöhte die Geschwindigkeit und ließ sich nicht mehr überholen u. a.

7. Die Bedeutung der psychologischen Aggressionsforschung

a) *Aggression im Ausdrucksverhalten*

(1) Wenn sich eine Lachmöve auf fremdem Gebiet befindet, löst sie auf jeden Fall einen Angriff des Platzhalters aus. Dieser greift an und stürmt aufrecht gegen den Gegner vor.

(2) Flieht der Gegner nicht sofort, so wird er durch Schnabelhiebe und wuchtige Flügelhiebe angegriffen (*Stamm* 1977, 265).

(3) Es handelt sich also um angeborene Auslösemechanismen (AAM), die bei diesen Vögeln das Aggressionsverhalten auslösen.

b) *Aggression als Reaktion*

(1) Auf Grund der Studien, die menschliche Aggression untersuchten, ergab sich die Bedeutung der Frustration.

(2) Dabei ist die Aggression eine mögliche Folge der Frustration.

(3) So wurde die Theorie von der Aggression als Reaktion bestätigt.

(4) Bedeutsam erweisen sich dabei Lernvorgänge (Modellernen und Bekräftigungslernen), frustrierende Personen (übergeordnete Personen, gleichgeordnete Personen, untergeordnete Personen) und frustrierende Bedingungen (Hindernisse, Barrieren u. a.).

c) Weiterführende Probleme

(1) Die Gegenüberstellung der Theorien von der Aggression als Reaktion bzw. als Trieb ergibt auf Grund der vorliegenden empirischen Studien eine generelle Erklärbarkeit der Aggression als Reaktion.

(2) Dabei ist nach *Kraak* (1970, 27) die Vielfalt möglicher Ursachen für aggressives Verhalten für empirische Untersuchungen wichtig. Dabei kann es sich um folgende Ursachen handeln: Wahrnehmungslernen aggressiver Modelle, Frustrationen in der Kindheit und in der späteren Entwicklung, erfolgreiches aggressives Verhalten u. a.

(3) Bedeutsam für weitere Forschungen ist ferner die Tatsache, daß es nach *Büsser, Flosdorf* und Limbourg (1974, 249, ff.) gelang, aggressive Verhaltensweisen bei Kindergartenkindern zu modifizieren.

8. Zusammenfassung

(1) Ein Kennzeichen für eine Frustration ist ein Hindernis, das eine unmittelbare Befriedigung eines Bedürfnisses unmöglich macht. Geben Sie bitte weitere Kennzeichen für Frustrationen an (siehe B, XI, 1, c).

(2) Ursprünglich wurde Aggression immer als eine Folge der Frustration gesehen. Versuchen Sie bitte, die Modifikation dieser Annahme anzugeben (siehe B, XI, 2, b).

(3) Eine wesentliche Richtung der Aggression war die extrapunitive. Versuchen Sie bitte die beiden anderen in diesem Zusammenhang angegebenen Richtungen der Aggression zu benennen (siehe B, XI, 3, b).

(4) Um die Aggressionsrichtung zu messen, bedienen wir uns auch verschiedener Frustrationsbereiche. Dabei kann es sich um Frustrationen durch übergeordnete Personen handeln. Geben Sie bitte zwei weitere Bereiche der Frustration an (siehe B, XI, 3, b und c).

(5) Es gelang der Nachweis des bedeutsamen Zusammenhanges zwischen dem Modellernen und der Bereitschaft zur Aggression. Versuchen Sie bitte diesen Zusammenhang an Hand einer empirischen Studie nachzuvollziehen (siehe B, XI, 4, a).

(6) Es gelang ebenfalls der Nachweis des wichtigen Zusammenhanges zwischen dem Bekräftigungslernen und der Bereitschaft zur Aggres-

sion. Versuchen Sie bitte diesen Zusammenhang an Hand einer empirischen Studie nachzuvollziehen (siehe B, XI, 4, b).

(7) Sowohl das Modellernen als auch das Bekräftigungslernen sind nun für die Theoriebildung zur Aggression sehr wichtig. Begründen Sie bitte die Bedeutung des Modellernens und des Bekräftigungslernens für die Theorie der Aggression als Reaktion (siehe B, XI, 4a + 4b + 7b).

(8) Bedeutsam für die Aggression als Reaktion sind Lernvorgänge, wie das Modellernen und das Bekräftigungslernen. Geben Sie bitte noch andere wesentliche Aspekte an (siehe B, XI, 7, b).

9. Weiterführende Literatur

Dollard, J., Doob, L.-W., Miller, N.-E., Mowrer, O.-H., Sears, R.-S.: Frustration und Aggression. Beltz, Weinheim–Berlin–Basel, 1972^4.
Fromm, E.: Anatomie der menschlichen Destruktivität. Deutsche Verlagsanstalt, Stuttgart 1974.
Hehlmann, W.: Wörterbuch der Psychologie. Kröner, Stuttgart, 1962^2.
Lückert, H.-R.: Konfliktpsychologie. E. Reinhardt, München–Basel, 1972^6.
Merz, F.: Aggression und Aggressionstrieb. In: Hdbch. d. Psychol., Bd. 2. Hogrefe, Göttingen 1965, 569–602.
Stamm, R.-A.: Perspektiven zu einer Vergleichenden Ausdrucksforschung. In: Hdbch d. Psychol. Bd. 5. Hogrefe, Göttingen 1972^2, 255–289.
Tausch, R., Tausch, A.-M.: Erziehungspsychologie. Hogrefe, Göttingen 1973^7.

XII. Konflikt

1. Begriff

Mit *Lückert* (1972, 492) verweisen wir zunächst auf die Tatsache, daß der Begriff »Konflikt« auf das lateinische Wort »confligere« (streiten, kämpfen) zurückgeht. Dabei ist nach *Lückert* (1972, 493) ein Zusammenstoß einander widerstreitender Kräfte oder Tendenzen gemeint. Es handelt sich um eine Spannung, die nach Lösung drängt. Nach *Hehlmann* (1962, 262) kann der Zusammenstoß, der Kampf, der Widerstreit zwischen zwei oder mehreren Motiven stattfinden.

Nach *Lückert* (1972, 492 ff.) und nach *Lehr* (1965, 306 ff.) kommen nun Konflikten folgende wesentliche Gesichtspunkte zu:

(1) Die Unvereinbarkeit zweier oder mehrerer Ziele oder Tendenzen:

Dabei ist wichtig, daß die Ziele oder Tendenzen mit gleicher Stärke auf den Menschen einwirken. Solange diese Gleichheit der Ziele besteht, besteht auch der Konflikt. Ferner ist die Tatsache bedeutsam, daß die Ziele oder Tendenzen unvereinbar miteinander sind.

(2) Konflikt und affektiv Unvereinbares:

Zu der Unvereinbarkeit mehrerer Ziele kommt nun nach *Lückert* (1972, 493) der affektive Widerstreit. Es entsteht eine Blockierung, die sich in Verunsicherung und Angst äußert. Durch die einsetzenden Bewältigungsversuche wird durch explosive ungerichtete Entladungen die Spannung kurzzeitig vermindert. Der Konflikt bleibt aber weiter bestehen.

(3) Konflikt und Orientierungsverlust:

Hier handelt es sich nach *Lehr* (1965, 310 f.) um eine zu geringe Prägnanz der Beziehung zwischen Auslösereiz und Reaktion. Im Tierversuch gelang der Nachweis, daß bei eintretendem Orientierungsverlust stärkere Symptome der Erregung zu beobachten sind.

(4) Konflikt und Entscheidungsdruck:

Nach *Lehr* ist der Entscheidungsdruck ein wesentlicher Grund für die Tatsache, daß der Konflikt nicht in Vergessenheit gerät (*Lehr* 1965, 312). *Lehr* verweist in diesem Zusammenhang auf *Metzger* der die Konfliktsituation mit einer nicht geschlossenen Gestalt vergleicht, die gemäß der eigenen Prägnanztendenz zur Abrundung drängt (*Lehr* 1965, 312).

2. Wesentliche Arten von Konflikten

Nun ist ein wesentlicher Gesichtspunkt des Konfliktes die Unvereinbarkeit zweier oder mehrerer Ziele. Wirkt nun ein Ziel anziehend, so sprechen wir von Appetenz; wirkt ein Ziel abstoßend, so sprechen wir von Aversion. Dabei sind nach *Feger* (1965, 352) folgende wesentlichen Aspekte bedeutsam:

1. Die Tendenz des Organismus, ein Ziel zu erreichen, ist um so stärker, je mehr er sich dem Ziele nähert (Appetenz).
2. Je näher ein Organismus einem Objekt ist, das gemieden werden soll, desto stärker ist die Tendenz, von dem Objekt zu fliehen (Aversion).

186 Konflikt

3. Die Stärke der Aversion nimmt mit der Nähe des Zieles in höherem Maße zu als die Stärke der Appetenz (*Feger* 1965, 352).

Den folgenden wesentlichen Arten von Konflikten liegen nun die wesentlichen Gesichtspunkte der Appetenz (Hinwendung) und der Aversion (Wegwendung) zugrunde.

a) Appetenz-Appetenz-Konflikt

Es handelt sich um den Annäherungs-Annäherungskonflikt (siehe Abb. 30).

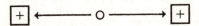

Abb. 30: Modell des Appetenz-Appetenz-Konfliktes (nach *Lückert* 1972, 173)

Das Subjekt, das sich in dem Appetenz-Appetenz-Konflikt befindet, wird von beiden Zielen, die erstrebenswert sind, gleichmäßig angezogen. Ein Beispiel dafür wäre, wenn ein Kind zwei gleichbeliebte Speisen gleichzeitig angeboten bekommt (*Lückert* 1972, 173). *Hofstätter* (1977, 196) verweist auf das Beispiel des Esels (nach *Buridanus*), der zwischen zwei gleich beschaffenen und gleichweit entfernten Heubündeln steht. Solange er sich nicht entscheiden kann, welchen Heubündel er fressen will, befindet er sich im Appetenz-Appetenz-Konflikt. Um diesen zu überwinden, genügt bereits eine Minimalbewegung auf einen der beiden Heubündel zu. Würde dies unterbleiben, so müßte der Esel unverständlicherweise verhungern.

b) Aversions-Aversions-Konflikt

Es handelt sich nach *Lückert* (1972, 173) um den Meidungs-Meidungskonflikt (siehe Abb. 31).

Abb. 31: Modell des Aversions-Aversions-Konfliktes (nach *Lückert* 1972, 173)

Ein Beispiel dafür wäre ein Mädchen, das heiraten möchte, es bietet sich aber nur eine Heirat mit einem Mann, den sie nicht liebt (nach

Lückert 1972, 173). Ein anderes Beispiel wäre der Konflikt zwischen starken Zahnschmerzen und dem unangenehmen Gang zum Zahnarzt (nach *Hofstätter* 1977, 197).

c) Appetenz-Aversions-Konflikt

Abb. 32: Modell des Appetenz-Aversions-Konfliktes (nach *Lückert* 1972, 174)

Das Subjekt, das sich in einem Appetenz-Aversionskonflikt befindet, steht einer Situation gegenüber, die eine Annäherung und eine Vermeidung in sich schließt. Wenn ein Kind weiß, daß mit dem Ergreifen einer Vase eine Strafe verbunden ist, handelt es sich um einen Appetenz-Aversionskonflikt (nach *Lückert* 1972, 174), siehe Abb. 32. Ein weiteres Beispiel wäre im Kriegsfall eine Situation, die zu einem Schwanken zwischen Angriff und Flucht veranlassen kann (nach *Lückert* 1972, 174).

d) Doppel-Appetenz-Aversions-Konflikt

Abb. 33: Modell eines Doppel-Appetenz-Aversions-Konfliktes (nach *Lückert* 1972, 174)

Nach *Lückert* (1972, 174) liegt nun bei einem Doppel-Appetenz-Aversions-Konflikt (siehe Abb. 33) eine Situation mit mehrfacher Annäherung und Vermeidung vor. Ein Beispiel liegt dann vor, wenn man in einer beruflichen Stellung arbeitet und bekommt ein anderes Angebot. Jede Arbeit hat verschiedene anziehende und verschiedene weniger anziehende Zeichen, z. B. Bezahlung, Gelegenheit zum Aufstieg, Prestige, Arbeitsbedingungen (*Lückert* 1972, 174).

188 Konflikt

3. Experimentelle Begründung des Doppel-Appetenz-Aversions-Konfliktes

Dabei verweisen wir mit *Lückert* (1972, 174) auf den Versuch von *C. J. Hovland* und *R. R. Sears* (1938). Dabei werden in den verschiedenen Versuchsreihen auch der Appetenz-Appetenz-Konflikt, der Aversions-Aversions-Konflikt und der einfache Appetenz-Aversions-Konflikt berücksichtigt. *Hovland* und *Sears* verwendeten zu ihren Versuchen ein sogenanntes Konflikt-Brett. An den oberen Ecken des Konflikt-Brettes befindet sich jeweils eine rote und eine grüne Lampe. Das Brett liegt horizontal vor der Versuchsperson auf dem Tisch. Dabei liegt vor der Versuchsperson ein Bogen aus Papier. Die Abbildung 34 veranschaulicht diese Versuchsanordnung.

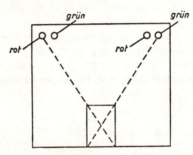

Abb. 34: Modell eines Konflikt-Brettes (nach *Lückert* 1972, 174)

Dabei wird die Versuchsperson gebeten, den Bleistift auf dem Startpunkt zu halten.

Versuchsanweisung:

1. Leuchtet das rote Licht, so hat die Versuchsperson so schnell wie möglich eine Linie zur gegenüberliegenden Ecke zu ziehen (Meidung).
2. Beim Erscheinen des grünen Lichtes ist die Linie auf die Lichtquelle hin zu ziehen (Annäherung).

Versuchsergebnisse:

1. Annäherung – Annäherung: Das grüne Licht leuchtet in 20 Durchgängen abwechselnd auf. Dann leuchten beide grüne Lämpchen gleichzeitig auf. Die Versuchspersonen ziehen eine Linie, werden sich aber ihres nicht richtigen Verhaltens und Tuns bewußt.
2. Meidung – Meidung: In entsprechender Weise leuchtet jetzt das rote Licht auf. Bei gleichzeitigem Aufleuchten ziehen die Versuchspersonen die Linie zuerst zu einer Seite, dann aber schnell zur anderen Seite.

3. Annäherung–Meidung: Hier wechselt zunächst das rote und das grüne Licht (unregelmäßig) beim Aufleuchten. Erscheinen beide Lichter schließlich gleichzeitig, so kommt es zu einer Kompromißlösung. Es wird ein Strich geradeaus in der Mitte des Blattes gezogen.
4. Doppel–Annäherung–Meidung: Hier werden alle vier Lichter abwechselnd (also insgesamt 80mal) benutzt. Bei dem 81. Versuch leuchten alle Lichter gemeinsam auf. Es zeigt sich bei den Versuchspersonen eine Blockierung der Bewegung. Daneben wurden im Ausdrucksverhalten starke Spannungen sichtbar (*Lückert* 1972, 174 f.).

Damit gelingt bei dem Doppel-Appetenz-Aversions-Konflikt der experimentelle Beweis aller begrifflichen wesentlichen Aspekte zum Konflikt. Es wird das Zusammenwirken der Appetenz und der Aversion am Beispiel des Doppel-Appetenz-Aversions-Konfliktes umfassend aufgezeigt.

4. Bedeutung der Analyse von Konfliktsituationen für die experimentelle Konfliktforschung

a) *Analyse von Konfliktsituationen im Bereich der Schule*

(1) Entstehung sozialer Konflikte

Nach *Tausch* und *Tausch* (1973, 292) kommt es im sozialen Bereich vor, daß keiner der Partner bereit ist, die Interessen und die Wünsche des anderen oder der anderen zu akzeptieren.

Im Bereich der Schule beziehen sich soziale Konflikte zwischen Erziehern und Jugendlichen vor allem auf das Verhalten. Nach *Tausch* und *Tausch* (1973, 292 f.) werden diese sozialen Konflikte sowohl von den Erziehern als auch von den Jugendlichen als sehr bedeutungsvoll erlebt, auch wenn die Bedeutung dieser Konflikte in den Augen anderer nicht so bedeutungsvoll sein mag.

(2) Bedeutung sozialer Konflikte für die Partner:

Hier ist nun von Interesse, warum diese sozialen Konflikte von den beteiligten Partnern so bedeutungsvoll erlebt werden. Nach *Tausch* und *Tausch* (1973, 292f.) erstreben Lehrer und Erzieher eine tiefgehende Beeinflussung des Verhaltens von Kindern und Jugendlichen. Sie haben beispielsweise den Wunsch, daß Jugendliche Grenzen des Verhaltens einhalten und nicht übertreten. Wenn nun Jugendliche diese Grenzen übertreten, so ist nach *Tausch* und *Tausch* (1973, 293) das Verhalten der Erzieher häufig in folgender Weise zu kennzeichnen:

190 Konflikt

1. Die Erwachsenen sind zunächst enttäuscht.
2. Sie erleben Ärger und Vereitelung und werden deshalb emotional erregt.
3. In den sogenannten Situationen des Konfliktes (Konfliktsituation) lassen sie stark lenkende (begrenzende), wenig wertschätzende (bis zu geringschätzende), ja feindselige Verhaltensformen erkennen.

Nach *Tausch* und *Tausch* (1973, 293) ist das Verhalten und Erleben von Jugendlichen in solchen Konfliktsituationen in folgender Weise zu kennzeichnen:

1. Die Jugendlichen sind ebenfalls gefühlsmäßig erregt.
2. Sie erleben das Gefühl der Bedrohung ihrer Selbständigkeit.
3. Sie erfahren, ob ihre Erzieher auch jetzt noch freundlich und wertschätzend sind, ob sie die Würde der Jugendlichen auch weiter achten wollen und ob sie auch jetzt Verständnis zeigen werden.
4. Für die Jugendlichen ist das Verhalten der Erzieher besonders dann wichtig, wenn deren Ziele oder Status in Frage gestellt erscheint.
5. Jugendliche müssen häufig durch den Prozeß des Versuchs- und Irrtumlernens herausfinden, wie weit der Bereich der Selbstbestimmung geht und wo sie auf die Rechte anderer Rücksicht nehmen müssen.
6. Jugendliche brauchen Erfahrungen, wie man Konflikte ohne Gewalt und Aggression regelt (*Tausch* und *Tausch* 1973, 293).

(3) Experimentelle Befunde zum Problem der Verhaltensänderung bei sozialen Konflikten:

Nach *Tausch* und *Tausch* (1973, 299 f.) war die diesbezügliche Untersuchung von *A. Tausch* (1960 b) folgendermaßen aufgebaut:

1. 72 Schülern im Alter von 11 bis 14 Jahren, 30 Experten der Pädagogik, 114 Lehrerstudenten und 69 Laien-Erziehern (Eltern und Großeltern) wurden nacheinander 6 bildliche Erziehungssituationen vorgelegt.
2. Nach *Tausch* und *Tausch* (1973, 299 f.) war die Erziehungssituation des Zuspätkommens unter Beigabe eines entsprechenden Bildes folgendermaßen formuliert:
   Ein Junge hat auf dem Weg zur Schule etwas gebummelt. Als er auf den Schulhof kommt, sieht er, daß schon alle Kinder in ihren Klassen sind und Unterricht haben. Schnell läuft er in seine Klasse. Da sagt der Lehrer zu dem Jungen:
   a) »Du sollst nicht zu spät in die Schule kommen.«
   b) »Es fällt manchmal schwer, zur richtigen Zeit in die Schule zu kommen. Aber man kommt nicht zu spät in die Schule.«
   c) »Man darf nicht zu spät in die Schule kommen.«
3. Im ersten Fall handelt es sich um eine lenkende Begrenzung ohne Worte des Verständnisses in persönlicher, direkter Anrede.
   Im zweiten Fall handelt es sich um eine Begrenzung mit vorhergehendem Verständnis sowie unpersönlicher und genereller Lenkung.
   Im dritten Fall handelt es sich um eine lenkende Begrenzung ohne Verständnis in unpersönlicher und genereller Anrede (*Tausch* und *Tausch* 1973, 299).

Nach *Tausch* und *Tausch* (1973, 300) ergaben sich dabei folgende wesentlichen Ergebnisse:

1. Bei der Begrenzung mit vorhergehendem Verständnis (Fall 2) wollen nach dem Urteil aller vier Beurteilergruppen über 70 % der Jugendlichen mit dem unerwünschten (störenden) Verhalten aufhören.
2. Bei der gleichen Verhaltensform des Erziehers (Fall 2) werden nach dem Urteil der vier Beurteilergruppen mehr als 50 % der Jugendlichen das unangemessene (störende) Verhalten nicht mehr wiederholen.

(4) Experimentelle Befunde zur Entstehung und zur Regelung von sozialen Konflikten:

Die diesbezügliche Untersuchung von *A. Tausch* (1958 b, 661 f.) ergab folgende Befunde zur Entstehung von Konfliktsituationen im Schulunterricht:

1. 65 % Störungen durch Unruhe (schwätzen, reden, sich unterhalten, Unruhe, Lärm, Aufspringen, nach vorne laufen, in die Klasse rufen, lachen, albern, sich gegenseitig stören, knipsen beim Melden, den Namen des Lehrers rufen u. a.)
2. 20 % Störungen durch Abgelenktsein (Langsamkeit, Unordnung, besondere Situationen der Erziehung, Abschreiben, Kinderfragen und Kinderbitten, zu leises Sprechen, zu leises Lesen, Vergeßlichkeit, Kinderprotest, Vorsagen u. a.).
3. 15 % Störungen sonstiger Art (Langsamkeit bei der Aufgabenlösung, schlechte Haltung beim Sitzen, Verhalten der Kinder nach einer Schneeballschlacht, nach der Pause und der Turnstunde, Fragen und Bitten der Kinder, austretengehen zu dürfen, nicht angefertigte Hausaufgaben, Proteste der Kinder über die Lehrerbeurteilung, Stöhnen über die Hausarbeiten, die Bitte, den Füllfederhalter füllen zu dürfen, u. a.).

Dabei ergab sich das wesentliche Ergebnis, daß Lehrer im allgemeinen alle zwei bis vier Minuten mit einer solchen Verursachung einer Störung rechnen müssen. Es wird sich dabei von den Wünschen und Bitten der Kinder abgesehen jeweils um Konfliktsituationen handeln. Für das Verhalten von Lehrer-Erziehern bei der Regelung solcher Konfliktsituationen liegen nun folgende experimentellen Befunde vor:

1. Notwendigkeit der Analyse des Lehrer-Erzieherverhaltens: Für das Verständnis der Ergebnisse zum Lehrer-Erzieherverhalten in Konfliktsituationen ist die Kenntnis der wesentlichen Ergebnisse zur Analyse des Lehrer-Erzieherverhaltens notwendig. Forschungsuntersuchungen von *Tausch* und *Tausch* (1977) ergaben folgende Ergebnisse zur Analyse des Erzieherverhaltens:
a) Dimension Achtung – Wärme – Rücksichtnahme
b) Dimension einfühlendes nicht-wertendes Verstehen
c) Dimension Echtheit
d) Fördernde nicht-dirigierende Einzeltätigkeiten
e) Dimension Lenkung – Dirigierung

192 Konflikt

Die Zuordnung bekannter Verhaltensstile ist weiterhin wesentlich.
a) Autokratischer Verhaltensstil: Es handelt sich um ein hohes Ausmaß an Lenkung, Mißachtung und Geringschätzung.
b) Sozialintegrativer (demokratischer) Verhaltensstil: Hier ist ein hohes Ausmaß an Achtung und Wertschätzung bei einer mittleren Lenkung festzuhalten.
c) Laissez-Faire Verhaltensstil: Es handelt sich dabei um eine minimale Lenkung bei einer mittleren Ausprägung an Achtung und Wertschätzung (*Tausch*, *Tausch* und *Fittkau* 1967).

Ferner ist wichtig, daß es gelang, wesentliche Zusammenhänge zwischen dem Erzieherverhalten und dem Gesamtverhalten von Lehramtsstudenten unter Verwendung von Ratingskalen nachzuweisen (*Popp* 1974 b).

2. Experimentelle Ergebnisse zum Lehrer-Erzieherverhalten in Konfliktsituationen:
a) Nach *A. Tausch* (1958 a, 144 ff.) und nach *A. Tausch* (1960 a, 480 f.) verhalten sich Lehrer in überwiegender (über 90 %) Weise autokratisch.
b) Nach *R. Tausch* (1962, 483) ist die Sprachkommunikation in überwiegender Weise (über 70 %) dem Lehrer vorbehalten. Die Lenkung ist demnach viel zu stark.
c) Nach *A. Tausch* (1956, 479) erleben die Kinder den Erwachsenen als eine dominierende, machtvolle Person. Demgegenüber ist nach *A. Tausch* (1962, 341) Verständnis und ein Eingehen auf die Gefühle der Kinder dazu geeignet, Dominanz und Macht des Erwachsenen abzubauen und damit Verständnis bei den Kindern für notwendige Begrenzungen zu erwecken. Die Kinder und Jugendlichen sind dann auch eher bereit, mit dem störenden Verhalten aufzuhören.
d) Nach *A. Tausch* (1958 a, 155 ff.) und nach *A. Tausch* (1963, 523) wollen sich nun Lehrer bei distanzierter Betrachtung nicht autokratisch, sondern in überwiegender Weise (über 80 %) sozialintegrativ verhalten.
e) Daraus ergibt sich die Notwendigkeit einer Modifikation des Lehrer-Erzieherverhaltens in Konfliktsituationen. Nach den vorliegenden Befunden wollen die Lehrer ein sozialintegratives Verhalten, das gleichzeitig effektiv ist, verwirklichen.

(5) Effektives Lehrer-Erzieherverhalten in Konfliktsituationen

1. Nach *Tausch* und *Tausch* (1973 und 1977) ist hier eine Verhaltensanalyse mit einer möglichen Verhaltensmodifikation sehr bedeutsam.
2. Personenzentrierte Seminare erlauben den Teilnehmern bei weitgehender Berücksichtigung von Kleingruppenarbeit ihr Verhalten und Erleben in Konfliktsituationen darzustellen, zu analysieren und gegebenenfalls zu modifizieren. Dabei dienen mehrstufige Ratingskalen der Verhaltensanalyse (*R. Tausch, H. Bommert, B. Fittkau, H. Nickel* [1969] und *A. Tausch, I. Langer, R. Bingel, A. Schick, B. Orendi* [1970] und *R. Tausch* und *A. Tausch* [1977] u. a.).
3. In mehreren personenzentrierten Seminaren ergaben sich signifikante Zunahmen von achtenden, wertschätzenden und sozial reversiblen Verhaltensweisen der teilnehmenden Lehramtsstudenten (*Popp* 1978). Dabei ist mit *A. Tausch, P. Aban, A. Barthel* und *B. Fittkau* (1970) die Förderung der Selbständigkeit von Kindern wichtig.

4. Nach *R. Tausch* und *A. Tausch* ist ein effektives Lehrer-Erzieherverhalten bei Wiederholungskonflikten wichtig (*Tausch* und *Tausch* 1967, 317ff.). Dabei sind folgende Gesichtspunkte für ein effektives Verhalten wichtig:

   a) Bei erstmaliger Störung wird der Ausdruck des Verständnisses gezeigt. Das Verbot erfolgt in unpersönlicher, genereller Anrede.
   b) Bei einer Wiederholung der Störung erfolgt der Ausdruck des Verständnisses, das Verbot in unpersönlicher, genereller Anrede und die anschließende Information über die weiteren Folgen der Übertretung.
   c) Bei Wiederholung der gleichen Störung drückt der Erzieher Verständnis für die Gefühle und Motive aus, die das Kind zu seinem Handeln bestimmen, und realisiert die angekündigte Konsequenz.

b) Analyse von Konfliktsituationen im Bereich der Familie

(1) Faktorenanalytische Befunde zur Analyse elterlichen Erziehungsverhaltens in Konfliktsituationen:

Die Studien von *I. Langer, A. Rieckhof, I. Steinbach* und *A.-M. Tausch*, von *M. Schenk*, und *B. Ungelenk*, von *E.-H. Hoff, W.-R. Minsel, B. Minsel* und *V. Grüneisen*, von *M. Popp* u. a. (nach *Popp* 1974, 16 f.) ergeben drei wesentliche Bereiche elterlichen Erziehungsverhaltens in Konfliktsituationen:

1. Emotionalität
2. Lenkung
3. Soziale Aktivität

Dabei ist nun der Bereich der Emotionalität auf Grund der vorliegenden Befunde besonders zu beachten:

(2) Experimentelle Befunde zum Erziehungsverhalten von Eltern in Konfliktsituationen:

Die experimentelle Studie von *I. Langer, A. Rieckhof, I. Steinbach*, und *A.-M. Tausch* untersuchte Mutter-Kind-Interaktionen in außerhäuslichen Situationen. Dabei ergaben sich folgende wesentliche Ergebnisse:

1. Es ließ sich oftmals eine gereizte Mutter-Kind-Beziehung feststellen.
2. Es ergab sich ebenfalls eine intensive mütterliche Lenkung.
3. Die Kinder der Mütter, die wertschätzendes, weniger lenkendes und stärker stimulierendes Verhalten zeigten, ließen mehr Spontaneität und Selbständigkeit erkennen.
4. Die Ergebnisse legen Trainingskurse für Eltern, hier speziell Mütter, nahe (*Langer, Rieckhof, Steinbach, Tausch* 1973, 361 ff.).

Die experimentelle Analyse elterlichen Erziehungsverhaltens in Konfliktsituationen gegenüber sechs- bis sechzehnjährigen Jungen und

Mädchen erbrachte folgende wesentlichen Ergebnisse (*Popp* 1974, 32 ff.):

1. Es zeigte sich generell ein Überwiegen des reizbaren gegenüber dem ausgeglichenen Erziehungsverhalten.
2. In Konfliktsituationen erstreben die Eltern ein anderes Erziehungsverhalten, als sie verwirklichen. Dabei wird beispielsweise ein vorwiegend ausgeglichenes Erziehungsverhalten angestrebt.
3. Die Kinder wünschen sich ein Erziehungsverhalten, das ihre Eltern erstreben (hier beziehen sich die Forschungsergebnisse zur Zeit auf die Neun- bis Elfjährigen).
4. In vergleichbarer Weise ergibt sich auch hier die Notwendigkeit einer Verhaltensmodifikation für Eltern.
5. Dabei ist bedeutsam, daß sich nach *Lückert* (1965, 70 ff.) und nach *Popp* (1974, 19) typische Inhalte von Konfliktsituationen, wie das Übertreten von Verboten, Streit mit den Geschwistern und anderen Kindern, Unpünktlichkeit, Versagen eines Wunsches u. a., ergaben.

c) *Konfliktanalyse in der Freizeit*

(1) Nach *Tausch* und *Tausch* (1973, 309 ff.) erweisen sich auch Formen der sogenannten Wiedergutmachung als günstig.

(2) Hier wirkt sich neben dem Gesichtspunkt der Folgen des unerwünschten Verhaltens auch der Gesichtspunkt der Wiedergutmachung im Sinne erwünschten sozialen Verhaltens günstig aus.

(3) Beispiele von Konflikten in der Freizeit sind das schuldhafte Anfahren eines Erwachsenen mit einem Moped. Ein Jugendlicher hat eine ältere Frau auf der Straße in grober Weise beleidigt. Nachdem es sich bei dem Mopedfahrer ebenfalls um einen Jugendlichen handelte, sind nun vergleichbare Konflikte entstanden.

(4) Die Wiedergutmachung des Mopedfahrers kann nun im Pflegedienst an Sonn- und Feiertagen in der chirurgischen Abteilung eines Krankenhauses bestehen. Hier werden gerade an diesen Tagen viele Unfallkranke eingeliefert (*Tausch* und *Tausch* 1973, 309).

(5) Die Wiedergutmachung für die Beleidigung kann zum Beispiel im Überreichen eines Blumenstraußes bestehen (*Tausch* und *Tausch* 1973, 310).

(6) Nach *Lüdtke* (1972, 202 ff.) sind bei der Analyse der Konflikte in der Freizeit neben Übertretungen, die Verletzung vorgeschriebener zeitlicher Normen, autonome Verhaltensweisen und Verhaltensweisen, die besonders Jugendlichen zukommen (motorische Aktivität, lange Haare u. a.) zu nennen.

(7) Da nun das Jugendfreizeitheim Jugendliche in ihrer Freizeit zu erwünschten Verhaltensweisen anregen will, kommt ihm eine besondere Bedeutung zu.

(8) Dabei kann sich das Jugendfreizeitheim lokalen sozialen Problemen, wie der effektiven Beeinflussung von Rockern widmen.»Rocker« befinden sich ja in einem Konflikt auch in ihrer Freizeit. Daneben sind Konflikte zwischen Jugendlichen durch die Mitwirkung der Gruppe effektiver zu regeln (*Tausch* und *Tausch* 1973, 311; *Lüdtke* 1972, 349ff.).

d) *Analyse der Entscheidungsprozesse in Konfliktsituationen*

Nach *Dornette* und *Pulkowski* (1974, 16) ist die Spieltheorie eine Methode zur Untersuchung von Entscheidungen in Konfliktsituationen. Dabei werden Probleme, die der Konflikt oder die Kooperation mit sich bringen, einer experimentellen Untersuchung unterzogen. Dabei ergaben sich nach *Dornette* und *Pulkowski* (1974) folgende wesentlichen Ergebnisse:

(1) Es handelt sich zunächst um den wesentlichen Aspekt der wohlwollenden Strategie. Wenn eine Person in dominanter Position die Gewinne gleichmäßig verteilt, so entwickelt sich Wohlwollen und eine Vertrauensbasis. Bei gleicher Machtposition und bei dem Gewaltverzicht eines der Partner wird der andere Partner ebenfalls auf die Anwendung von Macht verzichten (*Dornette* und *Pulkowski* 1974, 38).

(2) Die Bereitschaft, Mitgliedern der eigenen Gruppe zu vertrauen, wird durch Gruppenbelohnung verstärkt (*Dornette* und *Pulkowski* 1974, 41).

(3) Wenn die Möglichkeiten zur Kommunikation wachsen, ist ein Zunehmen kooperativen Verhaltens festzustellen (*Dornette* und *Pulkowski* 1974, 44).

(4) Der Nachweis, daß Unterschiede in einzelnen Persönlichkeitszügen einen Einfluß auf das Verhalten in experimentellen Spielsituationen haben könnten, gelang nicht (*Dornette* und *Pulkowski* 1974, 46f.).

(5) Einflüsse geschlechtsspezifischer Art dominieren im Spielverhalten nicht. Unterschiede im Spielverhalten waren stark situationsabhängig (*Dornette* und *Pulkowski* 1974, 48ff.).

5. Bedeutung der Konfliktforschung

(1) Menschen haben sehr oft die Möglichkeit, sich zwischen zwei oder mehreren Zielen zu entscheiden. Da diese Ziele häufig mit gleicher Stärke auf den Menschen und sein Verhalten einwirken, kommt es immer wieder zu Konflikten.

(2) Besonders bedeutsam ist die Erforschung des Appetenz-Aversions-Konfliktes und des Doppel-Appetenz-Aversions-Konfliktes. Die Situation mit mehrfacher Annäherung und Meidung ist nach *Lückert* (1972, 174) besonders bedeutsam.

(3) Besonders bedeutsam sind nun ebenfalls Konfliktsituationen, in denen zwei oder mehrere Partner beteiligt sind. Dabei ist es nun mit *Tausch* und *Tausch* (1977) wichtig, Verhaltensmuster zu erforschen, die ein effektives Verhalten grundlegend ermöglichen. Ferner ist es in diesem Zusammenhang wichtig, Verhaltensmuster zu ergründen, die sich bei Wiederholungskonflikten als angemessen erweisen (*Tausch* und *Tausch* 1973; *Popp* 1974 u. a.).

(4) Um nun Kindern und Jugendlichen in Konfliktsituationen ein angemessenes Verhalten erkennen zu lassen, ist eine Verhaltensmodifikation von Lehrern, Eltern und anderen Erziehern notwendig (*Tausch* und *Tausch* 1973 und 1977; *Popp* 1974 u. a.).

(5) Die Verhaltensmodifikation von Lehrern (*Tausch* und *Tausch*, 1973) und die Verhaltensmodifikation von Eltern (*Perez, Minsel* und *Wimmer* 1974) erbringt durch die Analyse neuer Konfliktsituationen wesentliche Aspekte für die Konfliktforschung.

(6) Wesentlich ist ebenfalls die Erforschung der Entscheidungsprozesse in Konfliktsituationen (*Dornette* und *Pulkowski* 1974). Vom Begriff des Konfliktes her ist eine Regelung des Konfliktes mit einer Entscheidung verbunden.

(7) Alle vorliegenden Forschungsergebnisse lassen erkennen, daß der Mensch immer wieder Konflikte zu durchleben hat. Er befindet sich immer wieder in Konflikten.

6. Der Mensch, das konfliktträchtige Wesen

a) Der Mensch als weltoffenes Wesen

Nach *Lückert* (1964, 10ff.) ist die Weltoffenheit des Menschen durch folgende wesentliche Gegebenheiten erkennbar:

(1) Der Mensch ist bei seiner Geburt unfertig. Er ist ein hilfloser Nestflüchter, ohne flüchten zu können (*Lückert* 1964, 11).

(2) Aus dieser Unfertigkeit erwächst die Erziehungsbedürftigkeit des Menschen. Nach *Lückert* (1964, 12) ist in diesem Zusammenhang die Bedeutung der elterlichen Erziehung zu sehen.

(3) Nach *Lückert* (1964, 18 ff.) ist nun die Lernfähigkeit für den Menschen kennzeichnend. Lernen bedeutet aber auch Entscheidung zwischen verschiedenen Möglichkeiten der Lösung. Der Entscheidungsdruck ist aber ein wesentlicher Aspekt des Konfliktes.

(4) Die Prägsamkeit des Menschen bezieht sich nach *Lückert* (1964, 25) auf die Ausbildung von Verhaltensmustern.

(5) Bewußtsein ist nach *Lückert* (1964, 35) stets Zeichen und Erzeugnis eines Konfliktes. Hier ist die aktive Auseinandersetzung mit der Umwelt möglich und zwingt immer wieder zur Entscheidung.

(6) Die Bedeutung der Selbstdeutung liegt nach *Lückert* (1964, 39) in der Tatsache begründet, daß der Mensch zu dieser Selbstdeutung fähig ist und ihr nicht ausweichen kann. Sie steht in enger Beziehung zur Selbstbildung.

b) Der Mensch als wandlungsfähiges Wesen

(1) Es gibt genügend Beispiele, wonach sich Menschen in ihrem Leben von Genießern zu Asketen wandelten u. a. (*Lückert* 1964, 49 f.).

(2) Die zentrale Bedeutung des Wandels der Persönlichkeit wird auch von *R. Heiß* und *H. Thomae* u. a. betont (*Lückert* 1964, 51).

(3) Dabei kommt der Umwelt und der Erziehung eine besondere Bedeutung zu. Von der Situationsanpassung erfolgt über die Persönlichkeitsreifung das Entwickeln eines eigenen Lebensplanes, der immer unter dem Gesichtspunkt des Wandelbaren zu sehen ist.

c) Der Mensch als widersprüchliches Wesen

(1) Die Weltoffenheit und die Wandlungsfähigkeit lassen nun aber auch Widersprüche zu.

(2) Gerade hier ist der positive Aspekt zu sehen. Wandel und Konflikt haben nach *Lückert* (1964, 62) im Leben eine schöpferische Funktion.

(3) Ein Beispiel für die Widersprüchlichkeit des Menschen liegt nach *Lückert* (1964, 70) in der Versuchungssituation begründet. Ein Mensch

möchte einen Apfel mitnehmen, weil er Hunger hat. Wegen der Gewissensbisse möchte er es nicht (nach *Lückert* 1964, 70). Die Lösung besteht natürlich im Kaufen des Apfels. Solange sie nicht getroffen ist, bestehen Widerspruch und Konflikt.

d) Der Mensch als das sich selbst entfremdende Wesen

(1) Nach *Lückert* (1964, 76) macht die moderne Technik die Menschen zunehmend voneinander abhängig.

(2) Die moderne technisierte Welt ist durch die Tendenz zum Totalitären gekennzeichnet. Freiheit besteht dort, wo der Widerspruch, der Konflikt anerkannt werden (*Lückert* 1964, 77).

(3) Dabei vollzieht sich die Entfremdung des Menschen von der Natur, von sich selbst und von den Mitmenschen (*Lückert* 1964, 78).

(4) Dabei steigert sich die Konflikträchtigkeit des Menschen bis zum Problem von Sein und Nichtsein (*Lückert* 1964, 80).

e) Der Mensch als das nach Transzendenz strebende Wesen

(1) Gerade die Kenntnis von der Selbstentfremdung des Menschen sollte der Ansatz zu einer positiven Wendung sein. Dabei ist natürlich zu beachten, daß der Mensch sich und seine Welt als unvollkommen erlebt. Er erlebt sich und seine Welt als heilungs- und ergänzungsbedürftig (*Lückert* 1964, 85).

(2) Dabei bedeutet Transzendenz die Freiheit von biologischer Begrenzung. Es handelt sich um das Denken als Selbstziel ohne Rücksicht auf Zweck und Nutzen (*Lückert* 1964, 89).

Aus dieser vielfachen Betrachtungsweise gelingt es mit *Lückert* (1964, 92) die These von der Konflikträchtigkeit des Menschen zu stützen. Nun liegt im Konflikt aber auch die Chance der Überwindung.

7. Der Mensch, das konfliktüberwindende Wesen

a) Notwendigkeit der Konfliktüberwindung

(1) Nach *Lückert* (1964, 559) ist im Konflikt der glatte Ablauf des seelischen Lebens unterbrochen. Der Mensch befindet sich in Unruhe und Unsicherheit.

(2) Um nun Schein- und Fehllösungen zu vermeiden, ist eine Überwindung des Konfliktes notwendig.

(3) Dabei ist die Dynamik des Geschehens zu beachten. Die Spannungsreduktion ist nach *Lückert* (1964, 558) immer nur ein vorübergehender Prozeß.

(4) Es werden immer wieder neue Konflikte entstehen.

b) Möglichkeiten der Konfliktüberwindung

(1) Im Konflikt liegt nach *Lückert* (1964, 559) die Chance der Freiheit.

(2) Ferner liegt im Konflikt die Chance der Verinnerlichung und der Selbsteinsicht (*Lückert* 1964, 560).

(3) Gleichzeitig liegt im Konflikt die Chance der Tiefenerschließung (*Lückert* 1964, 560).

(4) Im Konflikt und in seiner Überwindung liegt schließlich die Chance der Reifung (*Lückert* 1964, 560).

8. Zusammenfassung

(1) Für den Begriff des Konfliktes ist die Unvereinbarkeit zweier oder mehrerer Ziele kennzeichnend. Erinnern Sie sich bitte an weitere wesentliche Aspekte zum Begriff des Konfliktes (siehe B, XII, 1).

(2) Wenn sich ein Mensch in einem Appetenz-Appetenz-Konflikt befindet, so wird er von zwei erstrebenswerten Zielen gleichmäßig angezogen. Geben Sie bitte ein Beispiel für eine Appetenz-Appetenz-Konflikt an (siehe B, XII, 2, a).

(3) Für den Doppel-Appetenz-Aversions-Konflikt wurde eine experimentelle Begründung angegeben. Versuchen Sie sich daran zu erinnern (siehe B, XII, 3).

(4) Für die Entstehung von sozialen Konflikten im Bereich der Schule wurde eine experimentelle Untersuchung angegeben. Eine wesentliche Ursache waren Störungen durch Unruhe. Versuchen Sie bitte weitere Ursachen anzugeben (siehe B, XII, 4, a).

(5) Besonders bei Wiederholungskonflikten ist ein effektives Lehrer-Erzieherverhalten bedeutsam. Ein wesentlicher Aspekt ist dabei der Ausdruck des Verständnisses. Geben Sie bitte weitere wesentliche Aspekte an (siehe B, XII, 4, a).

(6) Ein wesentlicher Aspekt für die Analyse des elterlichen Erziehungsverhaltens in Konfliktsituationen war die Emotionalität. Geben Sie bitte zwei weitere wesentliche Aspekte an (siehe B, XII, 4, b).

(7) Für die Analyse der Entscheidungsprozesse in Konfliktsituationen hat eine Theorie eine besondere Bedeutung. Versuchen Sie sich bitte an diese Theorie zu erinnern (siehe B, XII, 4, d).

(8) Die Bedeutung der Konfliktforschung liegt einmal in der Tatsache begründet, daß Menschen häufig die Möglichkeit haben, sich zwischen zwei oder mehreren Zielen zu entscheiden. Geben Sie bitte weitere wesentliche Aspekte für die Konfliktforschung an (siehe B, XII, 5).

(9) Ein wesentlicher Aspekt für die Konfliktträchtigkeit des Menschen ist die Tatsache, daß der Mensch ein weltoffenes Wesen ist. Geben Sie bitte weitere wesentliche Gesichtspunkte dazu an (siehe B, XII, 6 a–e).

(10) Im Konflikt und in seiner Überwindung liegt die Chance der Reifung. Geben Sie bitte weitere wesentliche Gesichtspunkte an (siehe B, XII, 7, b).

9. Weiterführende Literatur

Dornette, W., Pulkowski, H.-B.: Konfliktspiele. UTB 394. E. Reinhardt, München–Basel 1974.
Feger, H.: Beiträge zur experimentellen Analyse des Konflikts. In: Hdbch d. Psychol. Bd. 2. Hogrefe, Göttingen 1965, 332–412.
Hofstätter, P.-R.: Psychologie. Fischer Lexikon Nr. 6. Fischer, Frankfurt a. M., 607.–621. Tsd., 1977.
Lehr, U.: Erscheinungsweisen des Konfliktes. In: Hdbch d. Psychol. Bd 2. Hogrefe, Göttingen 1965, 306–331.
Lückert, H.-R.: Der Mensch das konfliktträchtige Wesen. E. Reinhardt, München–Basel 1964.
– Beiträge zur Psychologie der Gegenwartsjugend. E. Reinhardt, München–Basel 1965.
– Konfliktpsychologie. E. Reinhardt, München–Basel, 1972[6].
Lüdtke, H.: Jugendliche in organisierter Freizeit. Beltz, Weinheim–Basel 1972.
Perrez, M., Minsel, B., Wimmer, H.: Eltern-Verhaltenstraining. Müller, Salzburg 1974.
Popp, M.: Analyse elterlichen Erziehungsverhaltens. E. Reinhardt, München–Basel 1974.
Tausch, R., Tausch, A.: Effektive Verhaltensformen in Konfliktsituationen. In: Pädagogische Psychologie (Hrsg. F. Weinert). Kiepenheuer & Witsch, 1967[2], 307–322.
Tausch, R., Tausch, A.: Erziehungspsychologie Hogrefe, Göttingen, 1973[7].
Tausch, R., Tausch, A.: Erziehungspsychologie Hogrefe, Göttingen, 1977[8].

C. Perspektiven der Allgemeinen Psychologie für die Angewandte Psychologie

I. Perspektiven des Gegenstandes der Allgemeinen Psychologie

1. Allgemeine Psychologie – Angewandte Psychologie

Die Allgemeine Psychologie ist nun unter dem Aspekt des Gegenstandes der Angewandten Psychologie gegenüberzustellen. Dabei ergeben sich folgende wesentlichen Aspekte:

(1) Die Allgemeine Psychologie befaßt sich unter Berücksichtigung allgemeiner Zusammenhänge und Gesetzmäßigkeiten mit dem menschlichen Vehalten und Erleben.

(2) Die Angewandte Psychologie bedeutet nach *Dorsch* (1963, 11) die Anwendung psychologischer Erkenntnisse allgemeiner Art zur Verbesserung der Wechselbeziehungen von Mensch und Kultur. Nach *Dorsch* (1963, 10) ist Angewandte Psychologie alles, was nicht der Allgemeinen Psychologie (d. h. der reinen Psychologie, die ihre Probleme generell faßt, und der damit verbundenen Grundlagenforschung) zugehört.

2. Allgemeine Analyse des Verhaltens und Perspektiven für die Modifikation

(1) Die Analyse von Verhaltensänderungen, die sich auf Lernvorgänge beziehen, wird nun unter dem Gesichtspunkt der Allgemeinen Psychologie vorgenommen.

(2) Dabei kann es sich beispielsweise um die Analyse des einsichtigen Lernens und des mechanischen Auswendiglernens handeln. *Katona* führte diese Analyse beispielsweise an Zahlenreihen durch (*Bergius* 1964, 301 ff.).

(3) Der wesentliche Vorteil des einsichtigen Lernens ist nun eine

wesentliche Perspektive für die Anwendung im Bereich der Pädagogischen Psychologie.

(4) Es gilt nun hier bei der Anwendung Lehrstrategien und Lernstrategien zu entwickeln und im Hinblick auf das vorliegende Problem zu prüfen. Dabei wird in jedem Falle eine Strukturierung einer Schulklasse günstig sein.

(5) So dient der Förderung der Einsichtgewinnung die gelegentliche Anwendung des Micro-Teaching. Neben der Unterrichtung einer Kleingruppe ist vor allem die Gruppenarbeit der Lernenden wichtig. Hier kann der Lehrer in der Kleingruppe die Einsichtgewinnung günstig beeinflussen. Solche Perspektiven bedürfen natürlich der empirischen Bestätigung.

II. Perspektiven der Methoden der Allgemeinen Psychologie

1. Beobachtung und Perspektiven für die Schülerbeobachtung

(1) Die allgemeine Analyse der Beobachtung ergab zum Beispiel, daß die Unterscheidung von Erlebnisbeobachtung und Verhaltensbeobachtung wichtig ist.

(2) Auf Grund dieser Analyse ergibt sich die Perspektive, daß die Schülerbeobachtung sich vornehmlich der Methode der Verhaltensbeobachtung bedient.

(3) Für die Selbsteinschätzung und Selbstsicht der Schüler ist aber der wesentliche Aspekt der Erlebnisbeobachtung ebenfalls bedeutsam.

2. Psychometrie und Perspektiven für die Verwendung von Ratingskalen

(1) Die Psychometrie hat nun allgemeine Gesetzmäßigkeiten und Zusammenhänge erforscht, die für Ratingskalen wichtig sind.

(2) Daraus ergeben sich wesentliche Perspektiven für die Analyse des Erziehungsverhaltens von Lehrern (*Tausch* und *Tausch* 1973 und 1977) und von Eltern (*Popp* 1974).

(3) Besonders bedeutsam sind dabei die Perspektiven des Zusammenwirkens des Erziehungsverhaltens von Lehrern und Eltern sowie die Zusammenhänge mit dem Verhalten von Kindern und Jugendlichen.

III. Perspektiven der Grundbegriffe der Allgemeinen Psychologie

1. Perspektiven der speziellen Betrachtungsweise

(1) Der Grundbegriff der Wahrnehmung erbringt beispielsweise wesentliche kognitive und sozialspezifische Perspektiven. Die Angewandte Psychologie wird bei Untersuchungen im Bereich der Wahrnehmung Denk-, Wert- und Interessenhaltungen sowie die Konformitätswirkung der Gruppe berücksichtigen.

(2) Die Steuerung der Aufmerksamkeit ist für die willentliche Aktivierung und damit für das Verhalten wichtig. Ihre besondere Bedeutung liegt in der absichtlichen Aktivierung der Wahrnehmung, des Denkens, u. a.

(3) Der Grundbegriff des Gedächtnisses erbringt wesentliche Perspektiven für das Behalten und das Lernen. Dabei sind die Ersparnismethode und die Bedeutung der Reminiszenz wesentliche Beispiele.

(4) Die Lerntheorie des Operanten Konditionierens (*Skinner*) hat bereits wesentliche Perspektiven für das Programmierte Lernen erbracht. Besonders wichtig ist aber auch das Operante Konditionieren und das Lernen durch Einsicht für die Motivierung und die notwendigen Erfolgserlebnisse beim Lernen im angewandten Bereich (schulisches wie außerschulisches Lernen).

(5) Der Grundbegriff des Denkens erbrachte wesentliche Denkinhalte, Denkoperationen und Denkprodukte. Einheiten, Klassen, Relationen, Systeme, Transformationen und Implikationen sind für die Feststellung von Zusammenhängen, für Tests zur Messung der Struktur der Intelligenz und für angewandtes Denken bedeutsam.

(6) Das Zusammenwirken von Anlage und Umwelt wurde an den wesentlichen Aspekten der Reife und des Lernens erkennbar. Dabei zeigt sich bereits bei der kindlichen Entwicklung eine immer stärker werdende Dominanz der Umwelt und damit des Lernens. Diese wesentliche Perspektive erbrachte für die Aggressionsforschung die

bedeutsame Theorie der Aggression als Reaktion, die durch experimentelle Befunde der Angewandten Psychologie wie der Allgemeinen Psychologie bestätigt wurde.

(7) Prägungsvorgänge beim Menschen erbringen wesentliche Aspekte für die Tatsache der Mutterentbehrung. Um anaklitische Depression und Hospitalismus bei Kindern zu vermeiden, ist es in jedem Falle wichtig, eine Bezugsperson für jedes Kind zu haben.

(8) Die Kommunikation erbringt wesentliche Perspektiven für die Sprachbetrachtung im Bereich der Angewandten Psychologie. Dabei sind die Ausdrucksfunktion, die Appellfunktion und die Darstellungsfunktion zu nennen.

(9) Gefühle sind für menschliches Verhalten bedeutsam. Die Allgemeine Psychologie weist hier besonders auf die Perspektive der Emotionen für kognitive Prozesse (Lernen u. a.) im Bereich der Angewandten Psychologie hin.

(10) Für die Anregung und Aktivierung von Lernenden wird die Motivation immer ein wesentlicher Aspekt und eine wesentliche Perspektive sein.

(11) Der Zusammenhang von Frustration und Aggression erbringt für die Angewandte Psychologie die wesentliche Perspektive der Umwelt und des Lernens.

(12) Die Tatsache, daß der Mensch ein konfliktträchtiges und konfliktüberwindendes Wesen ist (*Lückert* 1964), erbringt die Perspektiven der Konfliktanalyse und der Erkundung der Möglichkeiten der Konfliktüberwindung im Bereich der Angewandten Psychologie.

2. Perspektiven der übergreifenden Betrachtungsweise

(1) Die aufgezeigten Zusammenhänge von Denken – Sprache – Intelligenz – Lernen (u. a.) regen zur übergreifenden Betrachtungsweise an.

(2) Für die Bewältigung eines Lernproblems sind Lernen, Denken, Sprache, Motivation, Konflikt, Wahrnehmung, Emotion, Kommunikation u. a. als Grundbegriffe wesentlich.

(3) Hier wird die besondere Bedeutung der Grundbegriffe für die Analyse und Modifikation von Erziehungsverhalten, Lernverhalten u. a. erkennbar.

(4) In diesem Zusammenhang ist auch auf die integrative Betrachtung der Grundbegriffe des Lernens und des Gedächtnisses im Sinne moderner informationstheoretischer Betrachtungsweise hinzuweisen.

(5) Gerade die Betrachtung des Lernens im Sinne der Informationsaufnahme, der Informationsverarbeitung und der Informationsspeicherung (*Popp* 1979, 74) weist auf diese bedeutsame Tatsache hin. Die Berücksichtigung interner Lernprozesse (*Gagné* 1980, 59 ff.) erlaubt im Sinne informationstheoretischer Betrachtung interessante und wichtige pädagogische Implikationen. In diesem Zusammenhang wird besonders auf die Bedeutung kognitiver Strategien hingewiesen (*Gagné* 1980, 152 ff.). Bei allem intellektuellen Voranschreiten gerade im informationstheoretischen Bereich sollten aber die Grundlagen und die Bedeutung humanen zwischenmenschlichen Zusammenlebens in gleichwertiger Weise gesehen werden (*Tausch* und *Tausch* 1979; *Popp* 1974 und 1979).

Literaturverzeichnis

Bergius, R.: Einleitung: Begriffe, Prinzipien, Methoden. In: Hdbch. d. Psychol. Bd. 1,2. Hogrefe, Göttingen 1964, 3–36.
- Übungsübertragung und Problemlösen. In: Hdbch. d. Psychol. Bd. 1,2. Hogrefe, Göttingen 1964, 284–326.
- Behavioristische Motivationsbegriffe. In: Hdbch. d. Psychol. Bd. 2. Hogrefe, Göttingen 1965, 817–867.

Bergler, R.: Psychologische Marktanalyse. Huber, Bern–Stuttgart 1965.

Betz, D,: Psychophysiologie der kognitiven Prozesse. UTB 393. E. Reinhardt, München–Basel, 1974.

Bohm, E.: Lehrbuch der Rorschach-Psychodiagnostik. Huber, Bern–Stuttgart, 1967³.

Bredenkamp, K.: Pädagogische Psychologie. In: Steckbrief der Psychologie. UTB 37. Quelle & Meyer, Heidelberg, 1977³, 207–217.

Bredenkamp, K.; Bredenkamp, J.: Lernen und Gedächtnis. In: Steckbrief der Psychologie. UTB 37. Quelle & Meyer, Heidelberg, 1977³, 76–92.

Büsser, R., Flosdorf, P., Limbourg, M.: Die Modifikation aggressiver Verhaltensweisen bei zwei Kindergartenkindern. Psychol. in Erz u. Unterr. 4 (1974) 249–253.

Charlton, M., Liebelt, E., Sültz, J., Tausch, A.-M.: Auswirkungen von Verhaltensmodellen aus einem Fernsehwestern auf Gruppenarbeitsverhalten und Aggressionsbereitschaft von Grundschülern. Psychol. in Erz. u. Unterr. 3 (1974) 164–175.

Correll, W.: Lernpsychologie. Auer, Donauwörth, 1970¹⁰.
- Programmiertes Lernen und schöpferisches Denken. E. Reinhardt, München–Basel, 1971⁶.

Dollard, J., Doob, L.-W., Miller, N.-E., Mowrer, O.-H., Sears, R.-S.: Frustration und Aggression. Beltz, Weinheim–Berlin–Basel, 1972⁴.

Donat, H.: Persönlichkeitsbeurteilung. Ehrenwirth, München 1970.

Dornette, W., Pulkowski, H.-B.: Konfliktspiele. UTB 394. E. Reinhardt, München–Basel 1974.

Dorsch, F.: Geschichte und Probleme der Angewandten Psychologie. Huber, Bern, Stuttgart 1963.

Drever, J., Fröhlich, W.-D.: Wörterbuch zur Psychologie. dtv, München, 1972⁶.

Duhm, E., Hansen, J.: Der Rosenzweig P-F Test (Form für Kinder). Hogrefe, Göttingen 1957.

Ewert, O.: Gefühle und Stimmungen. In: Hdbch d. Psychol. Bd. 2. Hogrefe, Göttingen, 1965², 229–272.

Eyferth, K.: Lernen als Anpassung des Organismus durch bedingte Reaktionen. In: Hdbch. d. Psychol. Bd. 1,2. Hogrefe, Göttingen 1964, 67–118.

Feger, H.: Beiträge zur experimentellen Analyse des Konflikts. In: Hdbch d. Psychol. Bd. 2. Hogrefe, Göttingen 1965, 332–412.

Foppa, K.: Lernen, Gedächtnis, Verhalten. Kiepenheuer & Witsch, Köln–Berlin 1975⁹.

Fraisse, P.: Zeitwahrnehmung und Zeitschätzung. In: Hdbch d, Pschol. Bd. 1,1. Hogrefe, Göttingen, 1974², 656–693.
Fröhlich, W.-D.: Angst und Furcht. In: Hdbch d. Psychol. Bd. 2 Hogrefe, Göttingen, 1965, 513–569.
Fromm, E.: Anatomie der menschlichen Destruktivität. Deutsche Verlagsanstalt, Stuttgart 1974.
Gagné, R. M.: Die Bedingungen des menschlichen Lernens. Schroedel, Hannover–Darmstadt–Dortmund–Berlin 1975⁴, 1980⁵.
Graumann, C.-F-: Methoden der Motivationsforschung. In: Hdbch. d. Psychol. Bd. 2. Hogrefe, Göttingen 1965, 123–205.
– Bewußtsein und Bewußtheit. Probleme und Befunde der psychologischen Bewußtseinsforschung. In: Hdbch. d. Psychol. Bd. 1,1, Hogrefe, Göttingen 1974², 79–131.
– Interaktion und Kommunikation. In: Hdbch. d. Psychol. Bd. 7,2. Hogrefe, Göttingen 1972, 1109–1263.
Hebb, D.-O.: Einführung in die moderne Psychologie. Beltz, Weinheim–Basel, 1975⁸.
Heckhausen, H.: Leistungsmotivation. In: Hdbch. d. Psychol. Bd. 2. Hogrefe, Göttingen 1965, 602–705.
Heckhausen, H., Oswald, A.: Erziehungspraktiken und Leistungsverhalten. In: Leistungsmotivation. UTB 280. E. Reinhardt, München–Basel 1973, 59–69.
Heckhausen, H., Roelofsen, I.: Leistungsmotivation im Wetteifer des Kleinkindes. In: Leistungsmotivation. UTB 280. E. Reinhardt, München–Basel 1973, 100–120.
Hehlmann, W.: Wörterbuch der Psychologie. Kröner, Stuttgart, 1962².
Heinelt, G.: Bildwahlverfahren. In: Hdbch. d. Psychol. Bd. 6. Hogrefe, Göttingen 1964, 770–799.
Herrmann, Th.: Informationstheoretische Modelle zur Darstellung der kognitiven Ordnung. In: Hdbch. d. Psychol. Bd 1,2. Hogrefe, Göttingen 1964, 641–671.
Hörmann, H.: Bedingungen für das Verhalten, Vergessen und Erinnern. In: Hdbch. d. Psychol. Bd. 1,2. Hogrefe, Göttingen 1964, 225–283.
– Anfänge der Sprache. Psychol. Rundschau *19* (1968) 157–164.
Hörmann, H., Moog, W.: Der Rosenzweig P-F Test (Form für Erwachsene). Hogrefe, Göttingen 1957.
Hofstätter, P.-R.: Psychologie. Fischer Lexikon Nr.6. Fischer, Frankfurt a. M., 607.–621. Tsd., 1977.
– Gruppendynamik. Rowohlt, 131–148. Tausend, Hamburg, 1971.
Kainz, F.: Das Denken und die Sprache. In: Hdbch. d. Psychol. Bd. 1,2. Hogrefe, Göttingen 1964, 566–617.
Kaminski, G.: Ordnungsstrukturen und Ordnungsprozesse. In: Hdbch. d. Psychol. Bd. 1,2. Hogrefe, Göttingen, 1964, 373–493.
Katzenberger, L.-F.: Auffassung und Gedächtnis. E. Reinhardt, München 1967.
Klausmeier, H.-J., Ripple, R.-E.: Moderne Unterrichtspsychologie Band 1: Lernen und menschliche Fähigkeiten. UTB 275. E. Reinhardt, München–Basel 1973.
Kraak, B.: Probleme und Ergebnisse der psychologischen Aggressionsforschung. Psychol. Rundschau 21 (1970) 23–28.
Kruse, L., Rogge, K.-E.: Motivation. In: Steckbrief der Psychologie. UTB 37. Quelle & Meyer, Heidelberg, 1977³, 104–121.

Langer, I., Rieckhof, A., Steinbach, I., Tausch, A.-M.: Mutter-Kind-Interaktionen in außerhäuslichen Situationen. Psychol. in Erz. u. Unterr. 6 (1973) 361–376.

Langer, I., Schulz von Thun, F.: Messung komplexer Merkmale in Psychologie und Pädagogik. E. Reinhardt, München–Basel 1974.

Lefrancois, G.-R.: Psychologie des Lernens. Springer, Berlin–Heidelberg–New York–Tokyo, 1986[2].

Lehr, U.: Erscheinungsweisen des Konfliktes. In: Hdbch d. Psychol. Bd 2. Hogrefe, Göttingen 1965, 306–331.

Leisner, R.: Forensische und Kriminal-Psychologie. In: Steckbrief der Psychologie. UTB 37. Quelle & Meyer, Heidelberg, 1977[3], 232–244.

Lückert, H.-R..: Psychologie. Staatslexikon (Bd. 6), Herder, Freiburg, 1961[6], 560–569.

– Der Mensch das konfliktträchtige Wesen. E. Reinhardt, München–Basel 1964.

– Beiträge zur Psychologie der Gegenwartsjugend. E. Reinhardt, München –Basel 1965.

– Konfliktpsychologie. E. Reinhardt, München–Basel, 1972[6].

Lüdtke, H.: Jugendliche in organisierter Freizeit. Beltz, Weinheim–Basel 1972.

Maletzke, G.: Massenkommunikation. In: Hdbch. d. Psychol. Bd. 7,2. Hogrefe, Göttingen, 1972, 1511–1539.

McClelland, D.-C.: Risikoverhalten bei Kindern mit hoher und niedriger Leistungsmotivation. UTB 280. E. Reinhardt, München–Basel 1973, 69–81.

Merz, F.: Aggression und Aggressionstrieb. In: Hdbch. d. Psychol. Bd. 2. Hogrefe, Göttingen, 1965, 569–602.

Metzger, W.: Figural-Wahrnehmung. In: Hdbch. d. Psychol. Bd. 1,1. Hogrefe, Göttingen 1974[2], 693–745.

Michel, L.: Allgemeine Grundlagen psychometrischer Tests. In: Hdbch. d. Psychol. Bd. 6. Hogrefe, Göttingen 1964, 19–71.

Morf, G.: Einführung in die Psychologie. E. Reinhardt, München–Basel, 1970[5].

Müller, A.: Entwicklung des Leistungs- und Anspruchsniveaus. In: Leistungsmotivation. UTB 280. E. Reinhardt, München–Basel 1973, 90–100.

Müller, K.: Denken und Lernen als Organisieren. In: Hdbch. d. Psychol. Bd. 1,2. Hogrefe, Göttingen 1964, 118–147.

Nickel, H.: Entwicklungspsychologie des Kindes- und Jugendalters. Bd. 1. Huber, Bern–Stuttgart–Wien, 1973[2].

Oerter, R.: Moderne Entwicklungspsychologie. Auer, Donauwörth, 1973[13].

Ort, M.: Betriebs- und Werbepsychologie. In: Steckbrief der Psychologie. UTB 37. Quelle & Meyer, Heidelberg, 1977[3], 244–261.

Perrez, M., Minsel, B., Wimmer, H.: Eltern-Verhaltenstraining. Müller, Salzburg 1974.

Popp, M.: Analyse elterlichen Erziehungsverhaltens. E. Reinhardt, München- –Basel 1974.

– Eine empirische Untersuchung über die Stabilität der Aggressionsrichtung. Psychol. in Erz. u. Unterr., 1974 a 2, 91–99.

– Merkmale und Zusammenhänge von Erziehungsverhalten und Gesamtverhalten von Lehrerstudenten in der Selbsteinschätzung. Psychol. in Erz. u. Unterr., 1974 b, 5, 281–286.

– Die Bedeutung der Konfliktanalyse für die Verhaltensanalyse und für die

Verhaltensmodifikation von Lehramtsstudenten. Forschungsuntersuchung, im Manuskript 1978.
- Die Bedeutung der Verstärkung bei Lernprogrammen in der Erwachsenenbildung. Forschungsuntersuchung, im Manuskript 1979.

Quack, L.: Differentielle Psychologie. In: Steckbrief der Psychologie. UTB 37. Quelle & Meyer, Heidelberg, 1977³, 176-190.

Rausch, E.: Das Eigenschaftsproblem in der Gestalttheorie der Wahrnehmung. In: Hdbch. d. Psychol. Bd. 1,1. Hogrefe, Göttingen, 1974², 866–954.

Remplein, H.: Die seelische Entwicklung des Menschen im Kindes- und Jugendalter. E. Reinhardt, München–Basel 1966¹⁴.

Reykowski, J.: Psychologie der Emotionen. Auer, Donauwörth 1973.

Röck, E.: Wahrnehmung. In: Steckbrief der Psychologie (Hrsg. K.-E. Rogge). UTB 37. Quelle & Meyer, Heidelberg, 1977³, 58–75.

Rogge, K.-E.: Psychophysiologie. In: Steckbrief der Psychologie. UTB 37. Quelle & Meyer, Heidelberg, 1977³, 121–137.

Rohracher, H.: Einführung in die Psychologie. Urban & Schwarzenberg, Wien–München–Berlin, 1971¹⁰.

Roth, H.: Pädagogische Psychologie des Lehrens und Lernens. Schroedel, Hannover–Berlin–Darmstadt–Dortmund, 1973¹⁴.

Rüssel, A.: Spiel und Arbeit in der menschlichen Entwicklung. In: Hdbch. d. Psychol. Bd. 3. Hogrefe, Göttingen, 1972², 502–535.

Scharmann, Th.: Die individuelle Entwicklung in der sozialen Wirklichkeit. In: Hdbch. d. Psychol. Bd. 3. Hogrefe, Göttingen, 1972²., 535–585.
- Persönlichkeit und Gesellschaft. Hogrefe, Göttingen, 1966.

Schönpflug, W.: System Mensch. Studientext zur Einführung in die Psychologie. Klett, Stuttgart, 1980².

Schraml, W.: Das psychodiagnostische Gespräch (Exploration und Anamnese). In: Hdbch. d. Psychol. Bd. 6. Hogrefe, Göttingen, 1964, 868–901.

Schwartz, H.-J., Eckert, J., Bastine, R.: Die Wirkung eines aggressiven Films auf Jugendliche unter variierten äußeren Bedingungen. Zeitschr. f. Entwicklungspsychol. u. Pädag. Psychol. 4 (1971) 304–315.

Sears, P.-S., Levin, H.: Anspruchsniveau bei Vorschulkindern. In: Leistungsmotivation. UTB 280. E. Reinhardt, München–Basel 1973, 81–90.

Seiß, R.: Allgemeine Psychologie. Klinkhardt, Bad Heilbrunn, 1974.

Siddiqi, J.-A., Keil, W.: Neugierverhalten in der Sprache. Psychol. Rundschau 21 (1970) 270–278.

Sinz, R.: Lernen und Gedächtnis. UTB 358. Fischer, Stuttgart 1976².

Sommer, G.: Diagnostische Psychologie. In: Steckbrief der Psychologie. UTB 37. Quelle & Meyer, Heidelberg, 1977³, 190–207.

Stamm, R.-A.: Perspektiven zu einer vergleichenden Ausdrucksforschung. In: Hdbch. d. Psychol. Bd. 5. Hogrefe, Göttingen, 1972², 255–289.

Süllwold, F.: Gedächtnistätigkeit und Vorstellungsverlauf. In: Hdbch. d. Psychol. Bd. 1,2. Hogrefe, Göttingen, 1964, 36–53.

Tausch, A.: Der Erwachsene im Erlebnis des Kindes. Zeitschr. f. exper. angew. Psychol. 3 (1956) 472–498.
- Empirische Untersuchungen über das Verhalten von Lehrern gegenüber Kindern in erziehungsschwierigen Situationen. Zeitschr. f. exper. angew. Psychol. 5 (1958 a) 127–163.
- Besondere Erziehungssituationen des praktischen Schulunterrichts, Häufigkeit, Veranlassung und Art ihrer Lösungen durch Lehrer; eine empirische Untersuchung. Zeitschr. f. exper. angew. Psychol. 5 (1958 b) 657–686.

Literaturverzeichnis

- Experimentelle Untersuchungen über die Wirkung verschiedener Erziehungshaltungen im Erlebnis von Kindern. Zeitschr. f. exper. angew. Psychol. 7 (1960 a) 472–492.
- Die Auswirkung der Art sprachlicher Verbote erziehender Erwachsener auf das Verhalten von Schulkindern; eine experimentelle Untersuchung. Zeitschr. f. Psychol., (1960 b) 164, 215–254.
- Verschiedene nicht-autokratische Verhaltensformen in ihrer Auswirkung auf Kinder in Konfliktsituationen. Zeitschr, f. exper. angew. Psychol. 9 (1962) 339–351.
- Ausmaß und Änderung des Merkmals Verständnis im Sprachverhalten von Erziehern und Zusammenhänge mit seelischen Vorgängen in Kindern. Zeitschr. f. exper. angew. Psychol. 10 (1963) 514–539.

Tausch, A., Aban, P., Barthel, A., Fittkau, B.: »Förderung der Unselbständigkeit/Selbständigkeit bei Kindern« durch Sprachäußerungen ihrer Erzieher; Entwicklung und Validierung einer Einschätzungsskala für Erzieher. Zeitschr. f. Pädagogik 16 (1970) 39–49.

Tausch, A., Langer, I., Bingel, R., Orendi, B., Schick, A.: Entwicklung, Erprobung und Anwendung einer Einschätzungsskala mit Trainingsserien und Beurteilungstests zur Erfassung ermutigender/entmutigender Erzieheräußerungen gegenüber Kindern/Jugendlichen. Die Deutsche Schule 62 (1970) 728–740.

Tausch A., Tausch, R., Fittkau, B.: Merkmalszusammenhänge der verbalen Interaktion und kritische Überprüfung typologischer Verhaltenskonzepte. Zeitschr. f. exper. angew. Psychol. 14 (1967) 522–541.

Tausch, R.: Merkmalsbeziehungen und psychologische Vorgänge in der Sprachkommunikation des Unterrichts. Zeitschr. f. exper. angew. Psychol. 9 (1962) 474–508.

Tausch, R., Bommert, H., Fittkau, B., Nickel, H.: Einschätzungsskala für das Ausmaß von »Wertschätzung/Geringschätzung« im Verhalten von Lehrern – Erziehern gegenüber Schülern – Jugendlichen. Zeitschr. f. Entwicklungspsychol. u. Päd. Psychol. 1 (1969) 119–128.

Tausch, R., Tausch, A.: Effektive Verhaltensformen in Konfliktsituationen. In: Pädagogische Psychologie (Hrsg. F. Weinert). Kiepenheuer & Witsch, 1967[2], 307–322.

Tausch, R., Tausch, A.: Erziehungspsychologie. Hogrefe, Göttingen, 1973[7].

Tausch, R., Tausch, A.: Erziehungspsychologie. Hogrefe, Göttingen, 1977[8].

Thomae, H.: Entwicklungbegriff und Entwicklungstheorie. In: Hdbch. d. Psychol. Bd. 3. Hogrefe, Göttingen, 1972[2], 3–20.

- Entwicklung und Prägung. In: Hdbch. d. Psychol. Bd. 3. Hogrefe, Göttingen, 1972[2], 240–312.
- Die Bedeutung des Motivationsbegriffes. In: Hdbch. d. Psychol. Bd. 2. Hogrefe, Göttingen, 1965, 3–45.
- Das Problem der Motivarten. In: Hdbch. d. Psychol. Bd. 2. Hogrefe, Göttingen, 1965, 415–465.

Tinbergen, N.: Instinktlehre. Parey, Berlin–Hamburg, 1972[5].

Traxel, W.: Grundlagen und Methoden der Psychologie. Huber, Bern–Stuttgart–Wien, 1974[2].

Vogt, H.-H.: Lernen bei Mensch und Tier. E. Reinhardt, München–Basel 1971.

Wasna, M.: Leistungsmotivation. UTB 280. E. Reinhardt, München–Basel 1973.

Wechsler, D.: Die Messung der Intelligenz Erwachsener. Huber, Bern–Stuttgart, 1961².
Weinert, F.: Hunger und Durst. In: Hdbch. d. Psychol. Bd. 2. Hogrefe, Göttingen, 1965, 465–513.
Weiß, C.: Pädagogische Soziologie. IV. Klinkhardt, Bad Heilbrunn, 1972⁷.
Wens M., Wirtz, Ch.: Klinische Psychologie. In: Steckbrief der Psychologie. UTB 37. Quelle & Meyer, Heidelberg, 1977³, 218–232.
Winterbottom, M.: Zusammenhang zwischen Leistungsmotivation und Lernerfahrungen beim Streben nach Selbständigkeit. In: Leistungsmotivation. UTB 280. E. Reinhardt, München–Basel 1973, 29–48.
Wormser, R.: Experimentelle Psychologie. UTB 396. E. Reinhardt, München–Basel 1974.

Namenverzeichnis

Aban, P. 192
Aristoteles 15, 95

Barthel, A. 192
Bastine, R. 178
Bergius, R. 78, 95, 96, 155, 201
Bergler, R. 19, 26
Bernstein, B. 136
Betz, D. 41
Bingel, R. 192
Bohm, E. 36
Bommert, H. 192
Bredenkamp, J. 79, 83
Bredenkamp, K. 24, 79, 83
Bühler, K. 16, 17, 101, 135
Büsser, R. 183

Charlton, M. 97, 177, 178
Correll, W. 88, 89, 110, 111, 115, 119, 120

Dewey, J. 109
Dollard, J. 175, 180
Donat, H. 39, 49-52
Doob, L. W. 175, 180
Dornette, W. 195
Dorsch, F. 201
Drever, J. 39
Duhm, E. 176

Ebbinghaus, H. 16, 73
Eckert, J. 178
Ewert, O. 145
Eyferth, K. 80

Feger, H. 185, 186
Fittkau, B. 192
Flosdorf, P. 183
Foppa, K. 81
Fraisse, P. 54
Freud, S. 16, 100, 142, 148, 149
Fröhlich, W. D. 39, 168, 169
Fromm, E. 175

Gagné, R. M. 72, 92, 96, 205
Graumann, C. F. 65, 66, 129-132, 135-137, 158, 159
Guilford, J. P. 105, 108
Guthrie, E. R. 80

Hansen, J. 176
Hebb, D. O. 19, 151
Heckhausen, H. 162, 163, 166
Hehlmann, W. 29, 32, 62, 67, 100, 101, 112, 140, 141, 143, 150, 151, 171, 184
Heinelt, G. 114
Herrmann, Th. 133
Hetzer, H. 127
Hörmann, H. 74, 76, 176
Hofstätter, P. R. 17, 19, 21, 25, 51, 57, 63, 78, 88, 106, 115, 118, 122, 133-135, 140, 141, 186
Hugo von St. Victor 15, 17
Hull, C. L. 88, 90

Kainz, F. 102-104
Kaminski, G. 102
Katona, G. 95
Katzenberger, L. F. 39, 58, 59, 61, 63, 64, 68-76
Keil, W. 157
Kellogg, L. A. 87
Klausmeier, H. J. 79, 85, 90, 105-108
Köhler, W. 16, 44, 93
Kraak, B. 183
Kruse, L. 151

Langer, I. 34, 192, 193
Lefrancois, G.-R. 66
Lehr, U. 185
Leisner, R. 27
Lersch, Ph. 143
Levin, H. 164
Liebelt, E. 97, 177, 178
Limbourg, M. 183

Namenverzeichnis

Lorenz, K. 79, 118, 122
Lückert, H. R. 17, 25, 37, 150-153, 160, 161, 171-176, 186-189, 194, 196-198
Lüdtke, H. 194, 195

Maletzke, G. 130, 138
Maslow, A. H. 154
McClelland, D. C. 165
Merz, F. 171, 175, 180, 181
Metzger, W. 44-48
Michel, L. 35, 36
Miller, N. E. 175, 180
Minsel, B. 196
Moog, W. 176
Morf, G. 15, 49, 67, 141
Mowrer, O. H. 175, 180
Müller, A. 164
Müller, K. 94

Nickel, H. 123, 192

Oerter, R. 154-158, 162-164, 166
Oevermann, U. 136
Orendi, B. 192
Ort, M. 26
Oswald, A. 166

Pawlow, I. P. 16, 17, 80-82
Perrez, M. 196
Platon 15, 95
Popp, M. 29, 34, 90, 98, 174, 176, 177, 181, 192-194, 202, 205
Pulkowski, H. B. 195

Quack, L. 24

Rausch, E. 47
Remplein, H. 141
Reykowski, J. 140-147
Rieckhof, A. 193
Ripple, R. E. 79, 85, 90, 105-108
Röck, E. 46
Roelofsen, I. 153
Rogge, K. E. 24, 151
Rohracher, H. 16, 18, 32, 34, 39–44, 48, 52, 53, 62–65, 68, 70, 73, 75, 76, 101, 103, 140–143, 150, 151
Roth, H. 111
Rüssel, A. 137

Scharmann, Th. 114, 136, 137
Schick, A. 192
Schönpflug, W. 65
Schraml, W. 114
Schulz von Thun, F. 34
Schwartz, H. J. 178
Sears, P. S. 164
Sears, R. S. 175, 180
Seiß, R. 19, 79
Sherif, M. 51
Siddiqi, J. A. 157
Sinz, R. 72, 79, 80, 81, 86, 93, 116, 117, 122–126
Skinner, B. F. 16, 17, 88–91
Sodhi, K. S. 51
Sommer, G. 25
Spitz, R. 128
Stamm, R. A. 182
Steinbach, I. 193
Süllwold, F. 70
Sültz, J. 97, 177, 178
Szondi, L. 114

Tausch, A. M. 17, 22, 25, 29, 34, 35, 48, 97, 177–179, 190–194, 196, 202, 205
Tausch, R. 17, 22, 25, 29, 34, 35, 48, 178, 190–194, 196, 202, 205
Thomae, H. 19, 23, 114, 122, 127, 128, 150, 151, 153–155
Thorndike, E. L. 16, 17, 86, 87, 90
Tinbergen, N. 117, 118
Traxel, W. 29, 30, 32–34

Vogt, H. H. 78, 82

Wasna, M. 162, 163, 165
Watson, J. B. 80, 113
Wechsler, D. 35, 36, 69
Weinert, F. 166–168
Weiß, C. 137
Wens, M. 26
Wertheimer, M. 16, 44, 95
Wimmer, H. 196
Winterbottom, M. 164
Wirtz, Ch. 26
Wormser, R. 20–22, 97
Wundt, W. 16, 17

Zeigarnik, B. 76

Sachverzeichnis

Adaptation 42, 60
Aggression 21, 22, 171 ff.
– als Reaktion 175 f., 178, 184
– Begriff 171
– Hauptformen 172 ff.
– offene 172
– stellvertretende 173
– Theorien 174 f.
– verdeckte 173
Aggressionsrichtung 176, 177, 183
Aktivität 64, 65, 168
Akustischer Sinn 42
Allgemeine Psychologie 15 f., 201 f.
– Bedeutung für Teildisziplinen 23
– Gegenstand 23
– Grundbegriffe 39 ff.
– historische Aspekte 15 ff.
– Methoden 28
– Modelle 19, 21-23
– Perspektiven 201-205
Analyse des Denkaktes 109
Analyse von Konfliktsituationen 17, 190-192
– im Bereich der Familie 193, 194
– im Bereich der Schule 17, 191-193
Angeborene Auslösemechanismen (AAM) 116-118, 120
Angewandte Psychologie 201
Angst 168, 169
Anlage und Umwelt 112 ff.
– Begriff 112
– Begründung des Zusammenhanges 114
– Zwillingsforschung 115
Appetenz – Appetenz-Konflikt 186, 199
Appetenz – Aversions-Konflikt 187
Assoziation 69
Aufmerksamkeit 61 ff.
– Begriff 61

– Bewußtsein 66
– Funktionsweise 63
– Theorien 65, 66
Aufmerksamkeitsschwankungen 63
Aufmerksamkeitswanderung 63
Aversions-Aversions-Konflikt 186

Bedürfnis 152
Bedürfnisspannung 88, 99
Behaltensmethoden 69
Behalten und Vergessen 72
Behaviorismus 113
Bekräftigungslernen 179, 183, 184
Beobachtung 29
– Arten 30
– Begriff 29
Beobachtungsmöglichkeiten 29
Bestimmung von Schwellen 34
Betriebspsychologie 26

Denken 100 ff.
– Begriff 100
– Begriffsbildung 102
– Intelligenz 110, 111
– Lernen 110
– Modell 104, 105, 110
– Sprache 102, 110
Diagnostische Psychologie 25
Differentielle Psychologie 24
Differenzen 24
– interindividuelle 24
– intraindividuelle 24
Dimension, Lenkung – Dirigierung 191, 193
Diskrimination 85
Doppel-Appetenz-Aversions-Konflikt 187-189
Durst 166, 167

Effektgesetz 87, 99
Einkanalige Kommunikation 135
Einstellung 50, 52

Sachverzeichnis

Emotionale Dimension 193
Emotionale Konditionierung 145, 146
Emotionalität 37, 193
Empfindung 40
Entwicklungspsychologie 23
Erfahrung 39, 53
Erleben 18-21, 24, 26, 27, 30, 53, 140
Ersparnismethode 68, 69, 77
Erwartung 155
Erziehungsverhalten 166
Experiment 29, 33, 34
– Arten 33
– Begriff 32
– Rolle der Versuchsperson 32
– wesentliche Schritte 33, 34
– Zielsetzung 33
Exploration 31, 32
Extinktion 84, 85, 98

Forensische Psychologie 27
Form- und Gestaltwahrnehmung 48, 49
Frequenzgesetz 87, 99
Frustration 174, 177, 180, 181, 183
Frustrationstoleranz 174
Furcht 168

Gebilde 20
Gedächtnis 67 ff.
– Begriff 67, 68
– Hemmungen 75, 76
– Methoden 68-70
– Speicherung 72
– Theorien 74, 75
Gefühle 140 ff.
– Aktivierung 143-147
– Begriff 140
– Dimensionen 141
– Theorien 142, 143
Gegenkonditionierung 84
Generalisierung 83
Geom.-optische Täuschungen 55 ff.
Geruchssinn 42
Geschmackssinn 42
Gestaltgesetze 45-47
Gestaltpsychologie 16, 39, 44, 95
Gewohnheitspotential 88, 99
Gruppenfertigung 137

Halo-Effekt 50
Hemmung der Aggression 181, 182
Homeostatisches Gleichgewicht 149
Hunger 166-168

Information 133-135
Inhärente (intrinsische Motiv.) 157
Instrumentelles Konditionieren 86
Instrumentelles Verhalten 167
Interaktion 129, 130

Kasuistik 31
Kindchen-Schema 118, 121
Klassisches Konditionieren 80
– Bedeutung 85
– Prinzip 80
– Versuche 81 ff.
Klinische Psychologie 26
Kognitive Prozesse 148
Kommunikation 129 ff.
– Begriff 129
– Modelle 131, 132
– Theorie 133, 135
Kommunikationseinheit 131, 132
Konditionierung höherer Art 84
Konflikt 184 ff.
– Analyse der Entscheidungsprozesse 195
– Arten 185–187
– Bedeutung 189
– Begriff 184, 185
– Brett 188
– Gewaltverzicht 17
– Regelung 19
Konfliktanalyse 189, 190, 192
– Allgemeine Psychologie 17
– Erziehungspsychologie 17
– in der Freizeit 194, 195
Konfliktbilder 146, 147
Konfliktpsychologie 25
Konflikträchtigkeit 196-198
Konfliktüberwindung 198, 199
Konstanzannahme 58
Konsumpsychologie 26
Kontiguität 82, 84, 146
Kriminalpsychologie 27

Lage- und Gleichgewichtssinn 43, 44
Lehrstrategie 202

Leistungsmotivation 162-166
- Begriff 162
- erstes Auftreten 163
Lernen 78 ff.
- Begriffsbildung 78
- Theorien 80
- Versuche 81-84, 86, 87, 89, 93-96
Lernen am Erfolg 86, 87
Lernen durch Einsicht 93, 94
Lernmethoden 68
Lernprogramm 89
Lernvorgang 79, 80

Mehrkanalige Kommunikation 135
Methoden 28 ff.
Micro-Teaching 202
Modellernen 97, 98, 177, 178, 184
Motiv 150 ff.
Motivation 18, 150
- Begriff 150, 151
- Methoden 158, 159
- Theorien 154, 155, 158
Motivationsgewebe 160, 161
Motivkette 162
Motivwandel 161, 162
Motorische Prägung 124, 125
Multiple Kausation 89
Muskelsinn 44

Neugierverhalten 157, 158

Objektivität 35
Objektprägung 123, 124
Operantes Konditionieren 88-90, 99

Pädagogische Psychologie 25, 26
Polaritätsprofil 106
Prägnanzbegriff 47, 48
Prägung 122 ff.
- Arten 122
- Begriff 122
- frühkindliche 127
- im ökologischen Bereich 125, 126
- im sozialen Bereich 125, 126
Prägung in der Familie 127, 128
Primäre Angst 168
Proaktive Hemmung 75
Probehandeln 100

Projektion 50, 60
Psychoanalyse 16
Psychometrie 34, 35
Psychophysiologie 24
Purkinjesches Phänomen 29

Ratingskalen 34
Reaktion 80
Reaktionspotential 88, 99
Redundanz 134
Reflex 80
- bedingt 81, 98
- bedingt auf die Zeit 81
- unbedingt 80, 85
Reifung 114, 119
Reiz 80
- indifferent 80
- konditioniert 80
- verhaltensrelevant (unbedingt) 80, 85, 98
Reiz-Reaktionsketten 91-93
- Begriff 91
- Vorgang 91
- Bedeutung 92
Reizschwellen 34
Reizstärke 144
Rekonstruktionsmethode 70
Reliabilität 35
Reminiszenz 76, 203
Retroaktive Hemmung 75
Rezeptoren 43
Risikoverhalten 164, 165

Schlüsselreiz 116, 118, 153
Schülerbeobachtung 202
Seele 15, 17
Signallernen 80-85
Soziale Aktivität 193
Sozialpsychologie 24, 25
Spiel 137
Statistik 29, 37
Synthese der Lerntheorien 109, 110

Tastsinn 43
Temperatursinn 43
Test 35, 36
- Arten 35
- Begriff 35
- Kriterien 35
- Phasen des Ablaufes 36

Tiefenpsychologie 16, 75
TOTE-Einheit 155, 156, 169
Transpsychische Normation 18, 27
Treffermethode 69, 70
Trieb 152

Übung 33
Umspring- od. Kippfiguren 58, 59
Umstrukturierung 94, 96
Unterschiedsschwellen 34

Validität 35
Variable 21
– abhängig 21
– intervenierend 23
– unabhängig 21
Verhalten 17-28, 30, 37, 89, 98, 147, 157, 160, 180, 204
– allgemein 17
– instrumentelles 167
– konsumatorisches 155, 167
– operatives 17
– reaktives 17
– spontanes 166

Verhaltensmodifikation 192, 194, 196
Verhaltensmuster 19
Verstärker 90
– primäre 90
– sekundäre 90
Visueller Sinn 40-42

Wahrnehmung 40ff.
– Arten 40-43
– Begriff 40
– persönlichkeitsspezifische Faktoren 49-51
– sozialspezifische Faktoren 51, 52
– spezielle Probleme 55ff.
Wahrnehmung von Bewegung 52, 53
Wahrnehmung von Entfernung und Tiefe 52
Wahrnehmung von Zeit 54, 55
Wetteifer 165
Wiedererkennungsmethode 70

Zeigarnik-Effekt 76

Gerhard Faßnacht
Systematische Verhaltensbeobachtung
Eine Einführung in die Methodologie und Praxis

Ernst Reinhardt Verlag. 2., völlig neubearbeitete Auflage 1995.
ca. 400 Seiten, ca. 22 Abb, ca. 37 Tab. kt
UTB Große Reihe (3-8252-8079-9)

Aus dem Inhalt

Erkenntnislogische Grundlagen real-konstruktiver Daten

Daten als Abbilder der Wirklichkeit
Richtige und falsche Abbilder
Objektivität und der Nachweis falscher Abbilder

Die Besonderheiten der Verhaltensbeobachtung

Verhaltensbeobachtung als Anzeige- und Registriervorgang
Das Ausgrenzen qualitativer Einheiten
Methoden und Techniken der Quantifizierung

Allgemeine Beobachtungs- und Beschreibungssysteme
Objektivität in der Verhaltensbeobachtung

Verhaltensbeobachtung in der Forschung und Anwendung

Verhaltensbeobachtung innerhalb der Ethologie
Verhaltensbeobachtung im ökologischen Ansatz von Barker & Wright
Verhaltensmeteorologie: der Versuch der permanenten Erfassung von Verhalten

Lawrence A. Pervin
Persönlichkeitstheorien

Freud – Adler – Jung – Rogers – Kelly – Cattell – Eysenck – Skinner – Bandura u. a.

Aus dem Amerikanischen von Harald Killius, Gabriele Schäfer-Killius und Joachim Welsch
Ernst Reinhardt Verlag, 3., neubearbeitete Auflage 1993.
620 Seiten. 125 Abb. gb
UTB Große Reihe (3-8252-8035-7)

Aus dem Inhalt

Theorien über das menschliche Verhalten
Das wissenschaftliche Studium der Persönlichkeit
Eine psychodynamische Theorie: Die psychoanalytische Theorie von Freud
Die Anwendungen und die kritische Bewertung von Freuds Theorie
Eine phänomenologische Theorie: Die klientenzentrierte Persönlichkeitstheorie von Carl Rogers
Die Anwendungen und die kritische Bewertung von Rogers' Theorie
Eine kognitive Persönlichkeitstheorie: Die Persönlichkeitskonstrukttheorie von George A. Kelly
Die Anwendungen und die kritische Bewertung von Kellys Theorie

Das Konzept der Persönlichkeitswesenszüge: Allport, Eysenck und Cattell
Lerntheoretische Ansätze
Die sozial-kognitive Theorie: Bandura und Mischel
Ein kognitiver Ansatz innerhalb der Persönlichkeitstheorie mit Schwerpunkt auf der Informationsverarbeitung
Theorie und systematische Einschätzung beim Studium eines individuellen Falles: Jim Hersh
Theorie, systematische Einschätzung und Forschung in der Persönlichkeitspsychologie: Ein Überblick

Philip Banyard u. a.
Einführung in die Kognitionspsychologie
Herausgegeben von Jochen Gerstenmaier
Aus dem Englischen übersetzt von Petra Holler

Ernst Reinhardt Verlag 1995. 280 Seiten, 131 Abb., 9 Tab. kt
UTB Große Reihe (3-8252-8086-1)

Aus dem Inhalt

Kognitive Prozesse – eine Einführung

Wahrnehmung

Sensorische Prozesse
Von der Empfindung zur Wahrnehmung
Das Erkennen von Objekten
Entwicklung von Wahrnehmung
Jenseits der Sinneswahrnehmung

Aufmerksamkeit und Lernen von Fertigkeiten

Selektive Aufmerksamkeit
Automatische und aufmerksamkeitsabhängige Informationsverarbeitung
Zeitlich überdauernde Aufmerksamkeit

Denken und Problemlösen

Denken als Assoziation, als Reaktion auf biologische Anforderungen, als Anpassung, als kognitive Neustrukturierung
Logisches und schlußfolgerndes Denken
Die Entwicklung von Repräsentationen

Erinnern und Vergessen

Sprache und Denken

Sprachverständnis
Theorien des Denkens
Denken in Worten
Die Beziehung zwischen Sprache und Denken

Heinz-Rolf Lückert
Inge Lückert
Einführung in die Kognitive Verhaltenstherapie
Allgemeine Grundlagen
Die Modelle von Beck, Ellis, Lazarus, Lückert, Mahoney
und Meichenbaum

Ernst Reinhardt Verlag 1994. 330 Seiten. 39 Abb. kt
UTB Große Reihe (3-8252-8087-X)

Aus dem Inhalt

Die kognitive Wende in der Psychologie
  Komplexität – Alltagsrealität – Rehabilitation der Introspektion

Die Ablösung vom behavioristischen Modell
  Vom Black-box-Modell zum Vermittlungsmodell – Verdecktes Konditionieren in der Therapie

Die Struktur und Dynamik des Bewußtseins
  Arbeitsweise des Gehirns – Erlebnisprozeß – Kognitive Strukturiertheit und Komplexität

Das Verhalten und die Bedeutung
  Symbolischer Interaktionismus – Einstellung und Überzeugung – Attribution

Die rational-emotive Therapie (Ellis)
  Funktion der Überzeugungen – Klärung durch Disput

Die kognitive Verhaltensmodifikation (Meichenbaum)
  Selbstanweisungen – Prinzip Streßimmunisierung – Kognitive Rekonstruktion – Innere Dialoge

Die Kognitive Verhaltenstherapie (Mahoney)
  Kognitive Umstrukturierung – Selbstinstruktion – Training der Bewältigungsfertigkeit

Die Kognitive Therapie der Depression (Beck)
  Gedanken, Gefühle, Grundannahmen – Befürchtungen und Ängste – Reale Konsequenzen der Einbildung

Die multimodale Verhaltenstherapie (Lazarus)
  Wahrnehmung und Befinden – Vorstellung und Imagination – Affekte und Gefühle

Aktivationstherapie (Lückert)

Michael G. Wessells
Kognitive Psychologie

Aus dem Amerikanischen übersetzt von Jochen Gerstenmaier
Ernst Reinhardt Verlag. 3., verbesserte Auflage 1994. 418 Seiten.
UTB Große Reihe (3-8252-8015-2)

Aus dem Inhalt

Die Erforschung von Kognitionen
Was ist Kognitionspsychologie
Historische Ursprünge

Von der Stimulation zur Mustererkennung
Das sensorische Gedächtnis
Erkennen visueller Muster
Spracherkennung
Seriale und parallele Verarbeitung

Aufmerksamkeit und unmittelbares Gedächtnis

Enkodierung und Erinnern
Das Multi-Speicher-Modell
Tiefe, Elaboration und Gedächtnis
Metagedächtnis

Prozesse des Abrufens
Das Vergessen als fehlerhaftes Abrufen
Kontext und Abruf von Informationen
Informationsabruf durch Rekonstruktion

Kategorisierung und Begriffsbildung
Die Struktur von Kategorien
Prozesse der Begriffsbildung
Determinanten der Begriffsbildung

Wissen und Repräsentation
Modelle des semantischen Gedächtnisses
Propositionales Wissen
Räumliches Wissen und Vorstellung

Verstehen
Die Bedeutung des syntaktischen Wissens
Semantik und Pragmatik
Schema-Theorien und Verarbeitung von Prosa

Problemlösung und Denken
Die Bedeutung von Repräsentationen
Problemlösungsstrategien
Simulation durch Computer

Viktor Sarris
Methodologische Grundlagen der Experimentalpsychologie

Lehrbuch in 2 Bänden für Studenten der Psychologie, Medizin und Pädagogik mit praktischen Demonstrationsbeispielen

Band 1: Erkenntnisgewinnung und Methodik der experimentellen Psychologie
Ernst Reinhardt Verlag 1990. 300 Seiten. gb
UTB Große Reihe (3-8252-8049-7)

Band 2: Versuchsplanung und Stadien des psychologischen Experiments
Ernst Reinhardt Verlag 1992. 401 Seiten. gb
UTB Große Reihe (3-8252-8054-3)

Aus dem Inhalt

Band 1

Erkenntnisgewinnung und psychologisches Experimentieren

Spekulation und wissenschaftliches Denken
Wissenschaftstheoretische Grundlagen
Erklärung, Vorhersage und Gesetzmäßigkeit

Konzeptuelle Grundlagen des psychologischen Experiments

Die Sprache der empirischen Psychologie
Experimentalpsychologische Operationen
Techniken der experimentellen und der statistischen Kontrolle
Validitätskriterien

Band 2

Systematik der Versuchspläne

Forschungsstrategie
Theorienbildung
Selbst- und Fremdbeobachtung
Statistischer Gruppenvergleich
Zufall und Gesetz
Verschiedene Versuchspläne
Zufallsgruppendesigning

Stadien des psychologischen Experiments

Hypothesenbildung
Versuchsaufbau
Reaktive Meßeffekte
Wertheimerscher Schieber
Statistische Datenanalyse und -interpretation
Indexkorrelationen

UTB FÜR WISSENSCHAFT

Auswahl Fachbereich
Psychologie

Angermeier/Bednorz/Hursh (Hrsg.)
Operantes Lernen
UTB-GROSSE REIHE
(Reinhardt). 1994.

Heigl-Evers/Heigl/Ott:
Lehrbuch der Psychotherapie
UTB-GROSSE REIHE
(Gustav Fischer). 1993.

Lüer: Allgemeine
Experimentelle Psychologie
UTB-GROSSE REIHE
(Gustav Fischer). 1987.

Pervin: Persönlichkeitstheorien
UTB-GROSSE REIHE
(E. Reinhardt). 3. Aufl. 1993.

Pongratz: Problemgeschichte der
Psychologie
UTB-GROSSE REIHE
(Francke). 2. Aufl. 1984.

Sarris: Methodologische Grundlagen
der Experimentalpsychologie 1
UTB-GROSSE REIHE
(E. Reinhardt). 1990.

Sarris: Methodologische Grundlagen
der Experimentalpsychologie 2
UTB-GROSSE REIHE
(E. Reinhardt). 1992.

Wessells: Kognitive Psychologie
UTB-GROSSE REIHE
(E. Reinhardt). 3. Aufl. 1994.

55 Lehr: Psychologie des Alterns
 (Quelle & Meyer). 7. Aufl. 1991.

118 Schlegel: Grundriß der Tiefenpsychologie 1
(Francke). 2. Aufl. 1985.

766 Wittkowski: Tod und Sterben
(Quelle & Meyer). 1978.

935 Hetzer/Todt/Seiffge-Krenke/
Arbinger (Hrsg.):
Angewandte Entwicklungspsychologie
des Kindes- und Jugendalters
(Quelle & Meyer). 2. Aufl. 1990.

936 Hensle: Einführung in die Arbeit
mit Behinderten
(Quelle & Meyer). 4. Aufl. 1988.

1063 Rauchfleisch: Testpsychologie
(Vandenhoeck). 3. Aufl. 1994.

1159 Bühler: Sprachtheorie
(Gustav Fischer). 1982.

1305 Angermeier/Bednorz/Schuster:
Lernpsychologie
(E. Reinhardt). 2. Aufl. 1991.

1523 Bühler: Das Seelenleben des
Jugendlichen
(Gustav Fischer). 7. Aufl. 1991.

1592 Holm: Einführung in die
Religionspsychologie
(E. Reinhardt). 1990.

Das UTB-Gesamtverzeichnis erhalten
Sie bei Ihrem Buchhändler oder direkt
von UTB, Postfach 80 11 24,
70511 Stuttgart.